最新
意匠審査基準・
判例解説

新規性（類似）と創作非容易性

一般財団法人 **創英ＩＰラボ** ［編著］

佐藤英二 弁理士 ［著］

日本評論社

巻 頭 言

　「ものづくり」に関わる企業で知財活動に従事するときは、知財制度の中の特許法と意匠法について、そのエッセンスを理解しておくことが望まれる。では、特許法についてそのエッセンスとは何か？　最も大事ものを一つだけ挙げるとすると、それは特許要件であり、そのメインは新規性（特許法29条1項各号）と進歩性（同法29条2項）である。

　新規性、進歩性のいずれも、その内容を規定する条文はシンプルであるが、実務に活用できるところまでエッセンス（その多くは知財高裁の判決例に現れている）を理解するのは容易ではない。とりわけ進歩性は、実務において問題となるところが多く、かつ技術分野等に応じて論点は多岐に亘っている。

　そこで、「ものづくり」企業の知財活動に従事する者は、社内の知財部員であろうと外部の代理人弁理士であろうと、特許法のエッセンスである特許要件を勉強することが必要になる。幸いなことに特許法の場合は、知財高裁の判決例などを紹介しつつ発明の進歩性を体系的に議論した書籍も多いので、基礎からエッセンスを学ぼうとする際に書籍の選択で悩むことは少ない（逆に多過ぎて悩むことがあるかもしれないが）。

　意匠法において、発明の特許要件に対応するものは意匠の登録要件であり、法3条1項各号と法3条2項に規定されている。こちらも条文はシンプルだが、それゆえに実務で活用できるレベルまで新規性（類似）（3条1項3号）と創作非容易性（3条2項）を理解するのは容易ではない。ところが、特許法の場合と異なり、意匠法の場合はそのエッセンスである登録要件を実務家の観点から解説し、知財高裁の判決例や審査基準から体系的に議論した書籍は多くない。

　誤解を恐れずにいうと、これら意匠の登録要件に関する理解が浅くても国家試験（弁理士試験）には合格できるが、意匠を専門として職業生活を営もうとするなら、弁理士試験の要求レベルとは桁違いの深く広いエッセンスの理解が必要になる。意匠を戦略的に活用する実務は、発明発掘や明細書等の作成実務に従事する特許専門の弁理士が副業的に手掛けるような対象ではなく、もっと

奥の深い「ものづくり」に関する知財の実務領域である、というのが私の実感である。

　ところが、意匠法については、知財高裁の判決例などを紹介しつつ登録要件のエッセンスを体系的に解説した書籍は見当たらない。本書は、このような「ものづくり」企業の知財活動に従事する実務家の需要に対して、真正面から応えようとするものであると考えている。

　平成の30年間において、意匠法の体系は大きく変化した。関連意匠制度、部分意匠制度、等が創設され、製品や商品等の外観に関わる知的アイデアを保護する制度としての役割が大きくなったが、その仕上げ的な令和の意匠法改正のインパクトも非常に大きい。

　保護対象が大幅に広がり、関連意匠制度などが使いやすくなり、権利の存続期間も延びた。ひとことでいえば、意匠制度は出願人／権利者優位の方向に大きく変貌してきたといえる。本書は、もちろんこの令和の法改正にも対応しており、その下で改訂された審査基準にも対応している。

　目を転じると、日本特許庁（JPO）に対する意匠登録出願件数は長期停滞が続いているが、その内訳を見ると、日本企業による出願数が減少し、外国企業による出願数が増加するという構造変化が生じている。

　例えば、2001〜2018年の出願件数推移を外国居住者分と日本居住者分に分けて比較すると、この18年間で、日本居住者分は0.63倍に減少する一方で、米国企業と欧州企業（英独仏等）を中心とする外国居住者分は3.54倍に増加している。日本の意匠出願における外国居住者分の占有比率は2001年の5.7％から2018年の25.3％まで、実に4.8倍に膨らんでいる（https://www.soei.com/wp-content/uploads/2020/03/88視点・長谷川.pdf）。

　日本では“知財保護のために意匠制度が活用できそうだ”という認識は、日本企業ではなく欧米企業の間で広まっているのかもしれない。少なくとも、日本特許庁における意匠出願の出願人の動向はそれを示唆しているように感じる。

　「ものづくり」に関わる企業での知財活動においては、意匠法のエッセンスである新規性（類似）（３条１項３号）と創作非容易性（３条２項）を理解す

ることが重要であり、これらの理解レベルが意匠実務のレベルを規定している、といっても過言ではない。そこにおいて、本書は貴重な役割を果たしてくれるものと期待している。

2020年7月10日

一般財団法人 創英IPラボ　長谷川 芳樹

はしがき

　前著である『早わかり　意匠判例集［侵害編］』「（創英 IP ラボ編著、日本評論社）が出版されたのは平成26年12月だった。当時、意匠の侵害判例集が出たのだから、次は審決取消判決集かな、という話があった。ただ、出版の具体的企画があったわけではない。『早わかり　意匠判例集［侵害編］』のベースになったのは、創英国際特許法律事務所の意匠チームのメンバーを対象に毎月開催している意匠審判決研究会での私のレジュメと私の意匠判例ノートである。そこで私は、審決取消判決集の出版の機会が訪れてもよいように、審決取消判決の過去のものや新しい判決をまとめてきた。

　本書の出版の具体的な話があって私が企画書を提出したのは平成30年の年末だった。その企画で、本書の構想としたのは次のようなことである。意匠の登録要件のうちの二大登録要件である意匠法3条1項3号（類似）と意匠法3条2項（創作非容易性）を対象として、意匠審査基準の解説と主要審決取消判決の紹介、解説という二面を持つ本とする。意匠法3条1項3号（類似）については、意匠審査基準や判決の考え方を辿りながら、侵害系の類否判断基準との異同も踏まえて、登録要件（査定系）の意匠類否判断を解りやすく解説する。意匠法3条2項（創作非容易性）については、意匠審査基準も解説するが、同時に意匠審査基準に書かれていない審査・審判の運用実態を踏まえて、特許の進歩性の判断基準と比較しながら、判決も踏まえた創作非容易性の隠れた判断基準を浮き彫りにし、解りやすく解説する。

　裁判例だけでなく、意匠審査基準の解説も入れることにしたのは、審査のベースには意匠審査基準があることから、意匠の登録要件としての類否判断と創作非容易性をトータルに理解するためには、意匠審査基準と裁判例の両方を知る必要があるというのがその理由である。

　その企画に基づいて、令和元年に入って執筆をはじめたが、途中で大きな問題が生じた。それは、意匠法の改正と意匠審査基準の改訂である。意匠法の改正では、意匠法3条2項の条文が改正されるとともに、新たな保護対象として画像自体の意匠、建築物の意匠、内装の意匠が加えられた。意匠審査基準の改訂では、意匠類否判断（意匠法3条1項3号）については書き振りが改められ

たが、実質的には大きな変更はなかった。しかし、創作非容易性（意匠法3条2項）については、大幅な改訂が加えられることになった。創作非容易性についての本書の当初の執筆構想では、上記のように、改訂前の意匠審査基準が審査の運用を反映していない面があり、それを埋めるものとして、裁判所による判断基準を浮き彫りにするというものであった。しかし、改訂意匠審査基準では、審査の運用を採り入れたり、裁判所の判断を採り入れたりしたと思われる改訂がなされている。したがって、本書の創作非容易性についての解説には、意匠審査基準の改訂部分と審査の運用や判決での判断との関係もできるだけ記載するように努めた。ただ、創作非容易性について、意匠審査基準と審査の運用や裁判所の判断基準との距離が全くなくなった訳ではなく、その意味でやや解りづらい面があるが、それは創作非容易性について理論面、実務面での未解明の余地があることに起因するものと思われる。

　意匠法の改正と意匠審査基準の改訂に合わせるために、本書の発行は当初予定よりも1年ほど延びたが、歴史的な改正・改訂に合わせた内容をお届けできるのは幸運な巡り合わせでもあると思う。私事ながら、本書は意匠分野における私のささやかな集大成であると考えている。

　執筆の機会を与えて頂いた長谷川芳樹所長、光野文子弁理士、そして出版に際してお世話になった永本潤氏をはじめとする日本評論社の方々に厚く御礼申し上げる。そして、意匠審判決研究会で議論に応じてくれた創英国際特許法律事務所の意匠チームの皆様に感謝申し上げる。

2020年6月20日

佐　藤　英　二

● 目 次

《第3部》新しい保護対象の新規性と創作非容易性

〈第1章〉画像を含む意匠 ································ **267**

〈第2章〉建築物の意匠 ································ **291**

【執筆者・編著者紹介】

［執筆者紹介］
佐藤英二（さとう・えいじ）
弁理士、創英国際特許法律事務所 アドバイザー
元日本弁理士会意匠委員会委員長、元日本商標協会デザイン委員会委員長
〈主な著書〉『早わかり 意匠判例集［侵害編］』（日本評論社）など

［編著者等の紹介］
◆一般財団法人 創英 IP ラボ
　2015年2月設立。知的財産に関する国内外の制度、判例・審判決例、実務慣行等に関する情報の収集と調査・研究による体系化、ならびにその成果の公表（出版、講演等）を通じ、国際的に活躍できる知財実務家の養成に資すること等を事業目的とする。
〈主な出版物〉
　『テーマ別重要特許判例解説（第1版・第2版・第3版）』（日本評論社）、『早わかり 意匠判例集［侵害編］』（日本評論社）、『外国意匠制度概説 I』（日本評論社）のほか、『特許出願のてびき』、『実用新案出願のてびき』、『意匠出願のてびき』、『商標出願のてびき』（いずれも発明推進協会）などがある。
〈講演会等〉
　元裁判官、元審判官、大学教授、弁護士、ジャーナリスト、その他の有識者を講師に招き、知的財産権問題に関する講演会を開催。講演会開催はこれまで通算25回となる。

◆創英国際特許法律事務所
創英国際特許法律事務所のホームページ（https://www.soei.com/）を参照。

《第1部》

新 規 性
（意匠法3条1項3号の類似）

序——問題意識

　この第1部では、意匠法3条1項3号に規定する登録要件としての新規性における意匠類否判断についての検討と解説をする。

　登録要件における意匠類否判断の検討と解説にあたっての問題意識は次の3点である。

　第1に、いわゆる査定系の審査、審判、審決取消訴訟では、どのように意匠類否判断がなされているか。そこでの判断基準や判断手法はなにかということである。

　第2に、類否判断におけるキーポイントとなるものはなにか、ということである。

　第3に、前著（『早わかり　意匠判例集［侵害編］』日本評論社）で明らかにした侵害裁判における意匠類否判断と、査定系の意匠類否判断の異同である。

　そのような問題意識に基づいて、この第1部の第1章では、特許庁の意匠審査基準における意匠類否判断基準を検討し、解説する。それを踏まえて、第2章では、審決取消訴訟の判決例でどのように意匠類否判断がなされているかを検討し、解説する。

　そのような検討と解説を通じて、査定系の意匠類否判断の理論的な解明と実務に役に立つような実践的指針を明らかにするものである。

意匠類否判断の基準

1　意匠類否判断の原則的基準と基本判例

　意匠法24条2項は、「登録意匠とそれ以外の意匠が類似であるか否かの判断は、需要者の視覚を通じて起こさせる美感に基づいて行うものとする。」と規定している。この条文は、直接的には権利化後の登録意匠に関する類似について規定するが、登録要件としての類似（意匠法3条1項3号）にも類推適用されると考えられている。意匠類否判断の原則的判断基準を定めたものである。

　そして、この規定は意匠類否判断の基本判例とされる次の最高裁判例を踏まえたものである。

判決例1-1　可撓性伸縮ホース

最高裁第3小法廷　昭和45年（行ツ）第45号
　（昭和49年3月19日）（高辻正己裁判長）
　（原審） 東京高裁　昭和41年（行ケ）第167号（昭和45年1月29日）

　この判決では、「意匠権の効力が、登録意匠に類似する意匠すなわち登録意匠に係る物品と同一又は類似の物品につき一般需要者に対して登録意匠と類似の美感を生ぜしめる意匠にも及ぶものとされている（法23条）ところから、右のような物品の意匠について一般需要者の立場からみた美感の類否を問題とする」と判示している。

　意匠法24条2項の規定においては、この判決における「一般需要者」を取引者を含む「需要者」に概念を拡げているが、意匠の観察主体としての「需要者」と、「美感」の類否という本質的な考え方を示している点では同じである。

　しかし、このような本質的な判断基準は高度に抽象的であるがゆえに、これをそのまま具体的事案に適用しても、類否の妥当な結論を得るのは難しい。言い換えると、この最高裁判例や意匠法24条2項の規定に定める「需要者」と「美感」だけで、類否判断するのは難しい。より具体的な判断基準が必要になる。

　そこで、出願系の審査では、特許庁意匠課編の「意匠審査基準」に類否判断の手法がより具体的にある程度書かれて、運用されている（平成2年改訂の意匠審査基準　第2章新規性・創作非容易性の第1節新規性）。

　他方、侵害系の裁判では、従来から公知意匠の参酌や混同的観点など、特許庁の審査とは、また異なる類否判断の基準や手法が蓄積されてきた。

2　侵害系の類否判断

　本書におけるテーマの1つは、登録要件としての意匠法3条1項3号の事案におけるいわゆる査定系の意匠類否判断であるが、それを検討する前に、前著（『早わかり　意匠判例集［侵害編］』日本評論社）で明らかにした意匠権侵害裁判における意匠類否判断を見ておきたい。その侵害系の意匠類否判断の基準や手法を知ることは、査定系の意匠類否判断の基準や手法の特色や傾向を浮き彫りにするからである。

　侵害系の意匠類否判断基準を示すリーディングケースとしての判決は、平成10年に出された東京高裁「自走式クレーン」判決である。

判決例　自走式クレーン

東京高裁　平成9年（ネ）第404号

　（平成10年6月18日）（永井紀昭裁判長）

　（原審）東京地裁　平成5年（ワ）第3966号（平成9年1月24日）

【本件意匠】

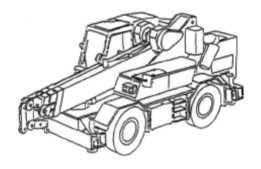

【イ号意匠】

◆**類否判断基準**

　この判決が示した意匠類否判断基準は次の通りである。

　「意匠の類否を判断するに当たっては、意匠を全体として観察することを要するが、この場合、意匠に係る物品の性質、用途、使用態様、さらには公知意匠にはない新規な創作部分の存否等を参酌して、取引者・需要者の最も注意を惹きやすい部分を意匠の要部として把握し、登録意匠と相手方意匠が、意匠の要部において構成態様を共通にしているか否かを観察することが必要である。」

　この判断基準のポイントは、物品の性質等を踏まえて、公知意匠を参酌して権利対象である本件登録意匠の要部を認定し、その要部を侵害訴求対象の相手方意匠（イ号意匠）が具備するか否かをみるという判断のプロセスと手法をとる点にある。

　すなわち、特許権侵害事件における技術的範囲の認定（特許法70条）のように、権利範囲をまず画定し、その権利範囲に相手方意匠が属するか否かを判断するというものである。

5

そして、この東京高裁「自走式クレーン」判決で示された意匠類否判断基準は、現在までの多数の意匠権侵害事件の判決に実質的に踏襲されており、ほぼ確立した判断基準となっているものである。

◇東京高裁「自走式クレーン」判決における具体的な類否判断

判決では、自走式クレーンの用途及び使用態様からして、本件意匠の基本的構成を形成する、キャビン、機器収納ボックス、ブームの各概要的な構成態様や、下部走行体と、キャビン、機器収納ボックス、ブーム相互の配設関係等が、取引者・需要者にとって、購入選択等する場合の重要な要素と考えられることからすると、本件意匠の要部はそれらの基本的構成態様に存すると認定された。

そして、イ号意匠は本件意匠のその要部を具備するものであって、両意匠を全体的に観察した場合、看者に共通の美感を与えるものであり、イ号意匠は本件意匠に類似するものと認められる、と判断された。

◇侵害系の類否判断の傾向

上にみた東京高裁「自走式クレーン」判決における類否判断のように、侵害系の意匠類否判断では、権利となっている本件意匠の基本的構成態様が公知意匠になく新規であればそれを要部として、その基本的構成態様を共通にするイ号意匠は類似すると判断する一方、その基本的構成態様が公知意匠に存在すれば、そこには要部はなく、具体的構成態様レベルで類否が決されることになる。

ここにおける基本的構成態様と具体的構成態様というものの概念やその扱いについては、査定系の意匠類否判断にも共通するものであるので、次項以下で詳細に検討することにする。

3　意匠審査基準における類否判断基準

特許庁の意匠審査基準は、令和元年改正意匠法に対応して、令和2年に改訂された。この改訂では、明確化及び簡潔化の観点から、意匠審査基準の構成と記載の内容について、全般的な見直しが行われた（以下において、令和2年改訂意匠審査基準を、改訂意匠審査基準又は改訂審査基準という。）。

この改訂意匠審査基準において、意匠法3条1項3号の新規性の部分は、その構成が変更され、書き改められた。

そこで以下、改訂意匠審査基準の「第2章　新規性・創作非容易性」の「第1節　新規性」の記載内容に沿って解説する。以下、この「**3　意匠審査基準における類否判断基準**」において、改訂された意匠審査基準の「**第2章　新規性・創作非容易性　第1節　新規性**」の中の各項目を示すときは、当該項目の番号とタイトル、又は番号のみを記す。

3-1　新規性判断の基礎となる考え方（改訂審査基準2.1）

改訂意匠審査基準は、「審査官は、出願意匠が新規性を有しているか否かを判断するにあたり、出願された意匠と公知意匠（審査において引用される意匠）とを対比し、その結果、両意匠が同一であると認められる場合は、出願された意匠が新規性を有していないと判断する。加えて、両意匠の間に差異点がある場合であっても、両意匠が類似すると認められる場合は、同様に、出願された意匠が新規性を有していないと判断する。」という。

ここにいわれているのは、意匠の新規性判断における基本的な考え方であるが、令和2年改訂で新たに記載されたものである。したがって、ここにいう意匠には、物品についての全体意匠も部分意匠も入るが、令和元年の法改正で新たに意匠法の保護対象に加えられた画像自体の意匠、建築物の意匠、内装の意匠も、そしてそれらの全体意匠と部分意匠が入ることになる。

改訂意匠審査基準は、（注）として、『刊行物に記載される等して公知となった物品等に係る意匠はもちろんのこと、その物品等の中に含まれる、その物品等とは非類似の物品等に係る意匠（例えば部品に係る意匠）であっても、当該意匠自体の具体的な形状等を認識できるものについては、新規性の判断の基礎とする資料として取り扱う。また、意匠公報に掲載された物品等の部分について意匠登録を受けようとする意匠の「意匠登録を受けようとする部分」以外の「その他の部分」において、意匠に係る物品等の具体的な形状等を識別できるものについても同様に、新規性等の判断の基礎とする資料として取り扱う。』とする。

この（注）において、前段部分は、部分意匠についての引用の仕方、後段部分は、部分意匠の意匠公報記載の意匠であっても公知意匠として見るときは全体意匠としても引用できる旨を述べているものである。

3－2　類否判断の判断主体（改訂審査基準2.2.1）

改訂意匠審査基準は次のようにいう。

『類否判断の判断主体は、需要者（取引者を含む）である。

新規性の判断における類否判断の判断主体については、意匠法の条文上規定がなされていない。しかしながら、登録意匠の範囲を規定する意匠法第24条第2項において、「登録意匠とそれ以外の意匠が類似であるか否かの判断は、需要者の視覚を通じて起こさせる美感に基づいて行うものとする。」と規定されていることから、新規性の判断における類否判断の判断主体も、同様に需要者（取引者を含む）とする。また、同規定でいう「需要者」は、取引者を含む概念であることから、ここでは「需要者（取引者を含む）」としており、物品の取引、流通の実態に応じた適切な者とする。

類否判断は、人間の感覚的な部分によるところが大きいが、その判断を行う際は、創作者の主観的な視点を排し、需要者（取引者を含む）が観察した場合の客観的な印象をもって判断する。』

上記意匠法24条2項において類否判断を需要者の観点で行う旨の規定は、先に基本判例として挙げた最高裁判例（**判決例1-1**）を踏まえたものであるから、審査基準のここの説明も最高裁判例を踏まえたものといえる。

3－3　類否判断の手法（改訂審査基準2.2.2）

改訂意匠審査基準は次のようにいう。

『意匠は、物品等と形状等が一体不可分のものであるから、対比する両意匠の意匠に係る物品等が同一又は類似でなければ意匠の類似は生じない。

したがって、審査官は、対比する両意匠が以下の全てに該当する場合に限り、両意匠は類似すると判断する。

なお、物品、画像、建築物の各意匠の間においても、対比する両意匠が以下の全てに該当する場合は、両意匠は類似すると判断する。

（1）出願された意匠が物品等の全体について意匠登録を受けようとするものである場合

①　出願された意匠と公知意匠の意匠に係る物品等の用途及び機能が同一又は類似であること

②　出願された意匠と公知意匠の形状等が同一又は類似であること

なお、上記①及び②がいずれも同一の場合、両意匠は同一と判断する。

（2）出願された意匠が物品等の部分について意匠登録を受けようとするものである場合

　①　出願された意匠と公知意匠の意匠に係る物品等の用途及び機能が同一又は類似であること

　②　出願された意匠の「意匠登録を受けようとする部分」と、公知意匠における「意匠登録を受けようとする部分」に相当する部分の用途及び機能が同一又は類似であること

　③　出願された意匠の「意匠登録を受けようとする部分」の当該物品等の全体の形状等の中での位置、大きさ、範囲と、公知意匠における「意匠登録を受けようとする部分」に相当する部分の当該物品等の全体の形状等の中での位置、大きさ、範囲とが、同一又は当該意匠の属する分野においてありふれた範囲内のものであること

　④　出願された意匠の「意匠登録を受けようとする部分」と、公知意匠における「意匠登録を受けようとする部分」に相当する部分の形状等が同一又は類似であること

　（注）「その他の部分」の形状等のみについては対比の対象とはしない。

　なお、上記①から④が全て同一の場合、両意匠は同一と判断する。』

　この部分も改訂意匠審査基準で新たに書き起こされた。ここにおいて物品等とあるのは、物品だけでなく、画像、建築物、内装も含まれることになる。

　上記において、（1）は全体意匠について、（2）は部分意匠についての判断基準である。改訂前の意匠審査基準では、部分意匠については、独立した項でまとめて記載されていたが、改訂意匠審査基準では、全体意匠とおりまぜて記載されている。

　上記の（注）として記載されている「その他の部分」の形状等のみについては対比の対象とはしない、というのは実は重要なことが書かれている。部分意匠におけるいわゆる破線部分は、類否判断の直接的な対象とはしないということである。これは部分意匠の類否判断における重要なポイントである。ただし、破線部分は、上記③の「位置、大きさ、範囲」において間接的な判断対象になるということである。

3-4　意匠の類否判断の観点（改訂審査基準2.2.2.1）

　改訂意匠審査基準は次のようにいう。

「審査官は、次の（ア）から（キ）の観点により、類否判断を行う。

（ア）対比する両意匠の意匠に係る物品等の用途及び機能の認定及び類否判断

（イ）物品等の部分について意匠登録を受けようとする意匠の場合、当該部分における用途及び機能の共通点及び差異点の認定

（ウ）物品等の部分について意匠登録を受けようとする意匠の場合、当該部分の位置、大きさ、範囲の共通点及び差異点の認定

（エ）対比する両意匠の形状等の認定

（オ）対比する両意匠の形状等の共通点及び差異点の認定

（カ）対比する両意匠の形状等の共通点及び差異点の個別評価

（キ）総合的な類否判断」

　これらの事項は、意匠類否判断の作業プロセスを示すものでもあるので、この判断プロセスに沿って、改訂意匠審査基準に記載されている種々の見方、考え方および基準の中の基本的な事項を盛り込みながら、以下に解説する。

（ア）対比する両意匠の意匠に係る物品等の用途及び機能の認定及び類否判断　　　　　　　　　　　　　　　　　　（改訂審査基準2.2.2.2）

　従来からの物品に係る意匠についての類否判断においては、形状等の類否を判断する前に、物品の類否が判断される。物品の類否が判断される理由については諸説があるが、少なくとも、審査では、物品に係る意匠については、意匠が物品性を前提としていることから、形状等の類否判断に先だって、物品の類否を判断することが確立している。その物品の類否の判断要素は、用途及び機能とされている。令和元年の意匠法改正により、保護対象に物品に係る意匠だけでなく、画像自体の意匠、建築物の意匠、内装の意匠が加えられた。そこで、この項でも、物品だけではなく、物品等と記載されている。

　改訂意匠審査基準はまず、「対比する両意匠の意匠に係る物品等の使用の目的、使用の状態等に基づき、意匠に係る物品等の用途及び機能を認定する。」として、物品等の類否判断の目安となるものが物品等の用途及び機能であることを明示している。

　そして、その類否判断基準について、『意匠の類似は、対比する意匠同士の意匠に係る物品等の用途及び機能が同一又は類似であることを前提とする。

　物品等の部分について意匠登録を受けようとする意匠の場合も同様であり、例えば、カメラのグリップ部分について意匠登録を受けようとする意匠が意匠

登録出願された場合、権利の客体となる意匠に係る物品は、当該グリップ部分を含む「カメラ」であることから、新規性の判断の基礎となる資料は、「カメラ」及びそれに類似する物品等に係る意匠となる。

上記の「意匠に係る物品等の用途及び機能が同一又は類似であること」の判断は、物品等の詳細な用途及び機能を比較した上でその類否を決するまでの必要はなく、具体的な物品等に表された形状等の価値を評価する範囲において、用途（使用目的、使用状態等）及び機能に共通性があれば物品等の用途及び機能に類似性があると判断するに十分である。』としている。

すなわち、物品等の用途及び機能の類否判断は、用途及び機能の共通性が判断基準となること、その共通性は詳細な用途及び機能でなくてもよく、形状等の価値を評価する範囲であればよいとされている。ここにいう「形状等の価値を評価する範囲」というのは必ずしもわかり易い表現ではないが、用途や機能についてはある程度の抽象性や幅をもって判断してよいということだと思われる。

例えば、物品の意匠に係る判決例においては、「木ねじとタッピンねじとは、ねじ自身でねじ切り（ねじ立て）ができるねじである点で共通し、ねじの構造及び機能においてほぼ同様のものであるということができ、対象となる締結部材が木ねじでは木材を対象としている点において相違するにすぎないものであるから、物品としての共通性を有するものである。」と判断した例がある（**判決例1-24**「木ねじ」判決）。

（イ）物品等の部分について意匠登録を受けようとする意匠の場合、当該部分における用途及び機能の共通点及び差異点の認定（改訂審査基準2.2.2.3）

改訂意匠審査基準は、『出願された意匠が、物品等の部分について意匠登録を受けようとする意匠である場合は、「意匠登録を受けようとする部分」と公知意匠における「意匠登録を受けようとする部分」に相当する部分のそれぞれの用途及び機能について共通点及び差異点を認定する。』とする。この内容は、部分意匠についての判断基準であり、改訂前の意匠審査基準にも同様の記載はあったが、令和2年の改訂により、物品等とされたので、画像などの新たな保護対象にも適用があると思われる。

部分意匠に係る部分の用途及び機能を判断するのは、例えば、パーソナルコンピューターにおいて、操作ボタンの部分を部分意匠に係る部分としているよ

うな場合に、その操作ボタンとしての用途や機能をみるということである。これは、物品等の部分を対象にする部分意匠の創作においては、その部分の用途や機能を踏まえて意匠創作がなされており、したがって、部分意匠の評価においても当該部分の用途や機能が前提となるということである。インダストリアルデザインとしての性質を踏まえたものといえる。

（ウ）物品等の部分について意匠登録を受けようとする意匠の場合、当該部分の位置、大きさ、範囲の共通点及び差異点の認定（改訂審査基準2.2.2.4）

　改訂意匠審査基準は、『出願された意匠が、物品等の部分について意匠登録を受けようとする意匠である場合は、「意匠登録を受けようとする部分」の当該物品等の全体の形状等の中での位置、大きさ、範囲と、公知意匠における「意匠登録を受けようとする部分」に相当する部分の当該物品等の全体の形状等の中での位置、大きさ、範囲について共通点及び差異点を認定する。なお、位置、大きさ、範囲は、当該意匠の属する分野においてありふれた範囲内のものであれば、ほとんど影響を与えない。』とする。

　これも部分意匠に特有の判断基準である。ここでは、本願意匠の部分意匠に係る部分と、引用意匠におけるそれに相当する部分の物品等の全体の形状等の中での位置、大きさ、範囲が同一であるか、又は当該意匠の属する分野においてありふれた範囲内のものであるかどうかが問われることになる。

　このような判断基準を適用することの根拠に対する考え方は様々あり得るが、少なくとも、物品等の全体の形状等と全く無関係に部分意匠が成立しているわけではないということである。具体的には第2章の判決例で検討することになる。

（エ）対比する両意匠の形状等の認定

（改訂審査基準2.2.2.5）

（1）肉眼による観察

　改訂意匠審査基準は、「観察は、肉眼による視覚観察を基本とする。」とし、「ただし、肉眼によって認識できないものであっても、取引の際、拡大観察することが通常である場合には、肉眼によって認識できるものと同様に扱う。」とする。

（2）観察方法

改訂意匠審査基準は、「類否判断は、意匠に係る物品等を観察する際に通常用いられる観察方法により行う。」とし、「例えば、購入の際にも使用時にも実際に手に持って視覚観察する筆記具の意匠の場合は、意匠全体を同じ比重で観察するが、通常の設置状態では背面及び底面を見ることのないテレビ受像機の意匠の場合は、審査官は主に正面、側面、平面方向に比重を置いて観察する。」とする。

意匠の観察姿勢としては、物品の意匠の場合は、斜め上方から斜視する場合が多いようである。この観察姿勢についても、第2章における判決例で具体的に見てゆく。

（3）形状等の認定

〈キーとなる概念としての基本的構成態様〉

改訂意匠審査基準は、「審査官は両意匠の意匠に係る物品等の全体の形状等（意匠を大づかみに捉えた際の骨格的形状等、基本的構成態様ともいう。）及び各部の形状等を認定する。」とする。

ここでは、「意匠に係る物品等の全体の形状等（意匠を大づかみに捉えた際の骨格的形状等、基本的構成態様ともいう。）及び各部の形状等を認定する。」と、比較的にあっさりと書かれているが、ここは実務上極めて重要なポイントと思われるので、詳しく解説する。

ここにいう基本的構成態様とは、意匠の構成をある程度抽象的に捉えた骨格的構成である。単に、基本的構成ともいう。一方、ここに各部の形状等と書かれているものは、具体的構成態様（単に、「具体的態様」ともいう。）である。

基本的構成態様という捉え方は、わが国の意匠実務特有の意匠の形状等の捉え方であって、極めて重要かつ有効な概念ツールというべきものであり、個別の類否判断の事案においては、基本的構成態様の把握と認定が極めて重要である。このことについては改訂意匠審査基準も次のように述べている。

「意匠に係る物品等の全体の形状等（基本的構成態様）は、意匠の骨格ともいえるものなので、視覚的印象に与える影響は、通常最も大きい。」（2.2.6(1)(a)）

「意匠に係る物品等の全体の形状等（基本的構成態様）は、意匠の骨格ともいえるものであって、視覚を通じて起こさせる美感への影響が最も大きい。よって、意匠が類似するためには、原則として、意匠に係る物品等の全体の形状

等（基本的構成態様）が共通することが必要である。」(2.2.2.7(2))

　そのため、実務上は、基本的構成態様をどのように注出し、把握するかが類否判断に極めて大きい影響を与えることになる。

　基本的構成態様は、意匠の形状等の捉え方であって、視覚的イメージをもって把握されるが、それが文章で概念的に表現されるものであり、それによって意匠の論理的かつ客観的な比較や評価が可能になる。

　ここに、基本的構成態様の把握のモデルケースを示したい。

［基本的構成態様の把握の実例］

両意匠の基本的構成態様が共通することによって類似すると判断された事例

（東京地裁　平成18年（ワ）第 19650号）

　物品「増幅器」（「増幅器付スピーカー」）

（本件意匠）　　　　　　　　　　　　　　（相手方意匠）

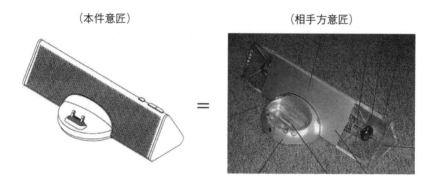

〈共通する**基本的構成態様**〉
　本体部を正三角柱状とし、その前面中央において、上方から見て半円形状に突出し、正面側から見て半円形状に表れるドック部を形成している。

〈本件意匠の**具体的構成態様**〉
　a　本体部の前面ほぼ全域にスピーカー用の小孔を形成している。
　b　ドック部の上面中央部分に、電子機器本体を直接装着する横長の端子が設けられており、端子の両端に2本の角状の突起が設けられている。

〈相手方意匠の**具体的構成態様**〉
　a　本体部の前面は、中央部分及び左右の透明部分のいずれも無孔である。
　b　ドック部の平坦な上面中央部分に、電子機器本体を直接装着する横長の端子が設けられている。

　このケースにおける上記の**基本的構成態様**を模式図で示すと次の通りである。

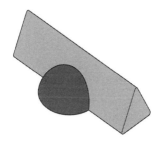

〈**基本的構成態様**〉
本体部を正三角柱状とし、その前面中央において、上方から見て半円形状に突出し、正面側から見て半円形状に表れるドック部を形成したものである。

　この基本的構成態様を共通にする限りは、例えば、上記の本体部が正三角柱状である限りは、その本体部の詳細である具体的構成態様が、本件意匠のように、スピーカー用の小孔を備えていてもよいし、相手方意匠のように、無孔で透明部分を備えていてもよいことになる。このように基本的構成態様という捉え方は、建築物における骨格のようなものであり、造形の把握としては、形状等の視覚的イメージを失わない範囲で、幾分か抽象的に捉えた形（＝構成態様）ということになる。

　このことからわかるように、基本的構成態様という捉え方をすることの利点

は、意匠の構成態様を階層的・重層的に捉えることができる点にある。

すなわち、次の図に示すように、基本的構成態様と具体的構成態様は、上位概念と下位概念の関係にあるといえる。

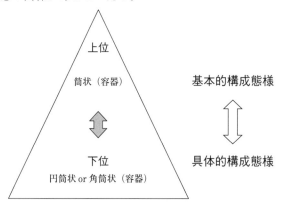

このように基本的構成態様と具体的構成態様というツールを使うことによって、意匠の形状等をより客観的に把握し、特定することができることになる。

具体的構成態様に差異があっても、基本的構成態様が共通するので類似するというような判断が可能となる。なぜなら、基本的構成態様は全体の骨格的構成であるので、全体の視覚的印象や美感に大きな影響を与えるからである。意匠審査基準が「基本的構成態様は、意匠の骨格ともいえるものであって、視覚を通じて起こさせる美感への影響が最も大きいことから、意匠が類似するためには、原則として、意匠に係る物品等の全体の形状等（基本的構成態様）が共通することが必要である。」と示していることの理由である。

また、後に詳述するが、基本的構成態様が共通するが、それはありふれたものであるので、具体的構成態様に特徴的差異があれば類似しない、というような判断も可能になる。このように基本構成態様と具体的構成態様とによって、類否の客観的な判断や類型化が可能となる。

したがって、意匠の認定においては、基本的構成態様と具体的構成態様に分けて、それぞれを文章化してなすのが一般的である。

（オ）対比する両意匠の形状等における共通点及び差異点の認定

次いで、形状等の共通点と差異点の認定の作業になる。その作業は、意匠の類否判断の前作業として、意匠の構成態様を比較し、共通する要素と異なる要

素を把握して、整理することを意味する。

　意匠の形状等の共通点及び差異点の認定は、意匠の対比ともいうが、それは、対比する２つの意匠の全体の基本的構成態様と各部の具体的構成態様のそれぞれについて行うことになる。改訂意匠審査基準は、「審査官は両意匠の意匠に係る物品等の全体の形状等（基本的構成態様）及び各部の形状等における共通点及び差異点を認定する。」としている。

　意匠の対比の略要の１例を示せば次の通りである。

〈対比する形状等の構成態様〉

基本的構成態様　　　　　　　　基本的構成態様

具体的構成態様 a　　⟺　　具体的構成態様 a'

具体的構成態様 b　　　　　　具体的構成態様 b'

具体的構成態様 c　　　　　　具体的構成態様 c'

［対比した結果の例］

共通点

共通点１　基本的構成態様

共通点２　具体的構成態様の a と a'

差異点

差異点１　具体的構成態様の b と b'

差異点２　具体的構成態様の c と c'

　具体的な事案の例としては、前に、［基本的構成態様の把握の実例］として挙げた「増幅器」東京地裁判決の例を参照していただきたい。

　この形状等の対比において注意しなければならないことは、基本的構成態様というものは、前に述べたように、形状等の視覚的イメージを失わない範囲で形状等をある程度抽象化した構成態様であるから、対比する意匠においては、その抽象性のレベルを同程度にしなければならないということである。そうでなければ、ちぐはぐな対比となってしまうからである。また、具体的構成態様は、通常、形状等の各部分について特定するものであるので、対象となる部分をつき合わせて順序立てて対比を行う必要がある。

　改訂意匠審査基準は、部分意匠について、『出願された意匠が、物品等の部

分について意匠登録を受けようとする意匠である場合は、「意匠登録を受けようとする部分」と公知意匠における「意匠登録を受けようとする部分」に相当する部分のそれぞれの全体の形状等及び各部の形状等について共通点及び差異点を認定する。』とする。部分意匠についても、基本的構成態様と具体的構成態様に分けて形状等を認定し、それぞれについて対比される場合が多い。それについては、第2章の判決例で見てゆくことになる。

　なお、改訂意匠審査基準は、部分意匠について、『ただし、「その他の部分」の形状等については直接共通点及び差異点を認定しない。』としている。この点については、前の「**3-3　類否判断の手法**」での引用（2）の（注）でも言及されていたが、部分意匠の類否判断においては、いわゆる破線部分は対比の直接の対象とされないということである。

（カ）対比する両意匠の形状等の共通点及び差異点の個別評価

（改訂審査基準2.2.2.6）

　本項の形状等の共通点及び差異点の個別評価は、意匠類否判断のまさに判断に当たる作業プロセスであり、様々な観点からの評価付けが行われる。

　改訂意匠審査基準は、対比する意匠の共通点と差異点に対して、「（1）その形状等を対比観察した場合に注意を引く部分か否かの認定及びその注意を引く程度の評価と、（2）先行意匠群との対比に基づく注意を引く程度の評価を行う。」とし、その中でさらに細かい項目に分けて判断基準や評価の観点を示しているので、それに沿って以下解説する。

（1）対比観察した場合に注意を引く部分か否かの認定及び評価

　改訂意匠審査基準は、「両意匠の各共通点及び差異点における形状等が、対比観察した場合に注意を引く部分か否か及びその注意を引く程度は、①その部分が意匠全体の中で占める割合の大小、及び②その部分が意匠に係る物品等の特性からみて視覚的印象に大きな影響を及ぼす部分かにより、認定及び評価を行う。」とし、その評価方法や基準を以下のように挙げている。

（a）意匠全体に占める割合についての評価

　改訂意匠審査基準は、「共通点あるいは差異点に係る部分について、その大きさが意匠に係る物品全体に占める割合が大きい場合には、小さい場合と比較して、その部分が注意を引く程度は大きい。」とし、また「意匠に係る物品等の全体の形状等（基本的構成態様）は、意匠の骨格ともいえるものな

ので、視覚的印象に与える影響は、通常最も大きい。」としている。

　基本的構成態様の重要性については、前に述べた通りであるが、ここで述べられている「物品等の全体の形状等（基本的構成態様）」といういい方には説明が必要である。物品等の全体の形状等と基本的構成態様は、厳密にいえば、必ずしもイコールではない。基本的構成態様は、物品全体のそのままの形状等から骨格的構成を抽出したものであるからである。そのため、物品等の全体の視覚的印象やイメージ、言い換えれば全体の美感に大きな影響を与えることになる。しかも、骨格的構成として枝葉末節を省いたものであるから、枝葉末節が異なっていても同じような視覚的印象を視る者に与えることになる。それが外観の類似性に繋がるわけである。基本的構成態様が類否判断に与える影響の大きさとは、そのような視覚心理学的なロジックを背景にしていることを理解することが肝要である。

（ｂ）物品の大きさの違いについての評価

　改訂意匠審査基準は、物品等自体の大きさが異なっていたとしても、それが物品等の用途及び機能の認定に影響を及ぼさない限り、その違いは、強く注意を引くものとはならない旨述べている。

　相似形は、意匠としては同一であるから当然のことといえよう。但し、人が仰ぎ見るような建設機械と、人が手に持つような大きさの建設機械の模型おもちゃとは、そもそも物品が異なるということである。

（ｃ）物品の特性に基づき観察されやすい部分か否かの評価

　改訂意匠審査基準は、「意匠には、視覚観察を行う場合に観察されやすい部分、観察されにくい部分が存在する。」とし、「観察されやすい部分は、意匠に係る物品等の用途（使用目的、使用状態等）及び機能、その大きさ等に基づいて、（１）意匠に係る物品等が選択・購入される際に見えやすい部位か否か、（２）需要者（取引者を含む）が関心を持って観察する部位か否かを認定することにより抽出する。」としている。

　意匠は、有用な用途や機能を持った物品等の形状等であるから、その物品等に表れた用途や機能を体現する部分は視る者の注意を惹くことになる。前記の基準の説明では、（１）として物品等の選択・購入時の観点が挙げられているが、これは最終消費者だけでなく、中間の取引者の観点も含まれる。また、物品等が生産財か、中間財か、最終消費財かによっても影響を受けることになる。（２）の需要者（取引者を含む）が関心を持って観察するとい

う観点も同様に取引者の観点と最終需要者の観点が含まれる。最終需要者が
関心を持つ場合は、その物品等の使用状態や使い勝手を想定して観察するこ
とも含まれるであろう。なぜなら、工業的意匠＝インダストリアルデザイン
とは、本来的に、一定の用途を持った道具やツールである物品等の形状等に
関する創作であり、使うことを前提にデザインされるものであるからであ
る。

　また、ここにいう物品等の特性に基づく観察姿勢とは、後に挙げられてい
る項目である「**（3）（a）機能的形状の評価**」とも関連しているものであ
る。

（d）物品等の内部の形状等の評価

　改訂意匠審査基準は、「意匠は、意匠に係る物品等を観察する際に目に付
きやすい部位の形状等を中心に比較されるべきであるから、類否判断におい
ては、通常の使用状態において目にすることのない内部の形状等は、意匠の
特徴として考慮しない。」とする。意匠は物品等の外観に関するものである
から当然のことであり、念のための基準といえよう。

　但し、「通常の使用状態において、内部の形状等を観察するものについて
は、使用時に目に付きやすい形状等が注意を引きやすい部分となる。」とし
て、浴室の意匠の例を挙げている。その場合は、内部の形状が使用価値や美
的価値を表し、需要者の注意を惹くことになるからである。

　なお、部分意匠の場合は、物品の比較的に内側の部分を、意匠登録を受け
ようとする部分（いわゆる実線部）としている例も見られる。意匠審査基準
は、この点については語るところはないが、部分意匠特有の問題と思われ
る。後の裁判例において検討してみたい。

（e）物品の流通時にのみ視覚観察される形状等の評価

　改訂意匠審査基準は、「使用時・設置時にはその一部が目に触れないよう
な物品等（例えば、一部が土に埋まるフェンスや、壁や天井に一部が埋め込
まれる照明器具等）の場合、流通時にのみ視覚観察される部位が注意を引く
程度は、原則として、その他の部位よりも小さい。」とする。これも、意匠
が物品等としての使用価値を発揮する状態での最良の形状等を実現するため
に創作され、受け手である需要者もそれを評価することからすれば当然の基
準といえよう。

　但し、意匠法24条2項の需要者には取引者が含まれるから、物品の流通過

程で取引者の注意を惹く部分が類否判断で重視されるということもあり得る。裁判所、特に侵害裁判所は特許庁に比べて流通過程を重視する傾向があるように思われる。しかし、そのことは意匠審査基準の前記規定と矛盾するものではない。前記規定は、意匠の見方としての原則論を述べたものだからである。

（2）先行意匠群との対比に基づく評価

改訂意匠審査基準は、「共通点及び差異点における形状等が、先行意匠群と対比した場合に、注意を引きやすい形状等か否かを評価する。」とし、「形状等が注意を引きやすいものか否かは、同じ形状等を持つ公知意匠の数や、他の一般的に見られる形状等とどの程度異なった形状等であるか、又その形状等の創作的価値の高さによって変わる。」とする。

ここにいう先行意匠群とは、先行する公知意匠群と考えてよく、先行する意匠との関係で意匠の評価を行う点に、新規性を登録要件とする意匠法の創作保護法としての本質的な性格が表れている。それは上の審査基準からの引用中の「創作的価値の高さ」という文言にも表れているといえる。また「注意を惹きやすい形状等」であるか否かは、単に形が目立つというだけではなく、需要者に新規な価値を有するデザインの特徴として評価されるか否かという点を含んでいると解すべきであろう。そうでなければ、「創作的価値の高さ」という文言は出てこないはずだからである。意匠の類否判断についての学説には従来から、混同説、創作説及び需要喚起説などの諸説があり、本書ではその当否を敢えて問わないが、少なくとも、特許庁は創作された意匠を創権的に保護する機関であるから、出願されてきた意匠が新規な特徴を備えているか否かを評価して審査することになる。そして、意匠の創作は時系列的になされるものであるから、出願意匠の評価は、先行する他の意匠群を踏まえてなされることになる。また、それを需要者の観点で考えれば、世の中に既に存在しているその分野の意匠に対する需要者の認識の水準を踏まえることになるわけである。そして、その評価は、共通点と差異点のそれぞれについてなされることになる。

（a）先行意匠調査を前提とする共通点の評価

改訂意匠審査基準は、「共通点における形状等が、他の先行意匠においてごく普通に見られるありふれた態様であった場合には、その形状等は特徴的な形状等とはいえない。したがって、他の先行意匠においても見られる形状等ではあるが、ごく普通に見られるありふれた態様とはいえない場合と比べ

て、その形状等が注意を引く程度は小さい。」としている。

　ここにいう先行意匠は、単なる公知ではなく、ありふれているかどうかが問題とされる。この点は、本章の「**2　侵害系の類否判断**」で述べた侵害事件における公知意匠の参酌と異なっている。侵害判断では、公知意匠が1つでもあれば、その公知意匠を含まないように権利解釈（類否判断）がなされる。その理由として、権利意匠は類似する公知意匠がないという前提で登録されているはずだという論理的前提があるからである。これに対して、登録要件を判断する出願審査での類否判断においては、出願された意匠が保護に値する新規な特徴を備えているか否かを見極めるものである。したがって、先行公知意匠においてありふれた態様は、通常はその物品等の分野で標準化されているから、新規な特徴としての評価対象にならないということである。またこれを意匠の受け手である需要者の観点で考えれば、ありふれていて見慣れた態様にはデザインとしての斬新さはないので、特に注目し、評価もされないということである。

　そして、基準がいう共通点としてのありふれた態様とは、通常の場合は、共通する基本的構成態様である場合がほとんどである。つまり、ありふれた基本的構成態様は、類否判断における評価が低くなり、類否を決する要部とはならなくなる。これは査定系の類否判断における典型的な判断類型のひとつである。この点については、第2章の裁判例において詳しく検討するので参照されたい。

　なお、改訂意匠審査基準は続いて、「いずれの場合も、ありふれた形状等や、公然知られた形状等を単純に除外することはしない。」と述べている。これは、例えば、前に述べた基本的構成態様がありふれたものであっても、それを物品等の構成態様から物理的に除外しないということであり、視覚的には存在するが評価を低く判断するという意味である。念のための記載である。

（b）先行意匠調査を前提とする差異点の評価

　改訂意匠審査基準は、「差異点における形状等が、他の先行意匠には見られない新規な形状等であって、創作的価値が高いと認められる場合、その形状等は、過去のものとは異なっているという強い印象を与え、強く注意を引くものである。」としている。これは、前に述べたように、新規な創作の意匠を保護するという意匠法の建前からは当然のことといえる。需要者の立場

から見ても、従来と異なる特徴を有する意匠は当然評価が高く、視覚的印象としても注目されることになるだろう。この新規な形状等であって、創作的価値が高い態様は、基本的構成態様の場合もあれば、具体的構成態様である場合もある。基本的構成態様が新規である場合は全体として新規であるということであるから、創作的価値はかなり高いであろう。基本的構成態様が異なるので非類似というのも類否のひとつの類型である。他方、具体的構成態様が新規で創作的価値が高い場合は、多くの場合、基本的構成態様はありふれていて要部にならないが、具体的構成態様に特徴的な差異があって非類似となる場合であり、それもまたひとつの類否の類型である。

　次に改訂意匠審査基準が述べている「各差異点における形状等が、他の先行意匠においてごく普通に見られるありふれた態様である場合は、その形状等は、強く注意を引くものとはなり得ない。」というのは、部分の具体的構成態様がありふれている場合、類否判断としてはネガティブな評価になる場合である。そのような場合は往々にして部分のありふれた改変という場合が多い。このような評価がなされるケースは、共通する基本的構成態様がありふれていて、ある部分の具体的構成態様に新規な特徴があると主張されているが、その部分もありふれているので、やはり全体に関わる基本的構成態様の共通性によって類似するということになる。これもまた類否のひとつの類型になる。

　さらに、「ただし、ありふれた形状等や公知形状等の組合せによっては、その組合せの態様が、注意を引く場合もある。」とは、公知の構成要素の組み合わせによる意匠としての視覚的に融合されたまとまりが新規で類否に影響する場合があるという、意匠特有の性質を念のために述べたものといえよう。

（3）機能的意味を持つ形状等及び材質に由来する形状等の取扱い

　機能的意味を持つ形状等からなる意匠は、いわゆる機能的意匠と呼ばれているものである。意匠とは物品の機能を離れた装飾であるという考えは、かつての欧州などでは強い考え方だったようであるが、わが国の特許庁における意匠実務では伝統的に機能的意匠を保護してきたといえる。そこには、形態と機能が融合した合理的形態が優れた意匠であるという近代の工業デザインの思想や理念が底流にあるといえよう。機能美の保護ということもできる。

（a）機能的形状の評価

改訂意匠審査基準は、「機能的な要求の実現に造形的な自由度があり、その形状でなければならない必然性がない場合の形状については、その造形的な特徴を考慮する。」と述べている。これはまさに、機能的意匠の保護に関する原則的立場を述べたものといえる。意匠の形状等が物品の機能に規定されている場合は、それは機能であって意匠ではない、あるいは意匠の特徴ではないといういい方がまれになされることがあるが、それは誤解である。形状等が一定の機能を実現する場合に造形の自由度はあり、その自由度の範囲内で創作が競われることになる。意匠の類否判断における特徴部分の評価は、そのような造形の自由度を前提にして行われるということを意匠審査基準は宣明しているわけである。まさに前述した工業デザインの保護ということである。

ただし書きでいっている「物品等の機能を確保するために不可欠な形状のみからなる意匠は、意匠法が本来保護を予定しない技術的思想の創作に対して排他的独占権を付与することになるため、保護しない（意匠法第 5 条第 3 号）。」とは、念のための記載である。100％機能に制約される場合は造形創作の余地はないからである。ただ、そのようなケースは極めてまれである。

また次の「視覚に大きな影響のない僅かな形状の相違について、その相違が機能に大きく関わっていても、ことさら重要視しない。」とは、前記とは逆に、機能的意匠を保護するからといって、意匠の全体の美感に影響を与えない造形的価値がないようなものは評価しないという歯止めを述べたものといえる。

本項は、装飾を主眼とする意匠を除いて、何らかの機能を有する意匠の類否判断における評価について、重要な考え方や基準を示したものといえる。

（b）物品の機能面からの要求を加味して構成された模様の評価

「単に装飾を目的とする模様（例えば、食卓用皿の表面に付される模様。）に加え、近年、シートキーやタッチパネルなど、入力・操作部の態様が凹凸の立体形状を伴わない平面的な図形等として構成される例が多くなってきている。このような意匠に係る物品等との関係において一定の機能を有する模様についての意匠的特徴の評価は、その模様が有する意味、すなわち、何を意図した模様なのか、物品等の用途・機能との関係においてどのような機能を担う模様なのか、という点を理解した上で行うものであり、形状の場合

と同様に評価する。」

　ここでいう「一定の機能を有する模様」は、いわゆる画像の意匠が該当する。具体的には、パソコンやスマートフォンの画面に電子的に表示されるアイコンのようなものを指している。これは意匠の定義上の分類としては模様になるが、実質的には三次元的な機能的物品の操作部などの形状の電子的な代替デザインであり、前述の機能的意匠としての性質を有している。ゆえに、この基準では、形状の場合と同様に評価することとしているものである。

　なお、画像の意匠については、法改正により、その保護が拡大された。よって、その評価基準については、第3部で述べる。

　（ｃ）材質から生じる模様・色彩の評価

　「意匠の構成要素として真に考慮すべき模様・色彩は、意匠創作者の創作行為に基づいて表された模様・色彩であるが、願書に添付した図面等に表された意匠が、意匠に係る物品等を製造する際に通常用いられる材質そのままの模様・色彩をもって表されていると認められる場合、その模様・色彩はその意匠の属する分野においてはありふれたものであるから、その模様・色彩が意匠全体の美感に与える影響は極めて小さい。」

　これも念のための基準といえよう。

（キ）総合的な類否判断

（改訂審査基準2.2.2.7）

　いよいよ意匠類否判断の最終段階、言い換えれば、まとめの段階としての「総合的な類否判断」である。改訂意匠審査基準は次のように述べている。

　「両意匠の形状等における各共通点及び差異点についての個別評価に基づき、意匠全体として両意匠の全ての共通点及び差異点を総合的に観察した場合に、需要者（取引者を含む）に対して異なる美感を起こさせるか否かを判断する。

　意匠は、全体が有機的なつながりを持って結合されたものであるから、各共通点及び差異点を個別に評価するだけでは、類否を判断することはできない。各形状等の組合せにも注意しつつ共通点及び差異点を総合的に検討した場合に、それら共通点及び差異点が意匠全体の美感の類否に対し、どのような影響を与えているかを評価しなければならない。」

　意匠の類否判断は、総合的な検討に基づく判断であることがいわれている。
　そして、基本的な考え方として次の（1）ないし（5）を挙げて説明してい
る。

（1）共通点及び差異点についての総合判断

　「ある共通点又は差異点が類否判断をする上で最も重要な要素となるか否か
は、他の共通点及び差異点との相対的な関係で決まる。ある共通点又は差異点
が類否判断に与える影響の大きさを考えるとき、他の共通点及び差異点が意匠
全体の美感に与える影響が小さければ、その共通点又は差異点が類否判断に与
える影響は相対的に大きいものとなる。他方、意匠全体の美感に与える影響が
同程度あるいはより大きな共通点又は差異点が他にある場合には、その共通点
又は差異点が類否判断に与える影響の大きさは、相対的に小さくなる。」

　意匠類否判断は、共通点と差異点の相対的関係で決まるということがいわれ
ている。これはいわば比較考量的な考え方だということができる。もちろん、
共通点と差異点の各構成要素に対して、前記の個別的評価で挙げられているよ
うな物品等としての機能や先行意匠との関係などの種々の観点から細かな評価
付け、すなわちウエイト付けが行われるが、最終的には、共通点と差異点のバ
ランスによって類否が決まることになる。

　そして、このような考え方は、既に見た意匠権侵害事件での類否判断基準と
はいくぶんか異なっている。侵害事件での考え方は既に述べたように、公知意
匠との関係や需要者の観点との関係で意匠の要部をまず確定し、相手方意匠が
その要部を具備するか否かで類否が決まるといってよい。類否の結論として
は、侵害事件での類否判断も、審査などの査定系の類否判断も同じようなとこ
ろに帰着することが多いが、考え方はやはり異なるのである。

　この査定系の類否判断の考え方は次のような審決取消訴訟の判決にも現れて
いる。

〈審決取消訴訟判決に見る類否判断基準〉

　「類否判断の対象となる意匠間の共通点が類否判断を左右する支配的要素
となるか否かは、意匠間の差異点との相対的な関係において決せられるべき
ものである。」

　　　──「自動車用ホイール」東京高裁判決

　　　　　平成15年（行ケ）第280号（平成15年12月18日）

　「意匠の類否を判断するに当たっては、意匠を全体として観察することを
要するが、そのためには、両意匠の基本的構成態様及び各部の具体的態様の
それぞれにおいて、形状等上の共通点及び差異点を抽出した上、それらを、
視覚的効果、使用態様、公知意匠にない新規な創作であるか否か等の観点か
ら検討し、共通点が及ぼす美感の共通性と差異点に基づく美感の個別性とを
比較考量し、総合的、全体的に類否を判断すべきものと解するのが相当であ
る。」

　——「建築用板材」知財高裁判決

　　　平成19年（行ケ）第10066号（平成19年 6 月14日）

　「本願意匠と引用意匠との類否判断に際しては、共通点と相違点の認定が
前提となり、その認定が類否判断をする出発点になるが、類否判断はこの共
通点、相違点の認定も含めた総合的判断となるものである。」

　——「雨樋用管」知財高裁判決（**判決例 1 - 2 参照**）

　　　平成24年（行ケ）第10279号（平成25年 1 月24日）

　他の判決における判断基準についても第 2 章において詳しく見てゆきたい。

（2）　意匠に係る物品等の全体の形状等（基本的構成態様）

　「意匠に係る物品等の全体の形状等（基本的構成態様）は、意匠の骨格とも
いえるものであって、視覚を通じて起こさせる美感への影響が最も大きいこと
から、意匠が類似するためには、原則として、意匠に係る物品等の全体の形状
等（基本的構成態様）が共通することが必要である。」

　ここでいわれている基本的構成態様の類否判断における重要性とその理由に
当たる論理構造については、既に（エ）（ 3 ）で詳しく解説しているので参照
されたい。

　「全体の形状等（基本的構成態様）に差異点があったとしても、いずれもあ
りふれた形状等であって、かつ、各部の形状等における共通点が顕著であるよ
うな場合には、意匠に係る物品等の全体の形状等（基本的構成態様）における
差異を超えて両意匠が類似する場合もある。

　例えば、模様付きの直方体型包装用箱において、箱全体の縦、横、高さの比
率が異なる 2 つの意匠があった場合、いずれも包装用箱の比率としてはありふ
れていて注意を引くものではなく、かつ、共通する模様が特徴的で強く注意を
引くものと認められるならば、意匠に係る物品全体の形状等（基本的構成態

様）における差異（箱全体の縦、横、高さの比率）を超えて、両意匠は類似することがある。」

　これは包装用容器などにおける実質的に模様が主体の意匠の場合であり、限られた分野であるといえる。

　「各部の形状等における差異点についても類否判断に与える影響の大きさが小さい場合には、共通する意匠に係る物品等の全体の形状等（基本的構成態様）がありふれたものであっても、なお、その意匠の中で最も類否判断に与える影響が大きいものとなり、両意匠が類似する場合もある。」

　このような場合も、前の（カ）（2）（b）項において、共通する基本的構成態様がありふれているが、差異点に係る具体的構成態様もありふれている等して特徴がなく、結局、全体としてみれば類似するという類型として述べているので、あわせて参照されたい。

　「また、公知又は周知の形状等を寄せ集めた意匠であったとしても、その組合せの態様が新規であって、意匠に係る物品等の全体の形状等（基本的構成態様）として新規である場合には、その組合せによる意匠に係る物品等の全体の形状等（基本的構成態様）が新規な形状等として評価される。」

　これは個々の構成要素の全体的まとまりにおいて成立しているという意匠の特性を踏まえたものであり、ゲシュタルト心理学などによって科学的根拠が証明されてきたものである。意匠の類否判断は全体観察を原則するという所以である。

（3）出願に係る意匠中に用いられた公知の形状等

　「出願意匠中に用いられた公知の形状等が類否判断に与える影響の大きさは、新規な形状等に比べて一般的に小さくなるが、意匠は全体が有機的な結合によって成立するものであるから、共通点又は差異点における形状等が公知の形状等であったとしても、その共通点又は差異点を単純除外して、その他の共通点及び差異点のみについて判断することはしない。」

　これは前項の末尾で解説した意匠のまとまりについての考え方と関連している。また、公知の形状等を単純に除外しないという考え方は、前の（カ）（2）（a）項の末尾で解説したように「物品の構成態様から物理的に除外しないということであり、視覚的には存在するが評価を低く判断するという意味である。」というのと同じ意味である。

　「公知形状等の組合せが新規である場合は、その組合せに係る態様を評価す

る。」

これも前項で述べた意匠のまとまりの考え方と同じことを述べているものである。

（4）意匠の構成要素間の関係

「意匠の構成要素である形状、模様、色彩のうち、どの構成要素が類否判断に大きな影響を与えるかは、一概にはいえず、先行する公知意匠群との関係において、最も特徴が大きく注意を引くものが類否判断に与える影響が大きいといえる。

しかしながら、形状及び模様は、人知に基づく創作を必要とする場合が多いのに比し、色彩はそれが模様を構成しない限り、創作というよりも選択と形容するのが適当であって、色彩のみを変更した多数の製品バリエーションが通常用意されていることから、色彩は形状及び模様よりも注意を引きにくいといえる。したがって、一般的に色彩は、形状及び模様よりも類否判断に与える影響が小さい。」

有用な機械や用具等の三次元的形状の意匠では、当然形状が創作においても需要者の評価においてもメインになる。他方、包装用容器や包装用紙などのパッケージデザインでは、容器自体の機能的工夫や創作があれば形状が重要になるが、通常は、類型的な形状の上に表された模様が創作においても需要者の評価においてもメインになる。それらに対して、色彩は複数の色彩の組み合わせが模様を構成している場合を除いて、色彩の特に単色については、創作としての評価が低く、類否判断でもほとんど評価されない。これは単色の色彩の違いは選択に近く、またそれに権利を与えると権利範囲をむやみに狭くしてしまうからといわれている。

（5）同一の物品等の分野における既存の類否判断事例との関係

この項は、類否判断の先行事例である意匠の登録例などとの関係についての説明的記載である。すなわち結論的には、「同様の共通点・差異点を有していても、それらが類否判断に与える影響の大きさについての評価は常に同じとは限らないことから、同一の物品等の分野における既存の類否判断事例であっても、その結論のみを別の事例に単純には適用しない。」としている。

出願人が提出する意見書などにおいて類否の根拠として、先行登録例などが挙げられる場合があるために、その扱いについて念のために記載したものと思われる。「結論のみを別の事例に単純には適用しない」というのであるから、

その分野の創作の背景や需要者の認識の背景として、先行事例を全く考慮しないということではないといえようか。

4　査定系における意匠類否判断の基本類型（パターン）

　以上において、意匠類否判断の基準や見方・考え方、そして実践的な手法について、特許庁の改訂意匠審査基準に沿って、分析・検討し、解説してきたが、審査を起点とする査定系における意匠類否判断基準を敢えて類型化・パターン化するとすれば、次の4類型となるであろう。

　　A－1　基本的構成態様が共通し、類似
　　B－1　基本的構成態様が相違し、非類似
　　B－2　基本的構成態様が共通するが、ありふれており、具体的構成態様
　　　　　に特徴的な差異があり、非類似
　　A－2　基本的構成態様が共通し、ありふれているが、具体的構成態様に
　　　　　も特徴的な差異がなく、類似

　Aは類似の類型で、Bは非類似の類型である。意匠の類否判断は、あいまいで解りづらいと思われる傾向が強いが、この類型にみられるように、それほど複雑なものではない。このような類型化は、個別ケースにおいても、何が問題となっているかという論点を把握するうえで有効である。

第2章

審決取消判決に見る
意匠類否判断

1 類否判断の基本類型に基づく判決例

前章において、意匠の類否の類型を次の4類型として注出した。

　A－1　基本的構成態様が共通し、類似

　B－1　基本的構成態様が相違し、非類似

　B－2　基本的構成態様が共通するが、ありふれており、具体的構成態様
　　　　に特徴的な差異があり、非類似

　A－2　基本的構成態様が共通し、ありふれているが、具体的構成態様に
　　　　も特徴的な差異がなく、類似

意匠法3条1項3号に係る全ての判決例がこの類型に属する訳ではないであ
ろうが、この類型は、裁判所における査定系の意匠類否判断を体系的かつ合理
的に理解する上で有効と思われるので、以下、この類型に分類して判決例を紹
介し、解説することとする。

A-1　類型の判決例

基本的構成態様が共通し、類似

判決例 1-2　雨樋用管

知財高裁第 2 部　平成24年（行ケ）第10279号
（平成25年 1 月24日）（塩月秀平裁判長）
　　共通する基本的構成態様は、形態全体にわたる骨格的な態様であり、両意匠の基調を形成して、共通の印象を強く与えるものであって、両意匠の類否判断に支配的な影響を及ぼすから、類似すると判断した。

【本願意匠】

　　意匠に係る物品「雨樋用管」
　　出願日　平成21年 7 月30日

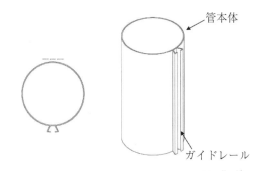

【引用意匠】

　　特開2004-076302号の「雨樋」の意匠
　　公開日　2004年（平成16年） 3 月11日

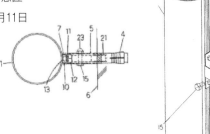

◇裁判所の判断の要旨

（両意匠の共通点について）

　共通点（A）である基本的構成態様、すなわち、全体は、断面同一形状に連続する管状体で、管本体部及びガイドレール部から成るものであって、管本体部を、薄肉の円筒形状の管体とし、ガイドレール部を、管本体部の表面の長手方向に突設して形成し、当該ガイドレール部は、端面が略「L」字状、及び、その対称形状である略逆「L」字状とした2本のガイド片を、やや空隙を設けて対向させた、との態様は、斜視図から明らかなとおり、本願意匠及び引用意匠の形態全体にわたる骨格的な態様であり、両意匠の基調を形成して、共通の印象を強く与えるものであって、両意匠の類否判断に支配的な影響を及ぼすものであることは否定することができない。

　また、具体的構成態様についてみても、共通点（B）、すなわち、管本体部のガイドレール部を除く表面を、凹凸のない平滑面とした点は、両意匠の外観の大部を占める部分であることも明らかである。そして、（B）の共通点の態様は、この種物品においては、管本体部の表面を、凹凸のない平滑面とすることが、原告主張のようにありふれた態様であるといえるとしても、そのような態様である必然性はない。斜視図においてこの態様は強い印象を与えるものであるし、（C）の共通点、すなわち、管本体部の直径に対して、ガイドレール部の左右方向の最大幅を約1/5とし、ガイドレール部の上下方向の最大高を約1/10とした点、そして（D）の共通点、すなわち、2本のガイド片を詳細に観察すると、それぞれのガイド片は、管本体部に接する立ち上がり部とその先端に内側に向かって屈曲した爪部とから成り、爪部は、それぞれの平面視の幅を、立ち上がり部の高さの略1/2とした点は、両意匠の全体形状が単純な構成要素から形成されるという、上記ありふれた態様の中にあって、管本体部に対するガイドレール部の各部の構成比率の具体的な共通点であって、共に両意匠の類否判断に一定の影響を及ぼすものということができる。そして、これらの具体的構成態様に係る共通点は、前記基本的構成態様に係る共通点（A）と一体となって強い印象を与えるものとなっている。

（両意匠の相違点について）

　具体的構成態様としての相違点、すなわち、（a）2本のガイド片の立ち上がり部につき、正面視すると、本願意匠は、略「ハ」の字状を呈しているのに対して、引用意匠は、ほぼ垂直対向状である点、（b）2本のガイド片の爪部

につき、詳細に観察すると、本願意匠は、立ち上がり部に対し、それぞれやや鋭角に内側に向かって屈曲しているのに対して、引用意匠は、それぞれ略直角に内側に向かって屈曲している点は、共に、前記共通点が看者に与える強い印象に比して微弱なものであるから、両意匠の類否判断に及ぼす影響は僅かなものにとどまる。

（両意匠の類否の結論）

「両意匠は、意匠に係る物品が一致し、また、両意匠の形態についても、両意匠の共通点が、看者に強い共通感を与えて、両意匠の類否判断を決定付けているのに対し、両意匠の相違点が、両意匠の類否判断に及ぼす影響は微弱で、それらの相違点が相乗して生じる視覚効果を考慮しても、その効果は、前記共通感を覆すほどのものではないから、両意匠は、意匠全体として類似する」とした審決の結論は支持することができる。

考察

本件の両意匠は、比較的構成要素が単純な構成であり、主たる相違点は、ガイドレールの端面形状が、本願意匠では略「ハ」の字状であるのに対して、引用意匠のそれは垂直対向状である点にある。しかし、この構成態様は基本的構成態様レベルでは、略「L」字状及び略逆「L」字状として認定された。したがって、このレベルでの類似の幅があるということになる。

原告は、基本的構成態様におけるガイドレール部から形態要素を外して、「薄肉の円筒形状の管本体部と、管本体部表面の上下方向に連続して突設したガイドレール部とにより構成され、全体として上下方向に連続する断面同一形状の管状体を成す点。」と認定すべき旨を主張し、そのレベルでは、ありふれた構成と主張したが、認められなかった。

本件は、基本的構成態様の共通性によって類似の結論に至った典型的ケースといえる。

判決例1-3　穀物乾燥機用集塵器

知財高裁第2部　平成23年（行ケ）第10264号
（平成24年1月16日）（塩月秀平裁判長）

取引者・需要者の注意をひく特徴的な部分（要部）は、意匠全体の形

態、すなわち、両意匠を構成する主要な部位の構成、形状、それらの各
部位の組合せや配置等を総合したものであるというべきである、として
類似すると判断した。

【本願意匠】

意匠に係る物品「穀物乾燥機用集塵器」

出願日　平成20年11月1日

斜視図

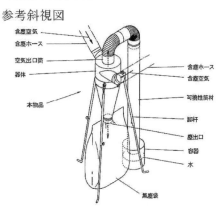

参考斜視図

【引用意匠】

意匠登録第1096954号の「穀物乾燥機用集塵器」の意匠

公報発行日　平成13年1月15日

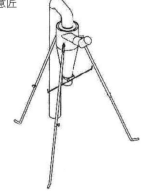

◇**審決の要旨**

　審決は、本願意匠と引用意匠において、「全体は、円筒の下方を略逆円錐台
状に狭めた器体と、この器体を垂直に支える細長い支持脚で構成され、器体上
面に大きな空気出口筒、器体円筒部周側面に含塵空気導入口筒、そして、器体

最下方に塵出口筒をそれぞれ配設した」基本的構成態様を共通にし、加えて、具体的構成態様のうち、特に、上部の空気出口筒が略倒コ字状に屈曲した構成態様を評価して、両意匠を類似すると判断した。

◇原告の主張

　原告は、相違点のうち、含塵空気導入口筒が2本か1本かの違いに係る構成は、基本的構成態様として認定されるべきであり、かつ類否判断で評価されるべきであると主張した。

◇裁判所の判断の要旨

　裁判所は次のように判断した。

　両意匠の穀類乾燥機用集塵機は、穀類乾燥機から排出される含塵空気について、器体内のサイクロン作用により空気と夾雑物等に分離し、さらに、分離されて器体から排出された空気を水の水面に近接させて、空気中の塵埃を捕集することを目的とするものである。そのために、主として、器体、器体を中空に支えるための支持脚、器体に含塵空気を導入するための含塵空気導入口筒、器体から空気を排気するための空気出口筒、分離されて自重落下する夾雑物等を器体下方の集塵袋に収容するための塵出口筒から構成されている。意匠全体に占める大きさは、器体と支持脚が最も大きく、空気出口筒がこれに次ぐ大きさで、含塵空気導入口筒は空気出口筒よりも小さく、塵出口筒はかなり小さい。機能についてみると、器体の形状や大きさは集塵の方式や能力に関係し、支持脚の形状や長さは設置場所や安定性に影響を及ぼし、空気出口筒も塵埃の捕集という機能と関係する部位であり、含塵空気導入口筒の個数は接続できる穀類乾燥機の数に影響するなど、それぞれ特徴を有する。

　以上の点に鑑みると、各部位のうち、形態として看者の目を惹く顕著な部分は見当たらず、両意匠において取引者・需要者の注意をひく特徴的な部分（要部）は、意匠全体の形態、すなわち、両意匠を構成する主要な部位の構成、形状、それらの各部位の組合せや配置等を総合したものであるというべきである。そうすると、両意匠は、要部である意匠全体の形態について、共通点A～Fのとおり（筆者注・共通点Aは前記審決認定の基本的構成態様）、意匠を構成する主要な部位の種類、形状、それらの各部位の組合せや配置など、その大部分が共通しているのであるから、取引者・需要者に対して、共通の美感を与えるものといえる。

　これに対し、相違点ア-1は、空気出口筒の端部に、本願意匠には可撓性筒

材が接続されていないが、引用意匠には接続されているというものであるところ、本願意匠の参考図によれば、本願意匠においても引用意匠と同様の可撓性筒材を用いることが予定されていると認められるのであって、この点は実質的な相違点とはいえない。相違点ア－2は、空気出口筒の屈曲部において、本願意匠には蛇腹があり、引用意匠は平滑であるという差異であるが、上記の蛇腹は、金属の筒体を成形する場合に表れるありふれた凹凸にすぎない。相違点イ－1の含塵空気導入口筒の本数の違いは、単なる口数の変更であり、意匠全体に占める含塵空気導入口筒の大きさや機能を考慮すると、両意匠の共通性を否定するほどの相違であるとはいえない。　相違点イ－2も、両意匠の参考図に記載されるように、含塵空気を導入するためのホースは上方から下方に向けられているのであるから、筒を上方に屈曲させることは一般的な処理にすぎない。相違点ウも、意匠全体に占める大きさや機能を考慮すると、両意匠の共通性を否定するほどの相違であるとはいえない。

　以上を総合すると、本願意匠は、相違点を考慮したとしても、全体として取引者・需要者に引用意匠と共通の美感を生じさせるものと認めるのが相当あって、引用意匠と類似する。

考察

　本件は全体の基本的構成態様を含む共通点を要部として評価し、その結果類似するとされた典型的事例である。

　原告は、含塵空気導入口筒の本数の違いを基本的構成態様の違いとして認定すべきと主張している。基本的構成態様と具体的構成態様は、単純化すれば全体と部分の関係であるから、全体観察を原則とする意匠類否判断では、全体に相当する基本的構成態様の方が類否への影響は大きい。しかし、基本的構成態様と具体的構成態様の境界領域では、線引きは必ずしも明瞭でない場合もある。そういうこともあって、基本的構成態様の認定自体を争ったとしても、その認定が明らかな誤りでない限りは、類否の実体判断の中で、その構成態様が最終的に類否に影響するかどうかを実質的に判断すればよいとして、基本的構成態様か具体的構成態様かの認定自体を争うことはあまり意味がないとして認められない場合が多い。主張としても、その構成態様がなにゆえ類否判断で重視されるべきかの評価付けの理由に重点を置くのが本筋であろう。もっとも、本件で、原告が基本的構成態様と認定すべきであるとした含塵空気導入口筒の

本数の構成態様は、形態の中でしめる範囲からして部分的であり、かつ機能面を考慮しても基本的構成態様とするのは無理なケースであったと思われる。

判決例1-4　空調装置用膨張弁

知財高裁第3部　平成23年（行ケ）第10051号
（平成23年9月28日）（飯村敏明裁判長）
　公知意匠を参酌しても全体の形態が要部であるとし、本体部全体の形態を含め、特徴的な形態の多くの部分において共通するから類似すると判断した。

【本件登録意匠】
　意匠に係る物品「空調装置用膨張弁」
　出願日　平成21年4月8日

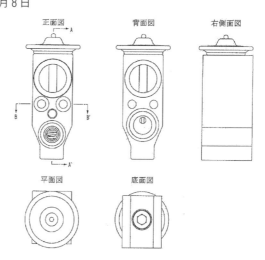

【引用意匠】

米国意匠特許公報 US532,080S の「膨張弁」の意匠

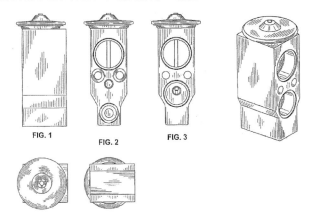

FIG. 1　　　FIG. 2　　　FIG. 3

◆**審決の要旨**

　本件登録意匠と引用意匠の共通点は、一体となって、膨張弁としての全体の形態的なまとまりを形成し、両意匠の共通感を極めて強く看者に印象付けるものとなっているのに対し、両意匠の差異点は、いずれも類否判断に及ぼす影響が小さく、本件登録意匠は引用意匠に類似するから、意匠法3条1項3号に該当する。

◆**裁判所の判断の要旨**

(1)　類否判断における本件登録意匠の特徴部分（要部）について

　本件登録意匠において、本体部の正面に、上から順に、上方大径孔、2個の中径孔、小径孔、下方大径孔（なお、その径は上方大径孔よりも小さい。）の5個の真円形状の孔が全体として左右対称状に配され、背面に、上から順に、上方大径孔、2個の中径孔、下方大径孔（なお、その径は上方大径孔よりも小さい。）の4個の真円形状の孔が全体として左右対称状に配置されている点は、本件意匠登録の出願前に公知であることを考慮すると、取引者・需要者の注意をそれほど引く形態とはいえない。これに対して、本件登録意匠において、本体部の形態が、上方約3分の2が垂直面からなる縦長四角柱、下方約3分の1が「く」字状部からなる点は、本件意匠登録の出願前に公知ではなく、取引者・需要者の注意を引きやすい形態といえる。

　本件登録意匠に係る物品（膨張弁）の使用の態様等をも総合考慮すると、本件登録意匠において、取引者・需要者の注意を引きやすい特徴的な部分（いわ

ゆる要部）は、本体部の形態が、上方約3分の2が垂直面からなる縦長四角柱、下方約3分の1が「く」字状部からなるという点を含む物品（膨張弁）全体の形態であると解すべきである。引用意匠における特徴的な部分も同様である。

　この点、原告は、本件登録意匠における要部は、本体正面から見た場合の各孔の具体的な位置関係や大きさを中心とした正面形態であると主張する。しかし、前記のとおり、本体部の正面における5個の孔の基本的な配置及び径の大きさが取引者・需要者の注意をそれほど引く形態とはいえないことからすると、「正面形態、その中でも特に各孔の具体的な位置関係や大きさ」が本件登録意匠の要部であるとはいえない。

(2)　本件登録意匠と引用意匠との類否判断

　本件登録意匠と引用意匠とは、略縦長四角柱状の本体部とその上端に設けられた弁駆動部からなり、本体部全体は、上方約3分の2が垂直面からなる縦長四角柱、下方約3分の1が「く」字状部からなり、高さが正面上端横幅の3倍弱、側面横幅が正面上端横幅の約1.2ないし1.3倍、正面下端の横幅が正面上端の横幅の3分の2弱であり、「く」字状部は、傾斜面の角度が鉛直方面に対して約20度ないし30度で、側面において、傾斜面の上辺及び下辺が、横水平に、エッジ状の稜線、及び谷線を形成し、本体部の正面には上から下へ、1個の上方大径孔、左右の2個の中径孔、1個の小径孔、1個の下方大径孔が全体として左右対称状に配され、いずれも真円形状の孔で、上方大径孔の径は正面上端横幅より僅かに小径であり、上方大径孔、中径孔と小径孔は接近して配されており、背面には、上から下へ、1個の上方大径孔、左右2個の中径孔、1個の下方大径孔が、全体として左右対称状に配され、いずれも真円形状の孔であるという点において共通する。

　両意匠は、特に、取引者・需要者の注意を引きやすい点である本体部全体の形態を含め、特徴的な形態の多くの部分において共通しており、看者に対して、美感において、両意匠が類似するとの印象を与える。

考察

　本件物品である「空調装置用膨張弁」は、自動車用空調装置等に配置して使用される膨張弁である。

　本件の類否判断においては、全体の形態が要部とされているが、その全体の

形態は基本的構成態様に相当するものである。審決では基本的構成態様を、

『略縦長四角柱状の本体部と、その上端に設けられた円盤状の弁駆動部からなり、本体部は、両側面の下寄りが、傾斜面、及び垂直面により正面視略「く」字状、及び略逆「く」字状に切り欠かれて、下端の横幅が上端に対して狭められた構成となっており、正面、及び背面に、複数の真円状の孔が配置されてなる円孔群が形成されたものであり、円孔群は、正面において、上から下へ、1つの上方大径孔、左右2つの中径孔、1つの小径孔、及び1つの下方大径孔が、全体として左右対称状に配され、背面において、上から下へ、1つの上方大径孔、左右2つの中径孔、及び1つの下方大径孔が、全体として左右対称状に配された』構成態様として認定している。

原告が要部として主張したのは正面部に表れた円形の各孔の配置や大きさの態様であり、原告はそれを人の顔の目鼻口に喩えている。裁判所は、この原告主張の態様について、公知意匠に存在したから要部でないと判断している、

このように、公知意匠の参酌は、共通点に対してだけでなく、差異点の部分的な構成態様に対してネガティブな評価付けとしてもなされることに留意を要する。

判決例1-5　ゴルフボール

知財高裁第2部　平成21年（行ケ）第10208号
（平成22年6月30日）（中野哲弘裁判長）
　　本件意匠と引用意匠の一致点は、極めて強い形態的特徴を表出するものであって、看者が最も着目する基本的な構成態様であるとして、この一致点が相違点を凌駕し、類似すると判断した。

【本件意匠】

　意匠に係る物品「ゴルフボール」

　登録第1300582号

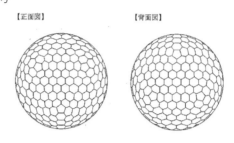

【正面図】　　　　　　　　【背面図】

【引用意匠】

　米国特許第4,991,852号明細書（発明の名称「多目的ゴルフボール」）の意匠

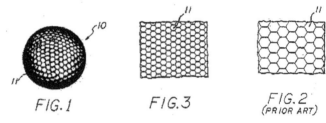

FIG.1　　　　　FIG.3　　　　　FIG.2
（PRIOR ART）

◇審決の要旨

　本件意匠は引用意匠に類似するから意匠法3条1項3号に当たる。

◇裁判所の判断の要旨

（本件意匠と引用意匠の類否）

　原告の本願の変更前の原出願の公開特許公報によれば、本件意匠の登録出願当時、ゴルフボールのほとんどに円形のディンプルが採用されていたことが認められるから、六角形のディンプルを採用し、しかもボールの球面全体に、多数のディンプルが、隣接するディンプル同士が辺を共有するように密に配列したという、本件意匠と引用意匠の一致点は、極めて強い形態的特徴を表出するものであって、看者が最も着目する基本的な構成態様である。

　他方、本件意匠の五角形のディンプルは、総数362個のディンプルのうちのわずか12個を占めるにすぎず（3％強）、分散して配置され、上記の五角形のディンプルの大きさとその余の六角形のディンプルの大きさとの差もさほど顕著なものではないことに照らすと、五角形のディンプルを図面上強調して示して初めて看取できる程度の、その余の圧倒的な個数の六角形のディンプルに埋

没した目立たないものであるというべきである。

　そうすると、引用意匠に、球面をどのように分割するかの点や実施する際のディンプルの大きさや形状をどのように調整するかの点等に不明な点があること等を一内容とする相違点は、本件意匠と引用意匠とに共通する前記の強い形態的特徴を凌駕するほど強い美感を生じさせるものではないというべきである。そして、引用意匠にあっても隣り合うディンプル同士が辺を共有するように密に配列されており、隣り合うディンプルの間のランドの幅がディンプルの大きさに比してごく小さいことが明らかであることに照らすと、本件意匠と引用意匠との類否判断に影響を及ぼすほどのものではないというべきである。

　したがって、一致点がゴルフボールの美感に与える影響が大きく、相違点が上記影響を凌駕するほどのものではないことに鑑みると、本件意匠と引用意匠とは類似するというべきである。

考察

　本件は、無効審判で請求成立とした審決の取消訴訟判決である。本件意匠は、もともと特許出願されていたものを出願分割し、それを意匠へ出願変更したものである。

　本件の類否判断においては、「ゴルフボール」の球面全体に配列されているディンプルの形状がポイントとなった。本件意匠以前の従来のほとんど意匠ではディンプルが円形であったのに対して、本件意匠では六角形のディンプルを採用した点が新規であり、その六角形ディンプルの単体の形状だけでなく、それをボールの球面全体に、多数のディンプルが、隣接するディンプル同士と辺を共有するように密に配列したという全体的構成を基本的構成態様と捉え、その基本的構成態様に形態的特徴が認められたわけである。

　そして、本件意匠と引用意匠とについて、その基本的構成態様の共通性を評価して類似すると判断したものである。

判決例1-6　バケツ

知財高裁第3部　平成28年（行ケ）第10153号
（平成29年1月11日）（鶴岡稔彦裁判長）
　引用意匠が創作、製品化されて約20年後に出願された本件登録意匠に

ついて、引用意匠が陳腐化せず、基本的構成態様レベルでの類否判断が維持され、本件意匠登録の無効審決が支持された。

【本件意匠】

意匠に係る物品「バケツ」登録第1506040号

【引用意匠1】 製品名「ウェイビー801」に係る「バケツ」の公知意匠

◇審決の要旨

　本件登録意匠は、引用意匠1に類似する意匠であるから、意匠法3条1項3号により意匠登録を受けることができない。

◇裁判所の判断の要旨

ア　両意匠の類否について

　両意匠に係る物品は共に「バケツ」であり、特に取っ手のある蓋付きのバケツであって、本来的には、水などを入れる容器であり、その他、物の運搬、収納、保管等にも使用され得るものである。また、これらのバケツは、いずれも雑貨の部類に属するものであり、その需要者は主に一般消費者であると認められる。かかる物品の性質や用途からすれば、看者は、通常、これを正面ないし斜め上方から見る機会が多く、全体的な形状、特に外観に占める割合が大きい本体部周側面や蓋の表面における形状に着目するものと認めるのが合理的である。

　また、両意匠は共に、本体部周側面及び蓋部の全体に一様の細い筋状の凹凸形状を形成しているところ、平成6年度には、同様の形状を備えた被告製品が「グッドデザイン賞」を受賞しており、そこでは、「段ボール紙のギャザー形状をテクスチュアとして取り入れ」た点が評価されていることや、平成22年度には、引用意匠1に係るバケツと同様のバケツ（被告製品）が「グッドデザイン・ロングライフデザイン賞」を受賞しており、そこでも、色鮮やかさと共に「段ボールの波々をモチーフにデザインし」ている点などが評価されていることを考慮すれば、上記の形態は、各受賞の時点で、それなりに印象度の強い特徴的なデザインとして受け止められていたものと認められる。

　そうすると、本件共通点のうち、特に、「本体部周側面及び蓋部の全体に、一様に凹凸形状を形成」している点（共通点（A））、本体部の「全高（上端縁部を除く。）にわたる縦方向の細い筋状の凹凸形状を周方向に連続して多数施した」ものである点（共通点（B））及び蓋部は「本体部上端縁と略同径の円板状」とし、しかも、「その表裏の表面ほぼ全面を細い筋状の凹凸形状に形成」している点（共通点（C））は、本体部と蓋部の外観全体を通じて統一感を感じさせる独特の形態であって、意匠全体における支配的部分を占め、意匠的まとまりを形成し、看者（需要者）の注意を強くひく構成態様であると評価することができる。

　他方、本件差異点は、いずれも、取っ手の両端部の態様や取っ手の明暗調子

（差異点（ア）及び（エ））、本体部と蓋部の凹凸形状の態様（差異点（イ））、蓋部の裏面の態様（差異点（ウ））といった、両意匠を全体としてみれば、限られた部分、あるいは目立ちにくい部分における細かな差異（細部における差異）にすぎず、これらを総合しても、上記の共通点を凌駕するほどの印象を看者（需要者）に与えるものとは認められない。

　以上によれば、両意匠は、意匠に係る物品が一致し、形態においても、その視覚に訴える意匠的効果としては、とりわけ共通点（A）ないし（C）が両意匠の類否判断に与える影響が大きく、共通点が生じさせる効果が差異点のそれを凌駕し、意匠全体として需要者に共通の美感を起こさせるものであるとした本件審決の認定及び判断は正当であり、本件登録意匠は引用意匠 1 に類似するとの結論に誤りがあるものとは認められない。

イ　原告主張について

　原告は、差異点（イ）に相当する凹凸形状の違い（本件登録意匠のそれは山型であるのに対し、引用意匠 1 のそれは波型である点）を強調して、①両意匠の本体部及び蓋部の外観を具体的に把握すれば、それぞれに統一感は生じているものの、それぞれが看者に与える印象は全く別異のものであって、その差異を凌駕するような両意匠の共通感を看取することができない、②引用意匠 1 と同様の形状であるバケツについては、「腰掛け」や「簡易スツール」としての用途・機能も積極的に紹介されており、また、水を入れる際に直接手で触れたり、水位を確認する際に至近距離から目にしたりすることも多いのであるから、凹凸形状の違いは「微弱」な差異などではない、③本件登録意匠の出願前から、本体部及び蓋部の外観全体に凹凸形状が形成されたバケツが既に複数公知となっていることから、単に「本体部及び蓋部の外観全体に凹凸形状が形成された」点は、本件登録意匠と引用意匠 1 のみに存在する共通点ではないなどと主張する。

　しかし、①については、両意匠の凹凸形状がいずれも細い筋状のものであり、これが本体と蓋を含む外観全体に一様に施されている点にこそ、両意匠の特徴が認められるのであって、これと比較すれば、原告が指摘する凹凸形状の違いは、細部における差異にすぎず、「それぞれが看者に与える印象は全く別異のものである」と感じさせるほどに特徴的であるとは認められない。②についても、たとえ引用意匠 1 に係るバケツが腰掛け等として使われることがあったとしても、バケツである以上、第一次的な用途が水を入れること、あるい

は、物の運搬、収納、保管等にあることは明らかであるし、その性質や用途からして、看者（需要者）がまず全体的な形状に着目し、これを俯瞰的にみることが多いことも明らかである。③の主張は、要するに、「本体部及び蓋部の外観全体に凹凸形状が形成された」点は、本件登録意匠の出願前に既に複数公知であるから、類否判断を行う上で重視すべきではないとの主張と解されるが、複数公知になるだけで直ちに意匠上の要部でなくなるとはいえず（ヒット商品こそ、往々にして模倣品が現れることを考えれば当然である。）、飽くまで上記の点が本体部と蓋部の外観全体を通じて統一感を感じさせる独特の形態であって、意匠全体における支配的部分を占め、意匠的まとまりを形成し（このような評価を否定するに足りるほど、上記の点が陳腐化していたことを認めるに足りる証拠はない。）、看者の注意を強くひく構成態様であると評価される以上、これを両意匠に共通してみられる特徴的部分であるとして類否判断を行うことは当然である。

考察

　両意匠においては、本体部周側面及び蓋部の全体に、一様の凹凸形状を形成している点で共通するが、この凹凸形状を子細に見れば、本件登録意匠のそれは山型状の突条であるのに対して、引用意匠１のそれは波型状の突条である点で差異がある。審決も本判決も、全体が本体部、蓋部、取っ手により構成されたもので、本体部周側面及び蓋部の全体に一様の凹凸形状を形成した共通点を重視して類否判断をしている。これはいわば全体の基本的構成態様レベルの類否判断を行ったものといえる。

　そして、本件は、引用意匠１が創作され、製品化されて、グッドデザイン賞をとってから、約20年後に出願された本件登録意匠の登録適格性が問題となった事案であり、本件登録意匠の出願前には、凹凸形状の公知意匠が複数存在したようである。パイオニア的な意匠であっても、長い年月を経れば、競合的な意匠が併存して、基本的構成態様レベルの構成はありふれたものとして評価が低くなり、その結果、類似の幅が狭くなる例はよくある。しかし、本判決では、引用意匠１のヒット商品としてのデザイン価値を評価して、凹凸形状の全体的構成が陳腐化していないとして、基本的構成レベルの類否判断を維持している点が先例として注目される。

判決例1-7　電動歯ブラシの本体

知財高裁第4部　平成30年（行ケ）第10152号
（平成31年4月11日）（大鷹一郎裁判長）

　　共通点に係る全体形状は、需要者に対し、共通の美感を起こさせるのに対して、各部の相違点から受ける印象は、共通点から受ける印象を凌駕するものではない、として両意匠は類似すると判断した。

【本願意匠】
意匠に係る物品「電動歯ブラシの本体」

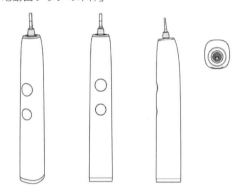

【引用意匠】
　　登録第1432629号の意匠公報掲載の「電気歯ブラシの本体」の意匠

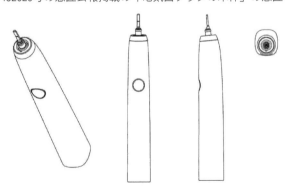

◆**審決の要旨**

（両意匠の対比）

（1）共通点

（共通点1）

全体は、隅丸長方形状の底部より、僅かに正面側に偏心しながら、円状の上面部にかけて側面視背面側を窄めた略円柱状の電動歯ブラシ本体把持部と、該本体把持部上面に設けられた、該上面の略半径を直径とする略円柱状の基台部とその上に配された縦長板状のシャフト（以下「シャフト部」という。）で構成をされている点。

（共通点2）

シャフトについて、本体把持部の偏心にそって正面側に僅かに傾倒し、正面視中央部に横断する段差が設けられ、背面側には略縦長矩形の凹部が設けられている点。

（2）相違点

（相違点1）

本願意匠は、本体把持部の正面に上端より全長約3分の1の箇所と、約2分の1の箇所に僅かに凹部をなす略円状の電動歯ブラシ動作制御用釦が縦に2つ配されているのに対して、引用意匠は、上端より全長約3分の1の箇所に1つ配されるものとなっている点。

（相違点2）

本願意匠は、電動歯ブラシ動作制御用釦の外形線が一重の円状であるのに対して、引用意匠は、該動作制御用釦の外形線が二重の円状となっている点。

（相違点3）

本願意匠は、本体把持部の上端から僅かに下部に環状細線が配されているのに対して、引用意匠は、上端より全長の約22分の1にあたるところに環状細線を設けている点。

（相違点4）

本願意匠は、本体把持部の下部には、本体把持部下端面と平行になるように切り替え線が設けられ、該切り替え線下部は僅かに窄まっているのに対して、引用意匠には切り替え線が設けられてなく、本体把持部の下端は窄まることなくそのまま垂下している点。

（相違点5）

　本願意匠は、シャフト部の基台部について、基台部周側面中央に、緩やかな段差を設けてその下部を拡径するものとしているのに対し、引用意匠は、該基台部の全体の約3分の2を占める下部を略円柱状で形成し、約3分の1をなす上部については、下部よりも僅かに太い円盤状とし、その上には上端に向けて縮径するねじ山状を形成している点。

◇裁判所の判断の要旨

（本願意匠と引用意匠の類否について）

　両意匠の意匠に係る物品は、電動歯ブラシの本体（把持部）であり、主な需要者は、電動歯ブラシを使用する一般消費者である。そして、かかる需要者が、電動歯ブラシを使用するときは、通常、シャフト部にブラシヘッドを装着した電動歯ブラシの本体を手に取り、歯磨き粉を付けたブラシヘッドを口腔内に入れてから本体の動作制御鈕を押して始動した後、本体を把持しながら、ブラシヘッドを歯に当てて歯磨きを行うことからすると、本体把持部の握りやすさや操作の容易さを重視し、本体把持部の全体形状に特に注目をするものと認められる。

　しかるところ、両意匠は、「全体は、隅丸長方形状の底部より、僅かに正面側に偏心しながら、円状の上面部にかけて側面視背面側を窄めた略円柱状の電動歯ブラシ本体把持部と、該本体把持部上面に設けられた、該上面の略半径を直径とする略円柱状の基台部とその上に配された縦長板状のシャフト（シャフト部）で構成をされている点」（共通点1）及び「シャフトについて、本体把持部の偏心にそって正面側に僅かに傾倒し、正面視中央部に横断する段差が設けられ、背面側には略縦長矩形の凹部が設けられている点」（共通点2）で共通する。

　そして、共通点1は、底面に対して僅かに正面側に偏心した本体把持部の全体形状に係るものであって、本体把持部の握りやすさ及び操作の容易性に及ぼす影響が大きいこと、共通点2は、本体把持部の偏心にそって正面側に僅かに傾倒したシャフト部の形状に係るものであって、本体把持部の偏心した形状と相まって歯に当たるブラシヘッドの角度に影響を及ぼすことに照らすと、共通点1及び共通点2は、これを見る需要者に対し、全体として、共通の美感を起こさせるものと認められる。

　他方で、両意匠は、相違点1（本願意匠は、本体把持部の正面に上端より全

長約3分の1の箇所と、約2分の1の箇所に僅かに凹部をなす略円状の電動歯ブラシ動作制御用釦が縦に2つ配されているのに対して、引用意匠は、上端より全長約3分の1の箇所に1つ配されるものとなっている点）、相違点2（本願意匠は、電動歯ブラシ動作制御用釦の外形線が一重の円状であるのに対して、引用意匠は、該動作制御用釦の外形線が二重の円状となっている点）、相違点3（環状細線の位置）、相違点4（本体把持部の下部の形状及び切り替えの有無）及び相違点5（シャフト部の基台部の形状）において相違するが、これらの相違点から受ける印象は、両意匠の上記共通点から受ける印象を凌駕するものではない。

　したがって、本願意匠と引用意匠は、これらの相違点を考慮しても、需要者の視覚を通じて起こさせる全体的な美感を共通にしているものと認められるから、本願意匠は、引用意匠に類似するものと認められる。

考察

　本件は、全体の基本的構成態様の共通点を重視して類似すると判断した類型に属するといえよう。原告は、甲2及び甲3の公知意匠を提示して、共通点1のうち「全体は、隅丸長方形状の底部より円状の上部にかけて側面視背面側を窄めた略円柱状の本体把持部と、略円柱状の基台部と略縦長板状のシャフトとを有する電動歯ブラシ本体」の構成態様はありふれているから類否に影響を与える特徴ではないと主張したが、裁判所は、原告のいう上記共通点は「共通点1のうち、一般的な電動歯ブラシの本体が有する形状と共通する一部の形状のみを取り上げたものであり、共通点1の有する全ての形状について言及したものとはいえない」として、その主張を排斥した。そして、甲2及び甲3の公知意匠によれば、電動歯ブラシに動作制御釦を2つ配することは、本願の優先日前に、普通に行われていたものと認められるとして、むしろ相違点を低く評価している。

B-1　類型の判決例
基本的構成態様が相違し、非類似

判決例1-8　弾性ダンパー

知財高裁第4部　平成19年（行ケ）第10107号
（平成19年11月29日）（田中信義裁判長）

　両意匠の各横縦の構成比の差異が軽微であるとはいい難く、その構成比が両意匠の全体の骨格的な構成を決定付ける要素であるとして、その差異は類否判断において無視することができないとして、非類似と判断した。

【本願意匠】

　意匠に係る物品「弾性ダンパー」

　出願日　平成17年4月18日

　※意匠に係る物品の説明

　「地震等の大きな振動が生じた場合に、振動エネルギーを吸収する耐震用の弾性ダンパーである。」

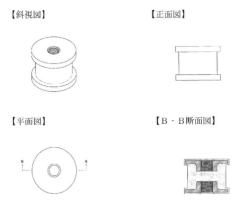

【斜視図】　【正面図】　【平面図】　【B‐B断面図】

【引用意匠】

公知文献掲載の「機械器具用防振具のダンパー」の意匠

◆審決の要旨

（1）本願意匠と引用意匠の対比

（共通点）

　全体は、直径よりも縦の長さがやや短い略短円柱状であって、上下両端部分をその間の胴部よりもやや長径のフランジ状に形成し、上下両端面のそれぞれ中央に、接合用金具を構成することができる部分を設けている点が認められ、具体的な態様において、フランジ状部は、側面全周をいずれも垂直面状とし、側方視やや肉厚板状である点、胴部とフランジ状部との出会い部分をそれぞれ匙面状に形成している点。

（差異点）

　⑴　形態の全体の直径に対する縦の長さの比について、本願意匠は、約5対4であるのに対し、引用意匠は、約5対3である点。

　⑵　上下両端面の態様について、本願意匠はその全面を平坦面としているのに対し、引用意匠は、上端面が略平坦面であると視認できるもののその詳細な態様は不明である点。

　⑶　接合用金具を構成することができる部分の態様について、本願意匠は、上下両端面から内部に向かって短径のネジ孔を形成しているのに対し、引用意匠は、その態様が不明である点。

（2）本願意匠と引用意匠の類似性についての判断

　本願意匠と引用意匠は、意匠に係る物品が共通し、形態については、差異点よりも共通点に係る態様が相まって生じる意匠的な効果のほうが両意匠の類似性についての判断に与える影響が大きいと言えるから、両意匠は、全体として類似するものと言うほかない。

◇裁判所の判断の要旨

（1）意匠の認定の誤りについて

　審決は、本願意匠及び引用意匠の各横縦の比が、それぞれ約5対4と約5対3であることを前提にしているが、実測すると、本願意匠は約1.35対1となり、引用意匠は約2.00対1であり、審決の認定は誤りである。

　本願意匠については、断面図等によれば、内部にねじ山が形成されたフランジを有する一対の金属部と、当該一対の金属部を被覆する弾性体よりなる弾性部（ドット部）とからなるとの記載があり、上下両端部に係る両意匠の態様につき、弾性体で被覆されているか否かの差異点があるのにこれを看過した誤りがある。

（2）類否判断の誤りについて

　両意匠は、全体として、略短円柱状である点、上下両端面を胴部よりもやや長径のフランジ状に形成している点及び上下両端面の中央に接合用金具構成部分を設けている点で共通し、具体的な態様においても、フランジ状部につき、側面全周を垂直面状とし、側方視やや肉厚板状である点及び胴部上下の出会い部分を匙面状に形成している点で共通するものである。

　しかしながら、両意匠の各横縦の比の差異が軽微であるとはいい難く、また、当該横縦の比が、両意匠の全体の骨格的な構成を決定付ける要素であることからすると、各共通点をもって、本件両意匠の形態の類否判断に大きな影響を与えるものとはいえず、むしろ、当該横縦の比の差異は、本件両意匠の形態の類否判断に当たり、無視することのできない要素であるといえる（需要者は、振動を発する機器等又は振動を伝えたくない機器等に当該物品を設置しようとする者であり、機器等の性質や設置環境などに応じて、当該物品の振動吸収能力に関係する横縦の比を見定めて当該物品を選定しようとするものであることが認められるから、当該物品において、横縦の比は、機器等への設置後のみならず、設置前（選定時）においても、看者が注視する重要な要素の1つである）。

　また、両意匠の各上下両端面における差異（弾性体による被覆の有無）は、本件両意匠の外観上の特徴の差異に直ちにつながるものであるから、この点も、本件両意匠の形態の類否判断に当たり、十分に考慮されなければならない差異点であるというべきである（上下両端面に弾性体が存在することにより、滑り止めや、設置対象機器等を傷つけないなどの効果を奏することは明らかで

あるから、当該物品における当該被覆の有無は、看者が注視する要素である)。

　加えて、本件両意匠の各接合用金具構成部分における差異（引用意匠における具体的な態様が不明である点）も、本件両意匠の形態の類否判断に当たり、軽視することのできない要素である（接合用金具構成部分に具体的にどのようなネジ孔が形成されているかが、設置時の結合の強さや、当該物品の強度等に影響することは明らかであるから、本件看者も、当該物品の選定時にはそのような機能と関連するネジ孔の態様を注視する)。

　以上からすると、両意匠の形態については、共通点が相まって生じる意匠的な効果が類否判断に与える影響は、それほど大きいとはいえないところ、類否判断において考慮しなければならない各差異点の存在をも併せ考慮し、本件両意匠の全体を観察すると、本件看者の立場からみた意匠的な美観は、類似しないものと認めるのが相当である。

考察

　本判決では、審決を取り消した。裁判所の類否判断について、意匠の構成比は、具体的な態様として認定される場合が多いが、本件の両意匠は、比較的シンプルな形状であることから、構成比が全体の視覚イメージや美感に与える影響が無視できないとして、「両意匠の全体の骨格的な構成を決定付ける要素である」として、基本的構成態様レベルでの認定と評価を行ったものと思われる。また、この構成比の差異は、物品の機能である振動吸収能力に関係するとして、それに注目する需要者の観点も重視している。その結果、両意匠は類似しないとして、審決とは反対の結論になった。この結論には、審決の意匠認定の誤りも実質的に影響を与えたものと思われる。なお、本事案では、審判の差し戻し審で、意匠法3条2項該当の拒絶審決がなされ、その取消訴訟で審決が支持された（知財高裁・平成21年（行ケ）第10032号判決・**判決例2-5**)。

判決例1-9　携帯電話機

知財高裁第3部　平成25年（行ケ）第10287号
（平成26年3月27日）（設楽隆一裁判長）

　　相違点に係る全体形状が公知であっても、ただちに共通点に埋没する
とはいえないとして、その相違点を評価し、非類似と判断した。

【本願意匠】
　　意匠に係る物品「携帯電話機」
　　優先日　2017年4月27日

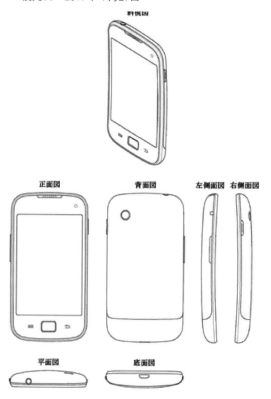

【引用意匠】

中華人民共和国意匠公報掲載の「携帯情報端末機」の意匠

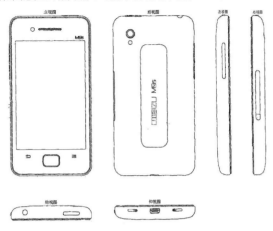

【公知意匠】

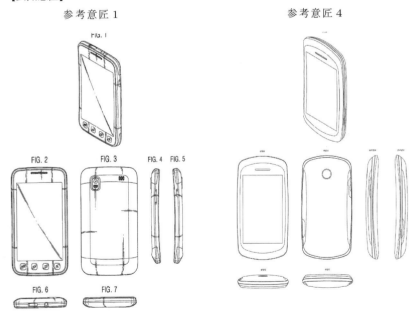

◇審決の要旨

1．本願意匠と引用意匠の共通点と相違点

（1）共通点

　(A)　全体は、正面視の形状を隅丸の縦長略長方形とする扁平な筐体とし、筐体正面は、その周囲にスペースを残し中央大部分を縦長略長方形のタッチパネルとし、このタッチパネルの上方のスペース（以下「上スペース」という。）に放音孔及びカメラレンズ（以下「正面カメラレンズ」という。）を、また、下方のスペース（以下「下スペース」という。）に機能キーを配置して、筐体正面全周を細縁枠（以下「正面周囲枠」という。）で囲み、平底面視及び左右側面視すると、筐体は、平底面及び左右側面が丸みを帯びて、背面部となだらかに連接し、いずれも全体が扁平な蒲鉾形状を呈し、また、平面に音声出力端子、底面に外部接続端子部を設け、筐体左右側面に機能キーを設け、背面視すると、四隅が隅丸で、全体的に丸みを帯びた縦長略長方形状を呈し、背面上部にカメラレンズ（以下「背面カメラレンズ」という。）を配置した点

　(B)　筐体は、正面視すると、縦の長さを横の長さの2倍弱の長さとし、左右側面視すると、厚みは、周縁付近を除き筐体の縦の長さの10分の1弱の厚みで上下方向に略同厚とした点

　(C)　タッチパネルは、その縦の長さを筐体の縦の長さの約3分の2とし、横の長さは筐体の横の長さよりやや短くして、四隅を曲率半径のごく小さい隅丸とした縦長略長方形状であり、タッチパネル周囲のスペースについてみると、左右スペースの左右幅はごく細幅で、上下スペースの上下幅は幅広である点

　(D)　放音孔を、上スペースの左右中央位置に、筐体の横幅の10分の3程度の長さで細幅の略横長バー形状として配置し、正面カメラレンズを、上スペースの上下中央位置で、やや外方寄りの位置に、極小円形として配置した点

　(E)　ホームキーを、下スペースの略中心位置に、筐体の横幅の10分の2程度の横幅の隅丸の枠付き横長略長方形状として配置し、メニューキーとバックキーを、ホームキーからそれぞれやや距離をおいた左右振り分け状の対称位置に、メニューキーは、その全体の輪郭を小横長長方形状として、バックキーは小略倒U字形状として配置した点

　　（他の共通点は略）

（2）相違点

　（ア）筐体の形状について、本願意匠は、ごく僅かに正面が凹面、背面が凸面をなし、側面視でごく緩やかな円弧状を呈する略湾曲板形状であり、筐体正面の四隅を曲率半径のやや大きな隅丸とし、上下辺はともにごく緩やかに円弧状に膨らむ曲線であり、正面周囲枠は、平底面視及び左右側面視すると、正面

側にごく僅かに窄まっているのに対して、引用意匠は、正面が平坦面、背面も周辺部を除く大部分が正面と平行な平坦面をなす、平板形状であり、筐体正面の四隅を曲率半径のやや小さな隅丸とし、上下辺はとも直線であり、正面周囲枠は、この筐体周囲の平坦面外周よりごく僅かに内側に細縁状に設けられた点

　　　（他の相違点は略）

２．　結論

　本願意匠は引用意匠に類似する。

◇裁判所の判断の要旨

（類否判断）

　物品の性質、用途、使用方法に照らすと、需要者がスマートフォンを観察する際には、意匠全体の支配的な部分を占める全体の形状、及び一見して目に入り、かつ、操作の際に最も使用頻度が高いものと考えられるタッチパネル画面や機能キーを含めた正面視の形状、並びにこれらのまとまりが最も注意を惹く部分であるということができる。他方、背面及び周側の形状は、正面と比べると需要者の注意を惹く程度は弱いものということができる。

　両意匠は、全体形状及び正面視の形状において、共通点(A)ないし(E)において共通している。もっとも、本願意匠は、全体の形状において、相違点（ア）に係る、ごく僅かに正面が凹面、背面が凸面をなし、側面視でごく緩やかな円弧状を呈する略湾曲板形状であり、筐体正面の四隅を曲率半径のやや大きな隅丸とし、上下辺はともにごく緩やかに円弧状に膨らむ曲線であり、正面周囲枠は、平底面視及び左右側面視すると、正面側にごく僅かに窄まっている形態を有している。そして、これらの形態により、全体として丸みを帯びた柔らかな印象を与えるものであるということができる。

　これに対し、引用意匠は、正面が平坦面、背面も周辺部を除く大部分が正面と平行な平坦面をなす、平板形状であり、筐体正面の四隅を曲率半径のやや小さな隅丸とし、上下辺はとも直線であり、正面周囲枠は、この筐体周囲の平坦面外周よりごく僅かに内側に細縁状に設けられた形態を有している。そして、これらの形態により、本願意匠と比べると、全体としてよりシャープかつフラットな印象を与えるものということができる。

　そうすると、本願意匠と引用意匠とは、意匠に係る物品がいずれもスマートフォンであり、その全体の形状及び正面視の形状に関し、共通点(A)ないし(E)において共通するものではあるけれども、上記の相違点に係る形態において看者

に異なる美感を与えており、全体としてみても上記共通点から生じる印象に埋没するものではないというべきである。したがって、本願意匠は、引用意匠に類似するということはできない。

　（本願意匠の正面が凹面、背面が凸面をなし、側面視でごく緩やかな円弧状を呈する略湾曲板形状）は、スマートフォンの形態としてありふれたものであるとまでいうことはできない。しかも、その形態は、本願意匠の全体の形状という最も需要者の注意を惹きやすい部分の一つを構成する形態であることも併せ考えると、筐体の正面が凹面、背面が凸面の側面視がごく緩やかな円弧状をなす湾曲板形状を呈する筐体の形態が公知のものであるとしても、直ちに本願意匠の上記形態が、共通点（A）の形態に埋没してしまい、需要者の注意を惹くものでないということはできない。

考察

　両意匠においては、筐体を側面視したときに湾曲しているかどうかの違いがある。審決は、その湾曲した構成は公知であるから本願意匠の新規な特徴とはいえないとして、その相違点は共通点に埋没し、両意匠は類似すると判断していた。裁判所は上記のように相違点を評価して、両意匠は類似しないと判断した。本判決は、相違点に係る筐体が湾曲する本願意匠の形状について、それが基本的構成態様であるかどうかは言及していないが、全体形状の一つを構成するものとして把握し、評価していることからすると、基本的構成態様に含まれるものと同等の評価をしたものと解される。したがって、本件は、基本的構成態様に相当する全体構成が異なることにより、非類似とした類型に属すると考えることができる。

B-2　類型の判決例

基本的構成態様が共通するが、ありふれており、具体的構成態様に特徴的な差異があり、非類似

判決例1-10　流体圧シリンダ

知財高裁第4部　平成20年（行ケ）第10401号
（平成21年5月28日）（滝澤孝臣裁判長）

　相違点に係る形態のあいまった意匠的効果は、共通点の形態が生じるありふれた美感を超えるとして非類似と判断した。

【本願意匠】

意匠に係る物品「流体圧シリンダ」

出願日　平成19年1月12日

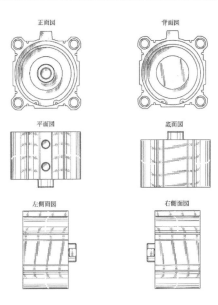

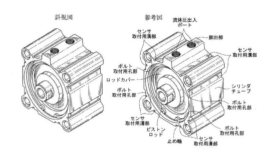

【引用意匠】

韓国意匠公報掲載の「油圧シリンダー」の意匠

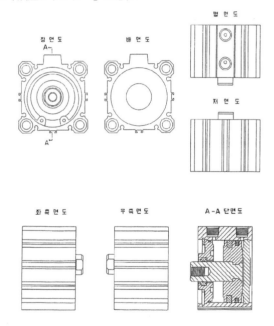

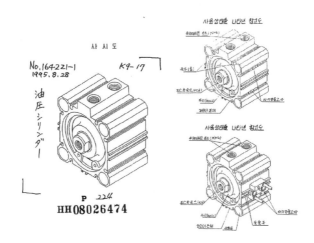

◇**審決の要旨**

（両意匠の構成態様の共通点と相違点）

　【共通点】

⑴　全体が、略四角柱状のシリンダーチューブから構成され、中央にピストンロッドが突出して設けられ、その周囲の凹部にロッドカバーが設けられ、四隅にボルト取付用孔部が形成された基本的な構成態様のものである点

　　また、その具体的な態様において、

⑵　シリンダチューブの上面について、断面略矩形状膨出部が突出して形成され、上面には流体圧出入ポートとして孔が二ヶ所形成されている点

⑶　シリンダチューブ正面（正面視）について、正面の凹部には下部が開放された形状の細幅の止め輪が嵌め込まれ、止め輪の両端部は略半円状部が内方に向かって形成されている点

⑷　ボルト取付用孔部の根本について、四隅のボルト取付用孔部の両脇に略Ｕ字状細溝（センサ取付用溝部）が形成されている点

　【相違点】

（イ）　各部の占める割合について、本願の意匠は、上面の断面略矩形状膨出部や四隅のボルト取付用孔部の全体に占める割合が小さいのに対し、引用の意匠は、大きい点

（ロ）　左右側面および下面について、本願の意匠は、断面略台形状膨出部が形成されているのに対して、引用の意匠は、対向する一対の略Ｌ字状のリブが形

成されている点

（ハ）ボルト取付用孔部について、本願の意匠は、ボルト取付用孔部端部が丸みを帯びているのに対して、引用の意匠は、角ばっている点

（ニ）背面部について、本願の意匠は円形状エンドブロックが形成されているのに対して、引用の意匠は不明である点

◇裁判所の判断の要旨

（両意匠の類否）

（1）　共通点の評価

　共通点1ないし4がいずれも流体圧（ないし油圧）シリンダの有する形態としてありふれたものであることは、当事者間に争いがない。すなわち、両意匠は、それぞれ略四角柱状のチューブを用いたシリンダであって、その中央部にピストンロッドが設けられ、チューブの四隅にボルト取付用孔部が設けられるなど、シリンダとしての基本的な構造を共通にするものである。

　被告は、両意匠の形態が以上のとおりいずれもシリンダとして「ありふれた形態」であることから、共通点1ないし4が最も強く需要者の注意をひく部分、すなわち、要部であると主張する。

　しかしながら、ありふれた形態が最も強く需要者の注意をひくのは、当該ありふれた形態以外の形態が生じさせる美感が、当該ありふれた形態が生じさせる美感を超えるに足りない場合であると解されるから、被告主張のように共通点1ないし4から生じる美観から直ちに両意匠が類似していると判断し得るものではなく、その類否判断のためには、ありふれた形態以外の部分から生じる美観を併せて判断することが必要であって、本件においては、相違点イないしニから生じる美感を考慮して判断するほかなく、原告が本件審決において看過したという相違点ホないしトについても、必要があれば、その相違点を相違点として確定した上、その相違点から生じる美感を検討しなければならないというべきである。

（2）　相違点の評価

　　ア　相違点イについて

　本願意匠では、引用意匠に比較して、断面略矩形状膨出部及びボルト取付用孔部が小さく形成されているために円柱状のシリンダに近づき、全体としてその本来の略四角柱状であったとの印象を打ち消す効果を有するものと認められるから、相違点イに係る本願意匠の形態が生じる意匠的効果について、その類

否判断に及ぼす影響が軽微なものとした本件審決の評価は誤りというべきであって、当該効果を軽視することはできない。

　イ　相違点ロについて

　両意匠を対比すると、シリンダチューブの左右両側面及び下面に断面略台形状膨出部を設けることは、これらの各両側に同膨出部の端面（台形の上辺部分）より奥まった部分を創出することとなり、シリンダチューブの内径が円形であるのに対し、その外周が略正方形であることから必然的に大きくなる四隅付近の厚みが比較的小さいとの印象を与えるものであるほか、同膨出部の台形の各斜辺の存在により、シリンダチューブの左右側面及び下面が直線的でないとの印象を与え、もって、相違点イと同様に、本願意匠のシリンダチューブが全体として略四角柱状であるとの印象を打ち消す効果を有するものと認められる。なお、引用意匠には、本願意匠にはない「略L字状のリブ」が左右両側面に対向して一対形成されているところ、引用意匠は、当該リブがあるために、本願意匠とは反対に、直線的な印象を強めているといえなくもなく、少なくとも当該リブが本件審決にいうように「それほど注目されるものではない」というには無理があるというべきであって、相違点ロに係る本願意匠の形態が生じる意匠的効果について、その類否判断に及ぼす影響が微弱なものとした本件審決の評価は誤りであり、当該効果を軽視することはできないというべきである。

　ウ　相違点ハについて

　相違点ハは、ボルト取付用孔部端部の形状の相違であるが、両意匠を対比すると、本願意匠のそれが丸みを帯びているため、シリンダチューブの角部（ボルト取付用孔部）の角張った印象を打ち消す効果を有することが明らかであるのに対し、引用意匠は、略四角柱状の外枠に一体となって取り込まれている印象を与えているのであって、相違点ハに係る本願意匠の形態が生じる意匠的効果についても、その類否判断に及ぼす影響がほとんどないとした本件審決の評価は誤りであり、当該効果を軽視することはできない。

　エ　相違点ヘについて

　原告は、本件審決が看過している相違点として、相違点ヘがあると主張するが、同相違点は、本願意匠の上面の断面略矩形状膨出部の両側に傾斜部があるのに対し、引用意匠には、その傾斜部がないというのである。その相違を踏まえて両意匠を対比すると、断面略矩形状膨出部の両側に傾斜部を設けること

は、シリンダチューブの上面が直線的であるとの印象を打ち消し、もって、本願意匠のシリンダチューブが全体として略四角柱状であるとの印象を打ち消す効果を有するものと認められるから、相違点へに係る本願意匠の形態が生じる意匠的効果についても、これを軽視することはできず、本件審決が両意匠の類否判断に当たりこの点を考慮しなかったことは誤りであるといわざるを得ない。

　　オ　まとめ

　相違点イ、ロ及びへに係る本願意匠の形態が生じる意匠的効果は、本願意匠も、引用意匠も、いずれも略四角柱状のシリンダチューブから構成されるものではあるが、本願意匠は、引用意匠と比較して、ボルト取付用孔部を含めた全体が略四角柱状であるとの印象が相当程度打ち消され、シリンダチューブ中、ボルト取付用孔部を除く部分に全体として丸みを持たせた上、その四隅からやや突出させるようにボルト取付用孔部を取り付けたような印象を与えるものと認められ、これに加えて、相違点ハに係る本願意匠の形態が生じる意匠的効果、すなわち、ボルト取付用孔部端部の丸みを併せ考慮すると、相違点イないしハ及びへに係る本願意匠の各形態は、相互に相まって、引用意匠とは相当程度異なる美感を生じさせる意匠的効果を有するものと認めるのが相当である。そして、相違点イないしハ及びへに係る本願意匠の各形態が相まって生じる上記意匠的効果の内容及び程度並びに共通点1ないし4に係る各形態がありふれたものであることに照らすと、以上の相違点に係る本願意匠の各形態が相まって生じる意匠的効果は、両意匠の共通点に係る各形態が生じるありふれた美感を超えるに足りるものというべきものである。

(3)　本件審決の類否判断の当否

　以上のとおり、本願意匠は、引用意匠とその意匠に係る物品を共通にし、さらに、共通点1ないし4において、その形態を共通にすることを考慮してもなお、相違点イないしハ及びへにおいて、両意匠が類似するものと認めることはできないから、両意匠が類似するとした本件審決の判断は誤りであるというほかはない。

考察

　本判決によれば、審決はありふれた共通点を要部としたとされているが、審決は、本書でいうところの類否の4つの類型のうち4つめの「基本的構成態様

が共通し、ありふれているが、具体的態様にも特徴的な差異がなく、類似」するとの判断をしたものと思われる。これに対して、判決は相違点に対する評価を見直して、相違点がありふれた共通点を超えているとして、非類似との結論に至ったものである。

判決例1-11　浄水器

知財高裁第4部　平成22年（行ケ）第10401号
（平成23年4月28日）（滝澤孝臣裁判長）

　共通点は、普通に見られるありふれた態様であって格別に顕著な特徴ということはできないのに対し、差異点は美感に及ぼす影響が大きく、全体として異なる美感を生じさせるとして、両意匠は類似しないと判断した。

【本件意匠】

意匠に係る物品「浄水器」

登録第1384352号

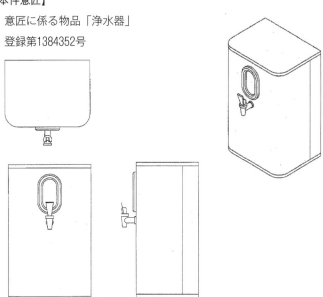

【引用意匠】

　意匠に係る物品「浄水器」の意匠

　登録第1056046号意匠公報

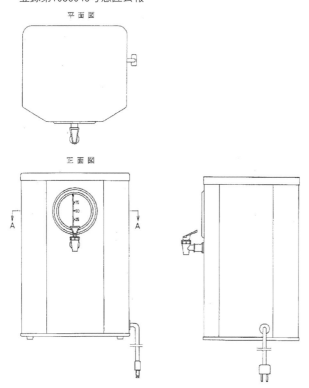

平面図

正面図

◇審決の要旨

　本件意匠は引用意匠に類似しないから、意匠法3条1項3号に該当せず、登録を無効にすることはできない。

◇裁判所の判断の要旨

（両意匠の類否）

ア　共通点について

　浄水器において、本体部分が略直方体形状を呈し、本体部分を構成する板材と板材との接合部分が合わせ面として線状に形成され、本体正面の中央よりやや上方に吐水口が形成され、吐水口は本体正面から水平に突出する短い管と、これに接続された逆円錐台状口部と、その上面には縦長の逆台形状のレバーが

形成されているほか、容器内の残量確認用の窓部を形成し、当該窓部を凸状縁部によって囲うことは、本件出願日前から普通に見られる、ありふれた態様であって、本件共通点については、いずれも本件意匠及び引用意匠における格別に顕著な特徴ということはできない。

イ　差異点について

（ア）本件意匠が浄水器に関する意匠であることに鑑みると、需要者は、浄水器を使用する際、吐水口等が設置された浄水器正面部を必ず目にするものである。そして、本体正面部の大きな部分を占めている両側縁部について、本件意匠のように、端部付近が丸みを帯びた弧状面であるか、引用意匠のように、略2分の1の平面部を残し、その両側に略30度の角度で後方に傾斜する傾斜面であるかの差異は、需要者の視覚を通じて起こさせる美感に与える影響が大きい。

（イ）吐水口についても、需要者が浄水器を使用する際、必ず目にするものである以上、吐水口のレバーの形状や配置状態（レバーが手前側に立設されているか、後方側に寝ているか）については、需要者の美感に与える影響は大きいというべきである。

（ウ）容器内の残量確認用の窓部についても、需要者が浄水器を使用する際、これに着目し、内容量を確認してから給水を開始し、あるいは残量を継続的に確認しつつ給水を終了することが一般的であるから、浄水器の窓部の形状は、需要者の美感に与える影響は大きいというべきである。

（エ）需要者は、浄水器を使用する際、吐水口等が設置された浄水器正面部を必ず目にするものである以上、本体の縦・横の比率は、美感に影響を与えるものということができる。そして、本件意匠は、引用意匠と比較して縦長の態様を呈しており、需要者にスリムな印象を与えるものである。したがって、需要者に引用意匠とは異なる美感を生じさせる意匠的効果を有するものということができる。

以上からすると、本件共通点は、浄水器において普通に見られるありふれた態様であって、いずれも本件意匠及び引用意匠における格別に顕著な特徴ということはできないのに対し、本件差異点は、美感に及ぼす影響が大きく、需要者に全体として引用意匠とは異なる美感を生じさせる意匠的効果を有するものと認められるから、本件意匠と引用意匠とを全体的に観察した場合、両意匠は類似するものということはできない。

考察

　本件は、全体の基本的構成態様を含む共通点は、公知意匠に見られるありふれたものと認定されて類否判断で評価されなかったのに対して、差異点は具体的な特徴を表しているとして評価され、その結果、非類似と判断された典型例である。

判決例1-12　自動二輪車用タイヤ

知財高裁第2部　平成24年（行ケ）第10042号
（平成24年7月18日）（塩月秀平裁判長）

　全体として、略同方向に傾斜した長、中、短の三つの溝を1単位とし、これを、赤道を中心として、左右の斜めに向けて、千鳥配置状に配設した共通点は、公知意匠を参酌すると要部ではなく、より具体的な形状、配列、位置関係等の特徴的差異を評価して非類似と判断した。

【本願意匠】
　意匠に係る物品「自動二輪車用タイヤ」

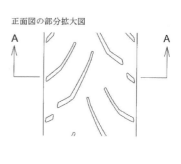

正面図の部分拡大図

【引用意匠】

米国意匠特許公報掲載の「自動二輪車用タイヤ」の意匠

【先行公知意匠】

甲2の1 　　　　　　　　　　　　　甲2の2

◇審決の要旨

　審決は、基本的構成態様の共通点として、【共通点A】の『全体は、断面略円弧状のトレッド部とその左右に左右対称に形成されたサイドウォール部で構成される環状体であり、トレッド部の周回面に、長い略「へ」字状の溝と逆略「へ」字状の溝（以下「長傾斜溝」という。）をタイヤの赤道（正面視において、トレッド面を左右に2分する仮想の中心線をいう。）を中心として千鳥配置状に配設し、この長傾斜溝のそれぞれの外端近傍に、ごく短い溝（以下「短溝」という。）を配設し、さらに、各長傾斜溝の周回方向の略中間位置に、それぞれ、長傾斜溝よりやや短く、長傾斜溝と同じ向きに屈曲させた略「へ」字状の溝と逆略「へ」字状の溝（以下「中傾斜溝」という。）を配設した構成態

71

様で、これら長中二つの傾斜溝は、赤道からサイドに向かってやや末広がり状とした態様であり、中傾斜溝は、長傾斜溝と短溝の間を略二等分する位置にあり、長傾斜溝、中傾斜溝及び短溝の三つの溝が全体として横に伸びた略「さんずい」偏様を呈する態様』を重視して、両意匠は類似すると判断した。

◆裁判所の判断の要旨

(1)　本願意匠の要部について

　本願意匠において、全体としてみて、いずれも略同方向に傾斜した長、中、短の三つの溝を1単位とし、これを、赤道を中心として、左右の斜めに向けて、千鳥配置状に配設した点については、本願意匠の出願前に日米において複数登録されていることを斟酌すると、それだけでは取引者・需要者の注意を引きやすい特徴的な形態であるとはいえず、本願意匠においては、繰返しの単位を構成する三つの溝の、具体的な形状、配列、位置関係等が、取引者・需要者の注意を引きやすい特徴的な部分（要部）であると認めることができる。

(2)　両意匠の類否判断

　本願意匠は、全体として、三つの溝が略等距離を保ち、整然と配置されている印象を与える点に特徴がある。個別的には、長傾斜溝と中傾斜溝につき、溝間の距離に大きな変化はなく、また、いずれも端部と折曲部との間の長い辺部分が略直線状で、サイドウォール寄り端部も斜辺状、すなわち直線状であって、赤道寄り端部は小半円弧状であるものの、端部に向けて溝幅が狭くなることから鋭角的な印象を与え、折曲部の角部も明確であり、短溝についても、長さが短いため、中傾斜溝との溝間の距離の変化を感じさせず、また、端部及び端部を結ぶ辺部分がいずれも略直線状である点に特徴がある。

　これに対し、引用意匠は、本願意匠と対比してみるときには三つの溝が1単位となっているように観察されるものの、引用意匠それ自体を観察する限りにおいては、全体として、三つの溝がまとまりなく、雑然と配置されている印象を与える点に特徴がある。個別的には、長傾斜溝と中傾斜溝との溝間の距離の変化が大きく、また、三つの溝につき、いずれも一方の端部が毛筆書体における横棒の入り様とした形態であって、足のかかと様に出っ張った部分があり、かつ、この部分の溝幅が広がっていることなどから、当該端部がねじれている印象を与え、さらに、長傾斜溝は他方の端部も丸みを帯びた斜辺の突端をわずかに屈曲させた形状であり、中傾斜溝は溝全体が緩やかに湾曲した形状であり、短溝は毛筆書体における横棒の入り様とした形態が溝全体の約3分の1を

占め、他方の端部もわずかに丸みを帯びた斜辺状であって、統一感なくねじれた印象を与える点に特徴がある。

上記のとおり、本願意匠の三つの溝は、溝縁が直線であり、端部に向けて溝幅が細くなることから、看者に対し、一方の先端がとがった細い直線により構成され、無機的であり、かつ、非常にすっきりとして、サイドウォールから赤道に向けて流れる印象を与えるような美感を生じさせるものといえる。これに対し、引用意匠の三つの溝は、全体として、基本的に溝幅に変化がないことも相まって、看者に対し、同じ幅の溝が曲線的にねじ曲がった印象、例えていえば、先端の丸まった筒状の細菌あるいは細胞をまとまりなく配した印象を与えるような美感を生じさせるものといえる。

なお、両意匠は、略同方向に傾斜した三つの溝を1単位とする形状（模様）が、タイヤの赤道を中心として、左右の斜めに向けて、千鳥配置状に配設されている点が共通するが、この点は、既に説示したとおり、公知意匠との関係で、本願意匠の要部には当たるとはいえない。また、両意匠は、三つの溝が、長、中、短の順番で配設されている点、中傾斜溝が長傾斜溝と短溝の略中間に配設されている点、サイドウォール付近において、短溝のサイドウォール寄り端部が、中傾斜溝と隣の1単位に属する中傾斜溝との略中間に位置している点が共通するが、三つの溝を配設する場合に、長さ順に配設することや、溝の間隔が均等となるように配設することは、調和の観点から選択されやすい形状である。その他にも、両意匠は、長傾斜溝が、溝の中間よりサイドウォール寄りの部分に折曲部を有する略「へ」字状である点、中傾斜溝が長傾斜溝よりやや短い点、長傾斜溝と中傾斜溝の間隔が溝全体としては若干広がっている点などの共通点を有するが、他方で、短溝の長さが異なり、長傾斜溝と中傾斜溝の拡幅度合いが異なるなどの相違点も存する。

以上を総合すると、本願意匠は、共通点を考慮したとしても、全体として取引者・需要者に引用意匠と異なる美感を生じさせるものと認めるのが相当であって、引用意匠とは類似しない。

考察

本件では、基本的構成態様レベルの共通点である「全体としてみて、いずれも略同方向に傾斜した長、中、短の三つの溝を1単位とし、これを、赤道を中心として、左右の斜めに向けて、千鳥配置状に配設した点」は複数の公知意匠

に存在するとして類否判断における特徴点（要部）とされなかった。審決は、溝の順番、形状、屈曲の方向、長さや位置等を基本的構成に加えて共通点として評価したが、裁判所は、それらの具体的態様レベルでの差異点を重視して非類似と判断した。このような裁判所の判断には、原告側が①共通点に関する先行公知意匠を提示したこと。②共通点と差異点についての審決の認定を争って、差異点を強調するような主張を行ったことが影響していると思われる。

判決例 1-13　吸入器

知財高裁第 4 部　平成28年（行ケ）第10121号
（平成28年11月30日）（高部眞規子裁判長）

　基本的構成態様において共通するが、ありふれたものであるから需要者の注意を惹かないのに対して、具体的構成態様におけるマウスピース部の端部の形態の差異は特徴を表し、需要者の注意を惹くとして非類似と判断した。

【本願意匠】

意匠に係る物品「吸入器」

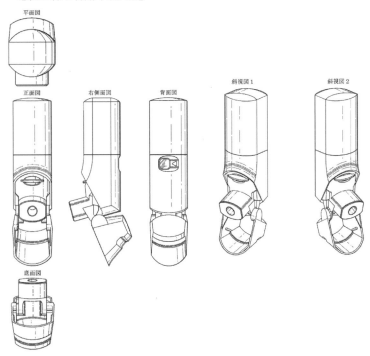

平面図

正面図　　　　右側面図　　　　背面図　　　　斜視図1　　　　斜視図2

底面図

【引用意匠】

特許公開公報に掲載された「薬剤吸入器」の意匠

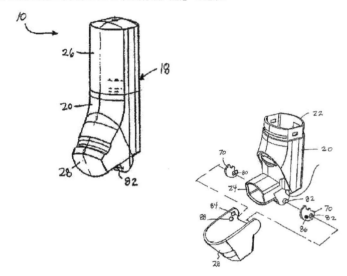

◇審決の要旨

本願意匠は、引用意匠に類似する。

◇裁判所の判断の要旨

(1) 需要者の観点

　需要者である患者及び医療関係者は、吸入器を観察、選択することからすれば、持ちやすさや使いやすさという観点からは、吸入器全体の基本的構成態様が需要者の注意を惹く部分であるとともに、薬剤の吸引という吸入器の機能の観点からは、患者が薬剤を吸引するマウスピース部の端部の形態が最も強く需要者の注意を惹く部分であるということができる。

(2) 基本的構成態様について

　本願意匠は、本体部、マウスピース部及びマウスピースカバー部からなる。横幅、奥行き及び高さの比率を約1対1対3とする柱形状の下端が正面側斜め下方に短く屈曲した形状の本体部と、その下端部に本体部の長さの約3分の1の長さのマウスピースカバー部とがヒンジ部を介して開閉可能に設けられ、全体の形状が側面視略倒立「へ」の字形状とするものであり、本体部の下端部から前面に向かってやや扁平筒状のマウスピース部が配設されたものである。上記の点は、引用意匠と共通する。

　意匠に係る物品は、使用者が本体部を持って、マウスピース部から薬剤を吸引するためのものであるから、使用者が片手で持って、薬剤の吸引を容易にできるよう、その全体の大きさ、形状や、マウスピース部を本体部から独立させるなどの基本的な構成は、必然的に限定される。本体部とマウスピースカバー部とをヒンジ部を介して開閉可能に設けることも、使用者が片手で使用できるよう持ちやすい形態にする必要から限定される本体部とマウスピースカバー部との接続形態の一態様にとどまるものである。

　さらに、使用者が本体部を持って、マウスピース部から薬剤を吸引する吸入器の基本的構成態様について、証拠によれば、①本体部のおおまかな形状が、横幅及び奥行きが同程度であり、高さがそれらよりも長い柱形状であって、②本体部の下端部に、本体部の長さの約3分の1の長さのマウスピースカバー部があって、③全体の形状が側面視略倒立「へ」の字形状であって、④本体部の下端部から前面に向かって、やや扁平筒状のマウスピース部が配設された吸入器が、ありふれたものとして存在することが認められる。

　なお、証拠によれば、使用者が本体部を持って、マウスピース部から薬剤を吸引するための吸入器において、全体が、両意匠のように「へ」の字形状になっているもののほか、柱状になっているもの、円盤状になっているものがそれぞれ存在することは認められるものの、「へ」の字形状になっているものが多数認められることからすれば、全体が柱状や円盤状になっている吸入器があることをもって、「へ」の字形状となっている吸入器が、特徴的な形状を有するものということはできない。

　そうすると、本願意匠の基本的構成態様は、需要者である患者及び医療関係者の注意を強く惹くものとはいえない。

(3)　具体的構成態様について

　（裁判所は、本体部、マウスピース部及びマウスピースカバー部の具体的構成態様について共通点の認定を行ったうえで、マウスピース部の端部について次のような認定と判断を行った。）

　本願意匠のマウスピース部の端部には、端壁が設けられ、その中央に円形孔が形成されている。しかも、本願意匠のマウスピースカバー部は、透明であることから、マウスピースカバーを開けたときも閉めたときも、その円形孔を観察することができる。そして、その円形孔は、本体部に貯蔵された薬剤を患者に噴出させる速度、方向等に影響を与えるのであるから、この点は、特に機能

を重視する医療関係者に対し、強い印象を与えるものということができ、患者についても同様である。

　これに対し、引用意匠のマウスピース部の端部は、端壁がなく、単に筒状のまま大きく開口したものであり、マウスピースカバー部は、不透明であるところ、マウスピース部の端部に端壁がなく、単に筒状のまま大きく開口した態様の吸入器は、従来から見られたものであり、ありふれたものである。

　以上によれば、本願意匠のマウスピース部の端部に端壁が設けられ、その中央に円形孔が形成されている点は、マウスピースカバー部が透明であることと相まって、最も強く需要者の注意を惹く部分であり、本願意匠におけるこの点は、需要者である患者及び医療関係者の視覚を通じて起こさせる美感に大きな影響を与えるというのが相当である。

　（裁判所は、その余の具体的構成態様について、需要者の注意を惹く部分であるということはできないとした。）

(4)　両意匠の類否

　両意匠に係る物品の性質、用途及び使用態様並びに公知意匠との関係を総合すれば、本願意匠と引用意匠は、基本的構成態様において共通するものの、その態様は、ありふれたものであり、需要者の注意を強く惹くものとはいえない。また、具体的構成態様における共通点も、需要者の注意を強く惹くものとはいえない。これに対し、マウスピース部の端部の形態の相違は、需要者である患者及び医療関係者らの注意を強く惹き、視覚を通じて起こさせる美感に大きな影響を与えるものである。

　したがって、本願意匠と引用意匠の相違点のうち、マウスピース部の端部について、本願意匠は、その中央に円形孔が形成された端壁を設けたものであるのに対して、引用意匠は、端壁がなく、単に筒状のまま大きく開口した点は、マウスピースカバー部が透明であることと相まって、需要者である患者や医療関係者の注意を強く惹くものと認められ、異なる美感を起こさせるものであり、それ以外の共通点から生じる印象に埋没するものではないというべきである。

　よって、本願意匠は、引用意匠に類似するということはできない。

考察

　本件では、特許庁は全体の基本的構成態様を重視して類似すると結論付けた

ものと思われるが、その基本的構成態様が従来からあるという公知意匠が原告から出されたようである。そして、本願意匠において比較的に新規な部分であり、使用上も注意を惹く、マウスピースの端部の構成態様が要部と判断された。裁判所は、基本的構成態様と各部の具体的構成態様について、公知意匠や物品の機能の面から、きめ細かい評価を行っている。本件は、基本的構成態様がありふれたものであって、具体的構成態様に特徴的差異があることから非類似とされた典型例であるといえよう。

判決例1-14　放熱フィン付き検査用照明器具

知財高裁第4部　平成30年（行ケ）第10021号
（平成30年6月27日）（大鷹一郎裁判長）

　共通点に係る全体の構成態様は、本件登録意匠出願前に広く知られた形態であるから、需要者の注意を強く惹くものとはいえず類否判断に及ぼす影響は小さいのに対して、差異点が注意を惹くとして非類似と判断した。

【本件登録意匠】　意匠に係る物品「放熱フィン付き検査用照明器具」

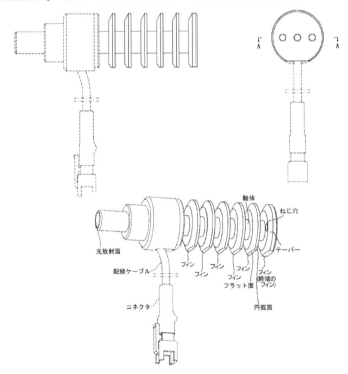

【引用意匠（甲1意匠）】「検査用照明機器」

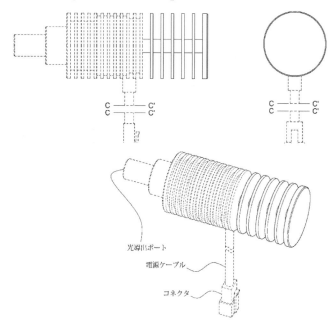

◇**審決の要旨**

　本件登録意匠（本件実線部分）と甲1意匠（甲1相当部分）の共通点及び差異点は、以下のとおりである。

（ア）共通点

　a　全体の構成態様についての共通点

　　正面から見て、横向き円柱状の軸体に、それよりも径が大きい複数のフィン部が等隔に設けられて一体になったものであり、中間のフィン部は同形同大であり、最後部のフィン部（後フィン部）は、中間フィン部とほぼ同形であるが、幅（厚み）が中間フィン部に比べて大きく、後端面の外周角部が面取りされている（以下「共通点A」という。）。

　b　フィン部の数についての共通点

　　フィン部の数は6つであり、そのうち、中間フィン部は5つである（以下「共通点B」という。）。

（イ）差異点

　a　各フィン部の右側面形状

　　本件実線部分の右側面から見た各フィン部の外周は、「下部を切り欠いた
円形状」であり、切り欠き部を除いた円弧の内角が312°となっており、底面
から見た切り欠き部の最大縦幅が各フィン部の最大縦幅の約1/2である
が、甲1相当部分では、右側面から見た各フィン部の外周は円形状である
（以下「差異点a」という。）。

　b　各フィン部の平面形状

　　本件実線部分の各フィン部は、左側面側外周寄りに傾斜面が形成されてお
り、平面から見た傾斜面幅：周面幅が、中間フィン部においては約5：3で
あり、後フィン部においては両者がほぼ同幅であるが、甲1相当部分にはそ
のような傾斜面は形成されていない（以下「差異点b」という。）。

　c　ねじ穴部の有無

　　本件実線部分の後フィン部の後端面には、左端寄り、中央部及び右端寄り
に、3つの同大の円形状ねじ穴部（径が後フィン部の約1/7）が設けられ
ているが、甲1相当部分には、そのようなねじ穴部はない（以下「差異点
c」という。）。

　d　軸体と各フィン部の構成比

　　平面から見た軸体の縦幅と各フィン部の最大縦幅の比が、本件実線部分で
は5：13であるが、甲1相当部分では約1：5である。また、軸体の横幅
（＝各フィン部の間隔）：中間フィン部の最大横幅の比は、本件実線部分では
約3：2であるが、甲1相当部分では約3：1である（以下「差異点d」と
いう。）。

　e　中間フィン部に対する後フィン部の厚みの程度

　　平面から見た後フィン部の厚みは、本件実線部分では中間フィン部の約
1.5倍であるが、甲1相当部分では約2倍である（以下「差異点e」とい
う。）。

◆裁判所の判断の要旨

（1）　本件登録意匠と甲1意匠との共通点について

　　原告は、本件登録意匠（本件実線部分）と甲1意匠（甲1相当部分）は、共
通点A及びBのほかに、後フィン部の後端面には電源ケーブルの引き出し口が
存在しない、あるいは電源ケーブルが引き出されていない形態を有している点
（原告主張共通点）で共通するにもかかわらず、本件審決には、原告主張共通
点の認定を看過した誤りがある旨主張する。

そこで検討するに、本件審決は、本件登録意匠と甲 1 意匠の後フィン部の構成態様について、後フィン部が中間フィン部とほぼ同形であるが、幅（厚み）が中間フィン部に比べて大きく、後端面の外周角部が面取りされている点で共通し（別紙 1 及び 3 の各「正面図」）、本件実線部分では、右側面から見た各フィン部（後フィン部）の外周は、「下部を切り欠いた円形状」であり、後フィン部の後端面には、左端寄り、中央部及び右端寄りに、3 つの同大の円形状ねじ穴部（径が後フィン部の約 1／7）が設けられている（別紙 1 の「右側面図」）のに対し、甲 1 相当部分では、右側面から見た各フィン部（後フィン部）の外周は「円形状」であり、ねじ穴部がない点（別紙 3 の「右側面図」）で差異がある旨認定しており（差異点 a 及び c）、本件審決認定の後フィン部の上記構成態様は、別紙 1 及び 3 の各図面の実線で表した部分（本件実線部分及び甲 1 相当部分）から、視覚を通じて具体的に認識できる形態であるといえる。

一方、原告主張共通点に係る「後フィン部の後端面には電源ケーブルの引き出し口が存在しない、あるいは電源ケーブルが引き出されていない形態」は、本件実線部分及び甲 1 相当部分から視覚を通じて具体的に認識できる形態ではなく、別紙 1 及び 3 の各図面の破線で表した部分において、各軸体及び各フィン部の前方の部材の側周面から配線ケーブル又は電源ケーブルが引き出されていることから、「後フィン部の後端面には電源ケーブルの引き出し口が存在しない、あるいは電源ケーブルが引き出されていない」ことを間接的に把握できるにとどまるものである。

そうすると、原告主張共通点は、意匠登録出願の願書に「部分意匠として意匠登録を受けようとする部分」として特定された範囲（本件実線部分及び甲 1 相当部分）から、視覚を通じて具体的に認識できる形態とはいえないから、本件登録意匠（本件実線部分）と甲 1 意匠（甲 1 相当部分）の共通点と認めることができない。

したがって、原告の上記主張は、採用することができない。

（2）　本件登録意匠と甲 1 意匠との類否について

本件登録意匠と甲 1 意匠とは、本件審決が認定するとおり、意匠に係る物品が「検査用照明器具」である点で共通し、共に検査用照明器具の放熱に係る用途及び機能を有し、正面視全幅の約 1／3 以上の横幅を占める大きさ及び範囲を占め、正面視右上に位置する点で、物品の部分の用途及び機能並びに位置、

大きさ及び範囲の点で共通する（争いがない。）。

　そこで、本件登録意匠と甲1意匠との類否について検討するに、甲18の2及び弁論の全趣旨によれば、「横向き円柱状の軸体に、それよりも径が大きい複数のフィン部を等間隔に設けて、最後部のフィン部の形状について、中間フィン部とほぼ同形として幅（厚み）を中間フィン部に比べて大きくし、後端面の外周角部を面取りした」構成態様（共通点Aに係る構成態様）は、検査用照明機器の物品分野の意匠において、本件登録意匠の意匠登録出願前に広く知られた形態であることが認められる。

　そうすると、共通点Aに係る構成態様（全体の構成態様）は、需要者の注意を強く惹くものとはいえず、本件登録意匠と甲1意匠との類否判断に及ぼす影響は小さいものといえる。また、共通点Bに係る構成態様（フィン部の数が6つであること）についても、需要者が特に注目するとは認められず、両意匠の類否判断に及ぼす影響は小さいものといえる。

　一方で、本件登録意匠と甲1意匠とは、各フィン部の形状について、本件登録意匠では、各フィン部の右側面形状が「下部を切り欠いた円形状」であって、その切り欠き部は底面から見た最大縦幅が各フィン部の最大縦幅の約2分の1を占める大きさであり、かつ、平面から見た各フィン部の左側面側外周寄りに傾斜面が形成されているのに対し、甲1意匠では、各フィン部の右側面形状が「円形状」であって、切り欠き部が存在せず、平面から見た各フィン部に傾斜面が形成されていないという差異（差異点a及びb）があるところ、各フィン部の形状の上記差異は、需要者が一見して気付く差異であって、本件登録意匠は甲1意匠と比べて別異の視覚的印象を与えるものと認められる。

　以上のとおり、本件登録意匠と甲1意匠は、共通点Aに係る構成態様（全体の構成態様）及び共通点Bに係る構成態様（フィン部の数）は、需要者の注意を強く惹くものとはいえないのに対し、差異点a及びbに係る各フィン部の形状の差異は、需要者が一見して気付く差異であって、本件登録意匠と甲1意匠を別異のものと印象付けるものであること、本件登録意匠と甲1意匠には、上記差異のほかに、差異点cないしeに係る差異もあることを総合すると、本件登録意匠と甲1意匠は、視覚を通じて起こさせる美観が異なるものと認められるから、本件登録意匠は甲1意匠に類似するということはできない。

考察

　原告（本件無効審判請求人）は、本件登録意匠は甲1意匠又は甲2意匠に類似するから無効とすべきとして本件無効審判を請求したが、審決はその請求は成り立たないとした。そこで、原告は審決の取消を請求した。本判決では、本件登録意匠と甲1意匠又は甲2意匠との類否が判断され、いずれも非類似と判断された。なお、甲2意匠は、甲1意匠に比べて、中間フィンの数が異なる。類否判断としては、甲2意匠についても甲1意匠についてと実質的に同様の判断がなされているので、本書では、甲2号証については省略している。

　本件における裁判所の類否判断では、いわゆる基本的構成態様レベルの全体構成は広く知られていたとの認定であるから、ありふれたということと同義である。そのうえで、部分に係る具体的態様レベルの差異点を重視して非類似と判断しているといえる。したがって、基本的構成態様がありふれた構成であって、具体的態様の特徴的差異があるゆえに非類似という類否判断のパターンに属するといえる。

　また、意匠の認定において、原告は電源ケーブルが実線部の後端部に存在しないことを認定すべきであると主張したが認められなかった点については、部分意匠特有の見方の問題として興味深い。

　なお、本件登録意匠の本意匠についても判決があるが同様の判断がなされた（知財高裁　平成30年（行ケ）第10020号）。

A-2　類型の判決例

基本的構成態様が共通し、ありふれているが、具体的構成態様にも特徴的な差異がなく、類似

判決例1-15　側溝用ブロック

知財高裁第2部　平成16年（行ケ）第152号
（平成16年9月15日）（篠原勝美裁判長）

　共通する基本的構成が周知又は公知の態様であるとしても、差異点に格別見るべき点がないときは、共通する基本的構成が両意匠の類否判断の要部となる、とする審決を支持して両意匠は類似すると判断した。

【本願意匠】

意匠に係る物品「側溝用ブロック」

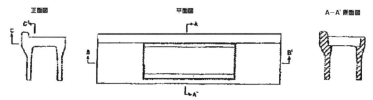

※図は発明推進協会「知的財産権判決速報」より引用。

【引用意匠】

意匠登録第793759号の公報掲載の「側溝用ブロック」の意匠

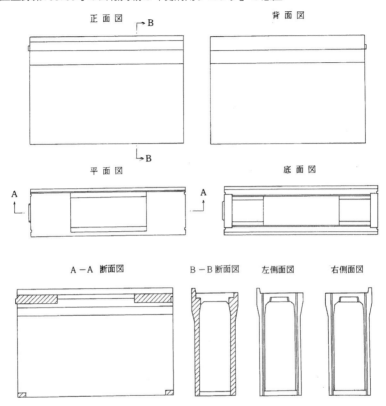

正面図　B

背面図

平面図

底面図

A　A

A　A

A－A 断面図　　　B－B断面図　　　左側面図　　　右側面図

◇裁判所の判断の要旨

　裁判所は、概要次のように判断した。

1．共通点の判断の誤りについて

　審決認定の共通点（1）「両側壁の上端に天板を一体に形成して略倒立コ字状とした、いわゆる門型側溝ブロックであって、その天板の中央部に全長の約2分の1の長さを有し、天板幅よりやや幅狭とする長方形状の蓋体嵌入開口部を設け、天板上面の一方の側縁に沿って、小さな突条を設けている点」、共通点（2）「両側壁の上方部について、内側を傾斜状に僅かに張り出し、外側を下方垂直面より傾斜面を介して内側よりも多く張り出すよう肉厚に形成している点」及び共通点（3）「突条部について、天板上面の一方の側縁から、側壁

上端を上方に延設し立ち上がらせて形成したもので、当該突条部の断面を天板側が僅かな斜状の略台形状としている点」について、これらの共通点（1）〜（3）が公知の形態であったとしても、意匠の類否判断は、意匠に係る物品の外観の全体にわたって、その形態を観察する全体的、視覚的な判断であるから、当該意匠を全体的に観察した場合に、それが意匠全体の支配的部分を占め、意匠としてのまとまりを形成し、看者の注意をひくときは、なお当該公知の部分は意匠上の要部となり得るものといわなければならない。

　なお、被告の特許庁は、「本願意匠と引用意匠の基本的構成に係る共通点が公知の形態であったとしても、その共通点は、意匠の類否判断に影響を与えるものである。すなわち、意匠の類否判断は、物品の外観の全体にわたって、その形態を観察する全体的、視覚的な判断であるから、共通する基本的構成が周知又は公知の態様であるとしても、他に格別評価すべき部分がない場合は、意匠全体に占める割合が大きく、意匠的なまとまりを成し、看者の注意をひくところが類否判断の要部となるものであり、本件の場合のように差異点に格別見るべき点がないときは、共通する基本的構成が両意匠の類否判断の要部となるのである。なぜなら、両意匠の共通する基本的構成態様が周知又は公知の態様である場合に、それらの類否判断の比重を小さいものとして判断すると、形態のほとんどが周知又は公知の構成態様からなる出願意匠（本願意匠もこのような意匠に該当する。）の場合は、引用意匠とのわずかな差異が評価されて登録されることになり、意匠的創作のほとんど認められない意匠が登録保護されることになって、意匠法の趣旨に反することになるからである。」と主張していた。

2．差異点の判断の誤りについて

（1）差異点（ア）「両側壁下方に対する両側壁上方の張り出し量の違い（肉厚の違い）」

　「本願意匠は、左の方が右よりやや厚い」とした審決の認定を誤りということはできない。原告は、差異点（ア）が「格別目新しい態様といえるものでもない」としても、引用意匠との類否においては、看者の注意を格別ひくものであると判断されるべきであると主張する。

　しかしながら、本願意匠及び引用意匠は、いずれも意匠に係る物品を「側溝用ブロック」とするものであり、その取引者、需要者は、側溝用ブロックを購入あるいは購入の指示を行う側溝の設計者、施工業者などであると認められる

ところ、側溝用ブロックは、車道と歩道等の境界を成し、道路上の雨水や流雪等を蓋体開口部より導いて下水として処理するための道路用品であり、土壌の中に埋め込んで使用するものであって、使用状態では側溝用ブロック上面部が露出すること等を考慮すれば、その端面形状は注目される部位の一つではあるとしても、端面に正対してこれを熟視することはさほど多いとは考えられず、むしろ、やや離れて上方から斜視的に見た外観が重視されるものというべきである。したがって、本願意匠と引用意匠の場合のように、横長の箱体状の側溝用ブロックの一部分である端面の左右側壁の幅の極端でない差異の視覚的効果は、全体から見て小さいといわざるを得ず、看者の注意を格別ひくものであるということはできない。

（2）差異点（イ）「突条部の断面形状について、本願意匠は、幅より高さが低く、天板側上縁が緩やかな弧状となっているのに対し、引用意匠は、幅より高さが高いものである点」

　側溝用ブロックにつき、取引者、需要者は、やや離れて上方から斜視的に見た外観が重視されるものというべきであることは上記のとおりである。そうすると、設置状態（埋設した状態）において、地表に表れるのは、天板の上面と突条部であることから、突条部の幅及び高さを、直ちに全体の高さと比較するのは相当でなく、やや離れて上方から斜視的に見た外観における、視野中の近接した天板の幅と比較するのが相当であり、この場合、本願意匠と引用意匠の突条部の高さには、ほとんど差は認められない。

　本願意匠に係る物品である側溝用ブロックにおいて幅より高さの方が低い突条部は、本件意匠登録出願前に公知の意匠にも見られるものである上、本願意匠と引用意匠の突条部の高さにほとんど差は認められないことは上記のとおりであり、その用途及び機能に差異があるとは認め難く、仮に差異があったとしても、それは基本的構成態様及び具体的構成態様を共通する中での強度等の要請に基づくわずかなものにすぎないから、両意匠の類否判断を左右するほどのものではないというべきである。

（3）差異点（ウ）「底板の有無」

　本件意匠登録出願前公知意匠は、引用意匠と同様に底部左右端部に細幅の底板を有しており、「細幅長方形状の底板」は、引用意匠独自の態様であるとはいえず、また、本願意匠のように底板のない態様は、周知であることが認められることからすると、両意匠共にありふれた態様の中での差異にすぎないもの

である。加えて、意匠全体として見た場合には、格別看者の注意をひくほどのものとはいえず、全体観察による類否判断に与える影響は、小さいものといわざるを得ない。

（4）差異点（エ）「側壁の高さの違い」

本件意匠登録出願前に、側溝用ブロックの意匠において、両側壁の高さについては、設置場所などに応じて適宜変更することが普通に行われているところであると認められるから、その構成部分中の両側壁の高さを単に変更したとしても、それは同一デザインにおけるバリエーションの範囲にすぎないというべきところ、本願意匠と引用意匠の側壁部の高さは、いずれも必要に応じて適宜される変更の範囲内にあるものと認められる。

したがって、差異点（エ）について、「両側壁部の高さ（深さ）についての差異は、この種物品分野の意匠においては、その高さ（深さ）を適宜変更することは常套手段であり、本願の意匠の態様もその範囲内に属する」とした審決の判断に誤りはない。

3．まとめ

本願意匠と引用意匠の類否について検討すると、本願意匠と引用意匠は、意匠に係る物品が共通し、その形態も、共通点（1）〜（3）を共通にするものであって、その全体の基本的構成態様及び具体的構成態様に強い共通性が認められるところ、差異点については、いずれも、意匠の要部とはいえない小さい部分における差異であって、共通する基本的構成態様及び具体的構成態様をしのぐものではなく、両意匠の構成を全体的に観察するときは、看者に異なる美感ないし美的印象を与えるものではないから、両意匠は類似の意匠と認めるべきであり、これと同旨をいう審決の判断に誤りはなく、原告の主張は採用することができない。

考察

本件は、基本的構成態様が公知であっても、他に特徴といえるほどの構成がなければ、当該基本的構成態様が要部となり得ないものではない、とする類否判断の一類型を示すものである。このような判断をした裁判例では古い例として「籾摺り機」事件判決（最高裁・昭和46年（行ツ）第81号）がある。また、意匠審査基準でも「各部の形状等における差異点についても類否判断に与える影響の大きさが小さい場合には、共通する意匠に係る物品全体の形状等（基本

的構成態様）がありふれたものであっても、なお、その意匠の中で最も類否判断に与える影響が大きいものとなり、両意匠が類似する場合もある。」（改訂意匠審査基準第Ⅲ部第2章第1節新規性2.2.2.7(2)）とされており、それに該当するケースといえよう。

　なお、このような判断の根拠として、上記特許庁の主張において、「本件の場合のように差異点に格別見るべき点がないときは、共通する基本的構成が両意匠の類否判断の要部となるのである。なぜなら、両意匠の共通する基本的構成態様が周知又は公知の態様である場合に、それらの類否判断の比重を小さいものとして判断すると、形態のほとんどが周知又は公知の構成態様からなる出願意匠の場合は、引用意匠とのわずかな差異が評価されて登録されることになり、意匠的創作のほとんど認められない意匠が登録保護されることになって、意匠法の趣旨に反することになるからである。」という理由が示されているが、このような判断は査定系の類否判断に特有のものといえる。意匠権侵害事件の類否判断では、基本的構成態様がありふれたものであって、具体的構成態様にも特徴的差異がない場合でも、やはり要部は差異点にあるとして、本件のような査定系の事件とは逆に非類似（非侵害）とされるであろう（拙著『早わかり　意匠判例集［侵害編］』日本評論社、参照）。ただし、そのような場合は、権利意匠（本件意匠）が無効と判断される場合が多いと思われる。

判決例1-16　自動車用タイヤ

知財高裁第3部　平成17年（行ケ）第10253号
（平成17年5月23日）（佐藤久夫裁判長）

　意匠の構成態様のうちのある部分が公知ないし周知であったとしても、それが全体の支配的部分を占め、意匠的まとまりを形成し、見る者の注意を強く惹くものであるときは要部と認められるとして、両意匠は類似すると判断した。

【本願意匠】

意匠に係る物品「自動車用タイヤ」

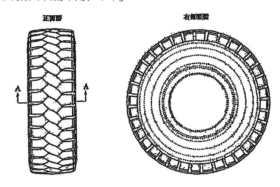

【引用意匠】

意匠登録第906671号の公報掲載の「自動車用タイヤ」の意匠

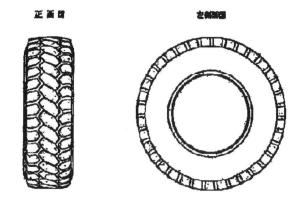

【公知意匠】

甲3意匠　　　　　　　　　甲4意匠

　　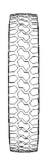

◆審決の要旨

（両意匠の共通点と差異点）

（共通点）

(1)　トレッド全体に大型のブロックを形成したランド比の高い自動車用タイヤにおいて、左右のトレッドエッジ部をやや角張らせ、トレッド中央に右下に傾斜した同形の中央ブロックを一列状に形成し、その両側に、前記中央ブロックの両側に突出する角部間に嵌合するように略多角形状のショルダブロックをそれぞれ1列形成した、全体の基本的な構成。

(2)　中央ブロック列の態様について、略40度程度傾斜させた横長のブロックであって、上下の間隔を詰めて配列している点。

(3)　ショルダブロック列の態様について、中央ブロックに隣接する側を三角形状とし、ショルダ部からサイド部に掛けて帯状に形成し、相対する左右のショルダブロックをブロック半分程度上下にずらせて配列し、隣接する上下のショルダブロック間に太幅の横溝を形成した点。

（差異点）

(1)　中央ブロック列の態様について、本願意匠においては、中央部がわずかに膨出した略俵形状のブロックで、隣接する上下のブロック間にごく細幅の溝が形成されているのに対し、引用意匠においては、扁平6角形状のブロックで、上下のブロック間にやや幅広の溝が形成されている点。

(2)　ショルダブロック列の態様について、本願意匠においては、隣接する中央ブロックとの間にごく細幅の溝が形成されているのに対し、引用意匠においては、太幅の溝が形成されている点。

◇裁判所の判断の要旨

（共通点の評価）

　原告は、審決が認定した共通点(1)ないし(3)は、いずれも公知意匠において普通に見受けられるものであって、何らの特徴のないものであり、類否判断の要素として評価することはできないと主張する。

　本願意匠及び引用意匠の出願前に登録された甲3ないし6号証の意匠によれば、自動車用タイヤに係る意匠において、トレッド中央に傾斜した同形の中央ブロックを一列に配するとともに、その両側に略多角形のショルダブロックをそれぞれ一列配した構成とし、その中央ブロックを横長のブロックとし、ショルダブロックを中央ブロックに隣接する側が三角状である帯状のものとし、その列を上下にずらせて配列している形態の公知意匠がある。

　意匠は、各構成部分が有機的に結合して、全体的に一つのまとまった美感を奏するものであるから、意匠の構成態様のうちのある部分が公知のものであることは、必ずしもそれが意匠の特徴を示す要素となり得ないことと結びつくものではない。また、上記公知意匠が、取引者、需要者にとって普通に見られる周知のものとなっていたとまでいえるかどうかはともかく、仮に周知であったとしても、それが当該意匠全体の支配的部分を占め、意匠的まとまりを形成し、見る者の注意を強く惹くものであるときは、なお意匠上の要部と認められるのであって、意匠のうち周知の部分は当然に意匠の要部となり得ないということもできない。

　そして、本願意匠及び引用意匠における、中央ブロックの具体的な形状（略俵形状あるいは偏平六角形状）や配列（上下の間隔を詰めて配列していること）は、上記公知意匠にはみられない特徴であり、これら中央ブロック列の態様と、これに嵌合するように配列されたショルダブロック列の態様は、意匠の支配的部分を占め、見る者の注意を惹きやすい部分を構成するものとして、公知意匠にみられる構成態様と密接に絡まって意匠全体としての美感を形成しているということができるのであって、審決が認定した両意匠の共通点は、全体的なまとまりを持った意匠的特徴を示しているものとして、両意匠の類否判断において重要な要素として評価せざるを得ないものというべきである。

　したがって、審決認定の共通点は、見る者の注意を惹かないものであり、類否判断の要素として評価することができない旨の原告の主張は、採用することができない。

（類否判断）

　本願意匠と引用意匠に共通する中央ブロック列及びショルダブロック列の配列上の態様は、各ブロック全体の基本的な配置構成の共通性と相まって、視覚的印象としての両意匠の強い類似性を示しているものということができるのに対し、その差異点はいずれも微弱なものであるから、両意匠は類似するというべきである。

考察

　本件では、共通する全体の基本的構成態様である「トレッド全体に大型のブロックを形成したランド比の高い自動車用タイヤにおいて、左右のトレッドエッジ部をやや角張らせ、トレッド中央に右下に傾斜した同形の中央ブロックを一列状に形成し、その両側に、前記中央ブロックの両側に突出する角部間に嵌合するように略多角形状のショルダブロックをそれぞれ1列形成した」構成は、上掲の公知意匠を見ればわかるように、それらの公知意匠にも内在しているといえる。このように、共通点に係る基本的構成態様は、複数の公知意匠に存在しており、周知ともいえるものであったが、具体的構成態様にも共通点がある一方、差異点は具体的構成態様に係るもので、全体としてみれば差異点は共通点に比べて微弱であるとされた。よって、本件は基本的構成態様が共通し、ありふれているが、具体的構成態様にも特徴的な差異がなく、全体として見ればなお類似するという類否判断の類型に属するものといえよう。

判決例1-17　管継ぎ手

知財高裁第1部　平成18年（行ケ）第10460号
（平成19年5月30日）（篠原勝美裁判長）

　共通点がありふれた構成態様であったとしても、全体としてまとまった一つの美感を与えており、かつ、差異点によって格別な美感を与える要素が付加されない限り美感に異なるところはないとして、両意匠は類似すると判断した。

【本願意匠】

意匠に係る物品「管継ぎ手」

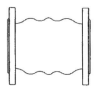

【引用意匠】

「伸縮管継ぎ手」の公知意匠

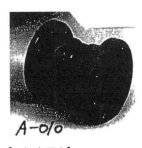

【公知意匠1】　　　　　　　【公知意匠2】

※図は、発明推進協会「知的財産権判決速報」より引用。

◇審決の要旨

　審決は両意匠の共通点として次の構成態様を認定した。（差異点は省略）

　可撓性を有する本体の両端部にフランジを取り付けたものであって、本体は略短円筒状とし、その中間部を、正面視三ツ山状に丸く膨出させ、その中央の膨出部を両側のそれよりやや小さいものとし、本体両端部のフランジは、厚手の円環板状体で、その径を本体径より二回り程度大径とし、各円環面に小円形の透孔8個を等間隔に設けた構成態様。

◇裁判所の判断の要旨

（1）共通点の評価について

ア　意匠の形態の類否については、全体的観察を中心に、これに部分的観察を加えて、総合的な観察に基づき、両意匠が看者に対して異なる美感を与えるか否かによって類否を決するのが相当であるところ、この場合において、まずは、当該意匠の全体と引用意匠の全体とを対比して共通点及び差異点を抽出し、この共通点及び差異点を全体的及び部分的に観察し、これらを総合的に観察して、それらが両意匠の類否の判断に与える影響を評価することにより行うのが通常であり、かつ、合理性があるところである。

　そうであるならば、当該意匠の全体と引用意匠の全体とを対比して共通点及び差異点を抽出する段階では、要部となる部分と要部とならない部分を区別しないのは当然であって、抽出した共通点及び差異点の観察の段階において、初めて要部観察等の評価の問題となるのである。そうすると、審決が要部となる部分と要部とならない部分を区別せずに両意匠の共通点と差異点を抽出していることを論難する原告の主張は失当というほかない。

イ　共通する基本的構成態様及び具体的構成態様が、全体として一つの意匠的なまとまりを形成し、看者に視覚を通じてまとまった一つの美感を与えている場合、看者の注意を強くひき付ける部分となることは明らかであり、このことは、仮に、共通点がありふれた構成態様であったとしても変わりはないものというべきである。

　そうすると、美感を与えている共通の構成態様の範囲内で一部の構成に差異があるとしても、その差異によって看者に相異なった格別な美感を与える要素が付加されない限り、取引者、需要者の立場からは美感に異なるところはないものというべきであり、意匠法3条1項3号の定める意匠登録の要件としての類似の範囲内にとどまるものといわなければならない。

（2）差異点の評価について

ア　三ツ山状の膨出部の形態について

　「本体膨出部の三ツ山の高さについて、本願意匠は、三ツ山とも等しくしているのに対して、引用意匠は、中央の山を少し低くしている点」及び「三ツ山状の各膨出部とその間の谷の部分が、本願意匠は、滑らかな波状であるのに対し、引用意匠は、各膨出部とその間の谷の部分が比較的険しい波状である点」で差異がある。この差異点は、具体的構成態様における「本体は略短円筒状とし、その中間部を、正面視三ツ山状に丸く膨出させ」る構成のありふれた変形の一つとして、略短円筒状の本体に形成した膨出部の凹凸を微調整する程度の

ものというべきである。

イ　本体の表面模様について

「本体表面について、引用意匠は、長手方向及び周方向の線模様を施しているのに対して、本願意匠は、そのような模様が無い点」で差異がある。

上記差異点は、要するに、引用意匠が、線模様を施しているのに対し、本願意匠においてはそれがないというものであり、模様を施したり取り去ったりするというありふれた変形の一つであり、しかも、新たな創作的な工夫がされたものともみることもできない。

ウ　フランジ接合部の形態について

「フランジの外端面の内側円環部に表れている接合部の形態が、本願意匠においては単層により形成された形態を有するのに対し、引用意匠は2層に形成された形態を有する点」の差異点は、フランジの外端面の内側円環部に表れている接合部の形態が、引用意匠では2層に形成されているのに対し、本願意匠においてはそれがなく、単層に形成されているというのであり、しかも、引用カタログ等によると、引用意匠における2層構造は、その段差がかなり低く、引用カタログでみると、平坦に近いものであるから、本願意匠との間でほとんど実質的な差異がないということができる。

（3）総合的観察について

以上検討したところを総合しても、本願意匠について、引用意匠とは相異なった格別な美感を与える要素を見いだすことができない。

よって、（本願意匠は引用意匠に類似するとした）審決に誤りはない。

考察

本件で注目すべき点は、共通点が全体としてまとまった一つの美感を与えている場合、看者の注意を強くひき付ける部分となることは、共通点がありふれた構成態様であったとしても変わりはないとしている点である。また同時に共通の構成態様の範囲内で一部の構成に差異があるとしても、その差異によって看者に相異なった格別な美感を与える要素が付加されない限り結論に影響はしないとしている点である。これからすると、本件は、基本的構成（「可撓性を有する本体の両端部にフランジを取り付けたもの」が基本的構成と認定された）を含む共通点がありふれているとしても、特徴的な差異点がない限りは類似するという判断類型に属するといえよう。なお、原告は共通する構成態様は

　ありふれているとともに、機能必然的形態であり要部とならない旨も主張したが、この主張も認められなかった。

　なお、原告が提示した公知意匠を見ると、かなり概括的・抽象的レベルで本願意匠及び引用意匠と共通するにすぎないようであり、その点でもこれら公知意匠によって類否の結論に影響を与えるのは無理があったかとも思われる。

判決例1-18　基礎杭

知財高裁第4部　平成20年（行ケ）第10332号
（平成21年1月27日）（田中信義裁判長）

　形態の全体について共通するとした態様は、両意匠のほかにも見受けられるが、全体の骨格的構成に係るものであり、形態上の基調を呈するとし、差異点は公知意匠にあるか微弱であるとして、結果、類似すると判断した。

【本願意匠】
　意匠に係る物品「基礎杭」

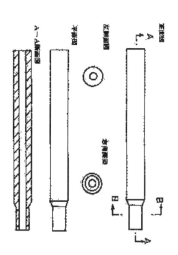

【引用意匠】

登録第453150号の意匠公報掲載の「コンクリート杭」の意匠

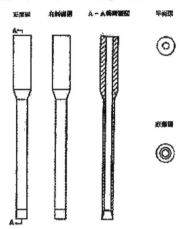

◇審決の要旨

審決は、概略次のように認定と判断を行った。

1　本願意匠と引用意匠の対比

〈共通点〉

全体は、縦長の略円筒状であって、内径のほぼ全体を同径とし、外径の上方部分を下方部分よりも太径とし、上方部分（太径部）と下方部分（細径部）との間に段差部を形成した態様。

（具体的態様において、）

① 太径部の外径を細径部の外径の約1.5倍としている点。

② 内径を長さ方向のほぼ全長にわたり等径としている点。

③ 段差部の側面がやや短い逆円錐台側面形状である点。

〈差異点〉（具体的態様における差異）

（1） 太径部と細径部の長さ方向の比について、本願意匠は、太径部が細径部よりも長く、その比率を約6対1としているのに対して、引用意匠は、太径部が細径部よりも短く、その比率を約1対2としている点。

（2） 細径部の外側面の先端寄り部分について、本願意匠は、無模様であるのに対し、引用意匠は、先端に近接して全周に一本の細線を現している点。

（3） 細径部の内側面の先端部分について、本願意匠は、内径が等しいのに対し、引用意匠は、内側に向かってテーパ状とした態様である点。

2　類否判断

　形態の全体について共通するとした態様は、両意匠のほかにも見受けられる点ではあるが、全体の骨格的構成に係るものであり、①太径部の直径を細径部の直径の約1.5倍としている点および、③段差部の側面をやや短い逆円錐台側面形状に形成している点と相俟って、両意匠に共通する形態上の基調を呈し、形態全体として共通している印象を与えているから、共通点が相乗した意匠的な効果は、両意匠の類似性についての判断を左右しているといえる。

　一方、差異点(1)については、この種物品分野において、太径部と細径部の長さ方向の比率に差異のあるものが多数見受けられ、施工方法や施工場所により選択的に行われる変更の範囲であって、施工方法やその効果に差異があるとしても、意匠の形態としては観る者の注意を惹くほど格別のものではなく、さらに、本願意匠の出願前より、本願意匠のように太径部を細径部よりも大幅に長く形成した態様のものが、例えば、意匠登録第1150748号（意匠に係る物品：「基礎杭」）の意匠にも見受けられる点も勘案すると、本願意匠のものが本願意匠のみに格別新規の態様に形成されたものとは言い難いから、その差異が両意匠の類似性についての判断に与える影響は微弱である。

　差異点(2)及び差異点(3)については軽微又は微弱な差異である。

　したがって、本願意匠と引用意匠は、意匠に係る物品が共通し、形態については、差異点よりも共通点に係る態様が相俟って生じる意匠的な効果の方が両意匠の類似性についての判断に与える影響が大きいと言えるから、両意匠は、全体として類似するものと認められる。

◇裁判所の判断の要旨

　意匠の認定と類否判断についての原告の主張した取消事由について、裁判所は概略次のように判断した。

（１）意匠の認定について

　審決の共通点の認定に誤りはない。また、原告は、差異点の看過を主張したが、裁判所は、原告主張の差異点を認めたとしても審決の結論に影響はないとして、原告主張を退けた。

（２）類否判断について

　原告は、共通点については認定の誤りを主張したが、類否判断の誤りについては主張しておらず、差異点(1)と(3)についての類否判断の誤りを主張した。それについて、裁判所は概略次のように判断した。

① 　差異点(1)についての判断の誤り

　原告は、審決が差異点(1)（太径部と細径部の長さ方向の比について、本願意匠は、太径部が細径部よりも長く、その比率を約 6 対 1 としているのに対し、引用意匠は、太径部が細径部よりも短く、その比率を約 1 対 2 としている点）について、その差異が両意匠の類似性についての判断に与える影響は微弱であると判断したことは誤りである、と主張した。

　これに対して裁判所は、本件意匠登録出願時において、「太径部＋段差部＋細径部」の基本的な構成態様とする基礎杭において、太径部と細径部の長さ方向の比について、太径部を相対的に短く、細径部を相対的に長くしたもの（乙第 4 〜第 6 号証）だけでなく、太径部を相対的に長く、細径部を相対的に短くしたもの（乙第 7 、第 8 号証）も知られていたことからすると、本願意匠と引用意匠における太径部と細径部の長さ方向の比が異なる点が、本願意匠において新規の形態であるということはできない、とした。

　さらに、原告が、太径部が長いか細径部が長いかは、需要者・取引者にとって重要な判断材料になり、意匠の形態として注意を惹く旨主張したのに対して、この点についての需要者・取引者の主たる関心は機能的側面に向けられたものであり、意匠の形態として注意を惹くものということはできないとし、また、原告は、両意匠は太径部と細径部が逆のプロポーションであり、両者の美感や印象が異なると主張したのに対して、需要者・取引者は、長さ方向において段差部の占める比率や太径部と細径部の関係について、いずれも施工条件に応じて様々なものがあり得ることを認識しているのであるから、これらの点についての本願意匠と引用意匠の差異を取り上げて両意匠の美感の相違を主張することはできないというべきである、として、原告主張はいずれも失当であり、差異点(1)が両意匠の類似性の判断に与える影響は微弱であるとの審決の判断に誤りはない、と判断した。

② 　差異点(3)についての判断の誤り

　原告は、審決が差異点(3)（細径部の内側面の先端部分について、本願意匠は、内径が等しいのに対し、引用意匠は、内側に向かってテーパ状とした態様である点）について、両意匠の類似性についての判断を左右するほどの影響を与えるものとはなり得ないと判断したのは誤りである、と主張したのに対して、裁判所は、そもそも、差異点(3)は、引用意匠の先端部分の内側にわずかに形成されたテーパ状部の有無に関するものであり、意匠全体に与える影響は

小さい、仮に、引用意匠の形態が特徴的なものであるとしても、本願意匠がその形態を備えない形態を採用したことに新規性もないとし、よって、差異点(3)についての原告主張も失当であり、審決の判断に誤りはない、と判断した。

　このように裁判所は、原告の主張を退けて、両意匠は類似するとした審決を支持した。

考察

　両意匠に共通する基本的構成態様である「全体は、縦長の略円筒状であって、内径のほぼ全体を同径とし、外径の上方部分を下方部分よりも太径とし、上方部分（太径部）と下方部分（細径部）との間に段差部を形成した態様」は、判決を読むと、被告である特許庁が提出した各乙号証に表れていたようであり、ありふれた形態であったと思われる。これに対して、両意匠において比較的目立つ差異点は差異点(1)の太径部と細径部の長さの違いであるが、これもまた公知意匠に存在したようであり、特に本願意匠の形態は新規性がないとされている。このように、差異点の評価においても公知意匠が参酌される点が留意されるべきである。

　また、本件は共通点である基本的構成態様がありふれたものであっても、差異点に特徴的なものがないから、結局類似するという類型（Ａ－２パターン）に属するケースといえるが、具体的態様の差異点よりも、全体構成である基本的構成態様の共通点が重視されたという意味では、基本的構成態様が共通するがゆえに類似するという類型（Ａ－１パターン）にも近いといえる。この２つの類型は、基本的構成態様が意匠の骨格的構成であって、全体のまとまりや美感に強い影響を与えるということを考え方のベースにしていることを理解しておく必要がある。

2　その他の判決例

　前項の4つの基本類型に属する判決例の他に、注目すべき判示事項を有する判決例を取り上げる。

2-1　構成の認定の誤りが類否に影響を与えた例

> **判決例1-19　人工歯**
>
> **知財高裁第2部　平成24年（行ケ）第10105号**
> **（平成24年11月26日）（塩月秀平裁判長）**
> 　意匠の差異点の認定を争い、その主張が認められた。その差異点に係る特徴点の構成が評価されて、非類似との判断がなされた。

Ⅰ　本願意匠A（全体意匠）についての事件

【本願意匠A】

　全体意匠　　意匠に係る物品「人工歯」

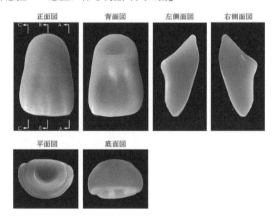

参考斜視図

ファセット面

（注）「ファセット面」とは、対抗する上顎と下顎の人口歯との咬合関
係を容易に確立させるために予め形成された部分である。

【引用意匠Ａ】

登録第1197533号の意匠公報掲載の「人工歯」の意匠

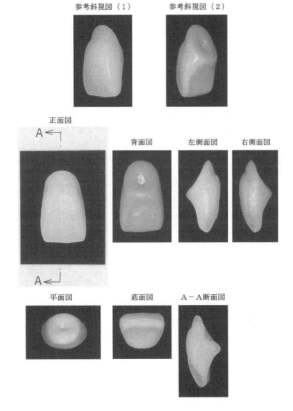

◇審決の要旨

　審決は、「全体が、正面視の形状を、上半分弱が略半円形状で下半分強が略等脚台形状の略釣鐘形状、側面視の形状を略不等辺三角形状とする略くさび形状である」基本的構成態様をはじめとする共通点に係る構成を重視し、相違点は共通点を超えないとして両意匠は類似すると判断した。

◇裁判所の判断の要旨

（1）意匠の観察主体——人工歯の需要者について

　人工歯を用いて義歯等を調整するのは歯科技工士であるから、人工歯の需要者はまずは歯科技工士であり、歯科技工士に発注する歯科医も間接的な需要者である。

　これら人工歯の需要者は、天然歯の形状を出発点として、咬合やそしゃくの機能に合致するか否かの観点を第一次的に念頭に置き、製造業者や販売業者から供給される人工歯を観察するが、第二次的には施術の容易性や義歯床への接合具合、審美性の観点、そして意匠上の観点ではないが材質も考慮に入れながら、供給される人工歯を観察する。

　天然歯の持つ形態に由来する基本的特徴部分は、以上の観点からみて、人工歯に係る意匠の類否判断において、共通点としての位置付けは小さいものというべきである。

（2）本願意匠Aと引用意匠Aの共通点・相違点の認定の誤り及び相違点の看過について

①　本願意匠Aの唇側面は、側面視で、直線状の部分がある一方、引用意匠Aの唇側面は、側面視で、緩やかな円弧状を成している点で異なることが認められる。

②　本願意匠Aの基底面は、輪郭の一部が直線状でその余が円弧状の略かまぼこ形状を成すが、引用意匠Aの基底面は、基底面と鉛直の方向から見たときに略円状の点で異なる。

③　本願意匠Aの切縁部近傍の舌側面の一部には側面視で直線状の部分があることが認められ、したがって舌側面の下端付近に小さな噛み合せ平面であるファセット面が設けられていることが認められる。他方、引用意匠Aにはファセット面はない。

　以上、審決Aは少なくとも前記①ないし③の各相違点を看過しており、認定に誤りがある。

（3）本願意匠Ａと引用意匠Ａの類否判断の誤りについて

　本願意匠Ａと引用意匠Ａを対比すると、その基本的構成態様は共通であるが、本願意匠Ａは引用意匠Ａに比べて前後方向により平たく、側面から見るとほっそりした印象を与える点に特徴がある。また、本願意匠Ａは、人工歯肉と接続される部分である基底面及びその付近の形状のうち舌面側が扁平になっている点に特徴がある。さらに、本願意匠Ａは、切縁部近傍の舌側面に、下顎歯との噛み合せを予定した小さな平面部であるファセット面が設けられている点に特徴がある。

　これに対し、引用意匠Ａは、本願意匠Ａに比べて横断面方向で見たときにより丸みを帯びており、基底面等は円状ないし楕円状である点に特徴があり、切縁部近傍にファセット面が設けられているわけではなく、該当する部位は曲面状となっている。

　そうすると、看者に対し、本願意匠Ａは引用意匠Ａよりも前後方向に平たい印象ないしよりほっそりした印象を与えるような美感を生じさせるものであるし、歯科治療の専門家である歯科医、歯科技工士等の需要者に対し、咬合調整の容易化を目指した機能的部分が設けられていることに伴う印象、美感を生じさせるものである。そして、天然歯の形態の模倣を基調とする人工歯の意匠にあっても、かかる印象は、基本的構成態様を含む、本願意匠Ａと引用意匠Ａの共通点から生じる印象に埋没することのないものである。

　したがって、審決Ａが摘示する相違点も合わせて考えれば、本願意匠Ａと引用意匠Ａは需要者に対して異なる美感を生じさせるというべきであって、両意匠は類似しないものというべきである。

　なお、ファセット面の構成については、原告は出願時に特徴記載書で記載していた。しかし、審決では評価されなかった（被告・特許庁は特徴記載書を意匠の特定に使用してはならないと主張）。裁判所は、特徴記載書を参考にすることができる、特徴記載書がなくても特定することができるとした。

Ⅱ　本願意匠Ｄ（部分意匠）についての事件

　本願意匠Ｄは、上に検討した本願意匠Ａの部分意匠である。

【本願意匠D】　（下側の暗色部が部分意匠に係る部分）

参考斜視図

ファセット面

参考正面図　　　　　参考背面図　　　　　参考右側面図

【引用意匠D】

　　引用意匠Aの相当部分。

◇裁判所の判断の要旨

　本願意匠Aと同様に、舌側面の下端付近に小さな噛み合せ平面であるファセット面が設けられていることが認められる。一方、引用意匠Dにはかかるファセット面は設けられていない。よって、この相違点を看過した審決には誤りがある。

　本願意匠Dと引用意匠Dを対比すると、「その全体の形状は、正面視で略扁平台形状、側面視で略逆三角形状の、略三角柱形状である」基本的構成態様は共通であるが、本願意匠Dには、ファセット面が設けられているという、引用意匠Dにはない特徴がある。本願意匠Dからは、歯科治療の専門家である歯科医等の需要者に対し、咬合調整の容易化を目指した機能的部分が設けられていることに伴う印象、美感を生じさせるものであるし、需要者が歯科治療、咬合調整の際に強く着目する部分に関する事柄であることにかんがみれば、天然歯の模倣を基調とする人工歯の意匠にあっても、かかる印象は、基本的構成態様を含む、本願意匠Dと引用意匠Dの共通点から生じる印象に埋没することがない。したがって、他の相違点も合わせて考えれば、本願意匠Dと引用意匠Dは、需要者に対して異なる美感を生じさせるというべきであって、両意匠は類

似しない。

考察

　原告は、意匠に係る物品を「人口歯」とする本願意匠AないしFを出願した。本願意匠AないしCは全体意匠であり、本願意匠D〜Fは部分意匠である。本願意匠A、B、D、Eは上顎前歯の人口歯に係り、本願意匠C、Fは下顎前歯の人口歯に係る。特許庁では、本願意匠AないしCに対して、登録意匠公報掲載の引用意匠AないしCをそれぞれ引用し類似するとして拒絶した。部分意匠である本願意匠DないしFに対しては、引用意匠AないしCの相応する部分を引用意匠DないしFとしてそれぞれ引用し類似するとして拒絶した（意匠法3条1項3号）。

　本判決は、本願意匠AないしFの各事件の併合審であり、本願意匠B、C、E、Fについても本願意匠A及びDの事件と同様の判断がなされた。

　本件では、本願意匠について、「ファセット面」という構成部分を審決が認定せず、かつ評価しなかったことが最大の論点となった。このファセット面は機能的な面からも特徴であり、かつ美感上も注目されるということのようである。そして、このような特徴点は全体の基本的構成を超えた特徴点として評価されている。これは類否判断の事例としては珍しい。自然歯の形態の模倣を基調とする人工歯という物品の特性からして、判決は明言していないが、基本的構成が自然歯の形態に影響を受ける面があったからではないかと思われる。いずれにしても、本件は、意匠の認定を争って、それが類否判断に直結する影響を与えているという点で参考になるケースである。

判決例1-20　腕時計側

知財高裁第2部　平成20年（行ケ）第10184号
（平成20年11月26日）（中野哲弘裁判長）

審決における具体的態様の差異点の看過と認定の誤りを認めて、その差異点を重視して非類似と判断した。

【本願意匠】

意匠に係る物品「腕時計側」

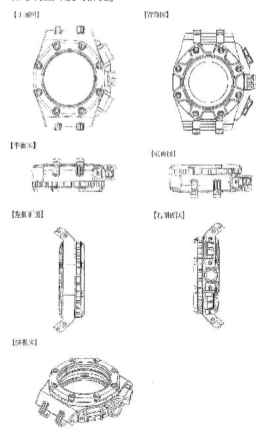

【引用意匠】

「腕時計側」の公知意匠

◇**審決の要旨と原告の主張**

　審決は、両意匠は、上下端部にベルト連結部を設けた側本体の中央部に、時計本体部を収納する円形状の収納部を設け、その収納部を覆うためのガラスを押さえる略円形リング状部を、収納部の円形状縁部に重ねて設け、その略円形リング状部は、内周縁部の全体を円形に、外周縁部の全体を八角形とし、上面部に8個の固定ネジを設け、側本体右側部に、竜頭と竜頭を挟んだ上下に押しボタン部を設けた基本的態様が共通すると認定した。

　そして、具体的態様については、ガード部を含む竜頭と押しボタン部などの共通点と差異点を認定した。

　原告は、意匠の認定の誤りと類否判断の誤りを主張したが、認定の誤りについては、ガード部のより具体的な態様の差異点を主張した。そして、類否判断について、本願意匠はガード部が全体に占める割合が大きいのが特徴であるとして、他の具体的態様の差異点をも併せて非類似を主張した。

◇**裁判所の判断の要旨**

（1）取消事由1　（意匠の認定の誤りについて）

　審決は、本願意匠と引用意匠のガード部について、「竜頭と押しボタン部は、それぞれのガード部を備え、全体を竜頭を中心に左右対称状の山形状に形成した、具体的態様が共通する。」と認定した上、ガード部の山形状は、本願意匠が角張った山形状なのに対し、引用意匠は富士山型の山形状であるから、差異があると認定している。

　しかし、本願意匠と引用意匠のガード部に関する具体的態様は、本願意匠に

おいては、上側ガード部と下側ガード部から突出するように、それぞれ押しボタン部が設けられているのに対し、引用意匠においては、上側ガード部と下側ガード部が各中間位置において切り欠かれた部分を有し、該切欠部分にそれぞれ押しボタン部が設けられている点が相違し、本願意匠のガード部は、竜頭をガードしているということができるが、押しボタン部をガードしているということはできないのに対し、引用意匠ガード部は、竜頭とともに押しボタン部をガードしているということができる。

　また、本願意匠と引用意匠は、「本願意匠のガード部は、押しボタン部が配置される領域が前面側に盛り上がるように形成され、該盛り上がり部分と周囲部との間は傾斜面状とされているのに対し、引用意匠のガード部は前面が平面状とされている点」でも相違する。

　「腕時計側」の側面に設けられたガード部は、正面からよく見える、目立つ部分であるから、ガード部の形態の相違は、差異点として認定すべきである。また、審決が、本願意匠と引用意匠のガード部について、「竜頭と押しボタン部は、それぞれのガード部を備え、」と認定したことは誤りというべきである。

（2）取消事由2（類否判断の誤りについて）

　本願意匠は、①ベルト連結部の取付部に2つのリブ（うね模様）が設けられていること、②ガラス押さえ略円形リング状部の外周縁部の厚み部全面に縦スリット模様が施されている上、上面部の8個の固定ネジ部の各ネジは、内側に六角形状の凹部を設けた円筒状ネジとし、各々外側に開口したU字状の取付け孔部を施して取り付けられていること、③竜頭は略円筒状とし、周面にスリットが施され、上下の押しボタン部は長方形状とし、それぞれに切り込みが施され、上部押しボタン部の上方と下部押しボタン部の下方にネジが設られていること、④上側ガード部と下側ガード部から突出するように、それぞれ押しボタン部が設けられ、ガード部の押しボタン部が配置される領域が前面側に盛り上がるように形成され、該盛り上がり部分と周囲部との間は傾斜面状とされたこと、以上の具体的態様によって、全体として凹凸の多い立体的な印象を看者に抱かせるものということができる。

　これに対し、引用意匠は、①ベルト連結部の取付部が平面状であること、②ガラス押さえ略円形リング状部の外周縁部の厚み部に模様が施されていない上、上面部の8個の固定ネジ部の各ネジは中に1本の溝のある六角形のネジとし、リング状部上面に埋め込むように略面一状に取り付けられていること、③

竜頭は略六角柱状とし、周面にスリットはなく、上下の押しボタン部は円筒状で切り込みはなく、竜頭及び上下の押しボタン以外に付加的なネジは設けられていないこと、④上側ガード部と下側ガード部が各中間位置において切り欠かれた部分を有し、該切欠部分にそれぞれ押しボタン部が設けられている上、ガード部は前面が平面状とされていること、以上の具体的態様によって、全体としてすっきりとした平坦な印象を看者に抱かせるものということができる。

「腕時計側」の側面にある竜頭、押しボタン及びガード部は、正面からよく見える、目立つ部分であるから、上面部の固定ネジ部と共に、その違いを軽視することはできないし、ベルト連結部の取付部やガラス押さえ略円形リング状部の外周縁部の厚み部の模様は、それだけであれば、さほど目立たないともいえるが、本願意匠においては、他の部分と相まって一つの印象を抱かせる意匠を形成しているのであるから、これらの違いを軽視することもできない。

そうすると、本願意匠と引用意匠は、差異点が相まって、その全体的な印象は大きく異なり、その差異は、共通点を凌ぐものというべきであって、本願意匠と引用意匠が類似すると認めることはできない。

考察

本件の類否判断では、原告はガード部の全体に占める割合が大きく類否判断に影響すると主張したのに対して、被告（特許庁）は、基本的構成態様を含む全体重視の主張で、ガード部が大きい意匠は従来に見られない訳ではない、他の差異点に係る構成も従来意匠にあると反論した。特許庁の類否判断は、前項で挙げた類否の基本類型でいえばＡ–２パターンの共通する基本的構成態様はありふれているが、具体的態様にも特徴的差異がなく、全体観察の原則からして類似するという判断に近かったのではないかと思える。

これに対して、裁判所は、原告の主張を採り入れて、竜頭、押しボタン及びガード部の具体的態様の差異点を認定し、その差異点を類否判断において重視している。本件は、意匠のきめ細かい認定の主張が功を奏した点で参考になる。

2-2　基本的構成態様の認定を争った例

判決例1-21　トレーニング機器

知財高裁第3部　平成29年（行ケ）第10198号
（平成30年3月22日）（鶴岡稔彦裁判長）
　審決の基本的構成態様の認定に誤りがあると主張したが認められず、類否判断についても非類似とした審決が支持された。

【本件意匠】
　意匠に係る物品「トレーニング機器」　登録第1565074号

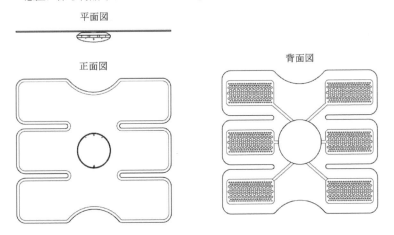

平面図

正面図　　　　　　　　　　　　背面図

【引用意匠】

登録第1536247号の意匠公報掲載の「トレーニング機器」の意匠

【正面図】

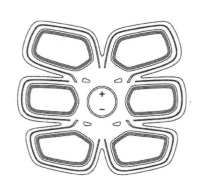 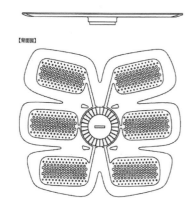

◇審決の要旨

審決が認定した両意匠の共通点と差異点。

ア　共通点

(ア)　基本的構成態様における共通点

共通点(A)：全体は、正面から見て、薄いシート状であって、略左右対称であり、横長多角形の上パッド、中央パッド及び下パッドが合計6つ配置された本体と、本体中央に設けられた略円形のコントローラ（強弱調整ボタン）で構成されている点。

共通点(B)：本体の上辺及び下辺中央に切り欠き部が形成されている点。

(イ)　具体的構成態様における共通点

共通点(C)：本体背面中央に、コントローラよりも大きい円形の線模様が設けられ、各パッドに、周囲に余白を残して、略横長隅丸4角形状で、略同形同大の電極が配置され、各電極が中央の円形模様と接続されている点。

共通点(D)：電極内に同形の区画が略千鳥状に配されて、中央の区画は大きく、上下の区画は中央から離れるほど小さくなっている点。

共通点(E)：コントローラに「＋」及び「－」の表示が設けられている点。

イ　差異点

(ア)　基本的構成態様における差異点

差異点(ア)：本体が、本件意匠は、上パッド、中央パッド及び下パッドが、いずれも略横長隅丸4角形状であり、上下に間隔を空けて左右に平行に延びるよ

うに配置されて、正面視略「王」字形状となっているのに対して、引用意匠は、中央パッドが略横長隅丸4角形状で、左右端が若干上に傾くように配置され、上パッドが略横長隅丸5角形状で、左右端が中央パッドよりも上に傾くように配置され、下パッドが略横長隅丸5角形状で、左右端が中央パッドよりも下に傾くように配置されている点。

　差異点(イ)：本体の上辺及び下辺中央の切り欠き部が、本件意匠は円弧状であるのに対して、引用意匠は略「Ｖ」字状である点。

　差異点(ウ)：本体正面が、本件意匠は平坦で、外周を縁取る線模様が連続して1つ設けられているのに対して、引用意匠は、外周を縁取る線模様がパッドごとに分断して合計6つ設けられ、その内側に、各パッドの外形に相似するような隅丸略5角形状の線溝が、相似形に3本施されている点。

（イ）　具体的構成態様における差異点

　　（略）

◆裁判所の判断の要旨

1　両意匠の形態

⑴　弁論の全趣旨によれば、本件意匠及び引用意匠の形態は、審決の認定のとおりと認められる。

⑵　原告は、引用意匠には高度の独自性及び斬新性があるから、この独自性、斬新性がある部分を大づかみにして比較すべきなのに、審決における両意匠の基本的構成態様についての認定は、余りにも細部にわたっているという趣旨の主張をする。

　しかし、審決が認定した両意匠の基本的構成態様は、いずれも両意匠のいわゆる輪郭部分に加え、一見して認識できる略円形のコントローラ（強弱調整ボタン）部分の形態や各パッドに設けられている線模様であって、意匠の形態を大づかみにした場合に認識できる骨格的態様、すなわち基本的構成態様に属するものというべきであるから、審決の基本的構成態様の把握に誤りはない。むしろ、原告の主張は、基本的構成態様を過度に抽象化しているものといわざるを得ない。

　両意匠の形態に関する審決の認定に誤りはなく、この点についての原告の主張を採用することはできない。

2　両意匠の形態における共通点及び差異点

　弁論の全趣旨によれば、本件意匠及び引用意匠の形態における共通点及び差

異点についても、審決の認定のとおりと認められる。

3　両意匠の類否判断

(1)　両意匠の物品は、いずれも「トレーニング機器」と同一であって、微弱電流により腹筋等を刺激し、腹部の筋肉等を引き締めるためのものである点において共通する。その需要者についても、いずれもそのようなニーズを有する一般消費者であると認められる。そして、両意匠に係る物品は、これを使用者の腹部に載せ、当該物品の背面に設けられている電極を腹部に接触させて使用する物であるから、着脱時には、直接肌に触れることになる背面も、ある程度の注意をもって見る機会があるものの、需要者は主に当該物品の表面を正面ないし斜め上方向から見る機会が多いというべきである。

(2)　以上を前提として、両意匠が需要者の視覚を通じて起こさせる美観が類似するか否かを検討する。

ア　両意匠の形態上の共通点について

　両意匠は、全体は、正面から見て、薄いシート状であって、略左右対称であり、横長多角形の上パッド、中央パッド及び下パッドが合計6つ配置された本体と、本体中央に設けられた略円形のコントローラ（強弱調整ボタン）で構成されている点（共通点(A)）、本体の上辺及び下辺中央に切り欠き部が形成されている点（共通点(B)）、本体背面中央に、コントローラよりも大きい円形の線模様が設けられ、各パッドに、周囲に余白を残して、略横長隅丸4角形状で、略同形同大の電極が配置され、各電極が中央の円形模様と接続されている点（共通点(C)）、電極内に同形の区画が略千鳥状に配されて、中央の区画は大きく、上下の区画は中央から離れるほど小さくなっている点（共通点(D)）、並びにコントローラに「＋」及び「－」の表示が設けられている点（共通点(E)）において、共通する形態を有している。

　これらの共通点のうち、全体が、正面から見て、薄いシート状であって、略左右対称であり、パッドが複数配置された本体と、本体中央に設けられた略円形のコントローラ（強弱調整ボタン）で構成されている点（共通点(A)'）、本体の上辺又は下辺中央に切り欠き部が形成されている点（共通点(B)'）、並びにコントローラに「＋」及び「－」の表示が設けられている点（共通点(E)）は、甲3の3等にみられるようにありふれた態様であって、類否判断に及ぼす影響は小さい。

　これに対し、両意匠は、横長多角形の上パッド、中央パッド及び下パッドが

左右対称に合計6つ設けられているという、特徴的な形態を有しているところ、パッド部が全体に占める面積が大きく、かつ、各パッド間の区切りも明瞭であるから、この点は需要者の注意を強くひく構成態様と評価することができる。

　また、両意匠は、背面の電極の形態に関し、上記共通点(C)及び共通点(D)において共通するが、上記のとおり、需要者が当該物品の背面に着目する程度は高くないと認められるから、これらの共通点が両意匠の類否判断に及ぼす影響は大きくないというべきである。

イ　両意匠の形態上の差異点について

（ア）差異点(ア)及び差異点(イ)についてみると、本件意匠は、上パッド、中央パッド及び下パッドが、いずれも略横長隅丸4角形状であり、上下に間隔を空けて左右に平行に延びるように配置されて、正面視略「王」字形状となっており、本体の上辺及び下辺中央に円弧状の切り欠きがあるものの、全体として略横長隅丸4角形に収まる形状となっており、総じて枠にはまった型どおりの平板で単調な印象を与えるものである。これに対し、引用意匠は、中央パッドが略横長隅丸4角形状で、左右端が若干上に傾くように配置され、上パッドが略横長隅丸5角形状で、左右端が中央パッドよりも上に傾くように配置され、下パッドが略横長隅丸5角形状で、左右端が中央パッドよりも下に傾くように配置されており、本体の上辺及び下辺中央に略V字状の切り欠きが設けられていることと相まって、変化に富み、いきいきとした躍動感や力強さといった、意匠に係る物品を使用することによって達成しようとする目標に沿う印象を需要者に与えるものであるから、これらの差異点により需要者に与える印象の違いは極めて大きいというべきである。

　また、差異点(ウ)については、本件意匠の表面の縞模様は、外周を縁取る線模様が連続して1つ設けられているにすぎず、単調な印象しか与えないのに対し、引用意匠は、外周を縁取る線模様がパッドごとに分断して合計6つ設けられ、その内側に、各パッドの外形に相似するような隅丸略5角形状の線溝が、相似形に3本施されている点において、腹部の筋肉の盛り上がりをイメージさせるものといえるから、この点についても、需要者に与える印象の違いは極めて大きいというべきである。

　さらに、差異点(ク)について、コントローラの「＋」及び「－」の表示がコントローラの外周近傍の右及び左寄りに設けられているか、コントローラの正面

上下に設けられているかによって、一定程度異なる印象を需要者に与えるといえる。

（イ）次に、差異点(エ)については、コントローラ（強弱調整ボタン）の形態が略レンズ形状か略円筒状かは、目につきにくい部分における細かな差異にすぎないし、本件意匠に係る物品を使用する際には、このコントローラ部を装着したままの状態にするものと認められるから（すなわち、需要者は主にコントローラ部が本体に装着された状態を観察することになる。）、需要者に与える印象の違いは小さいというべきである。

　また、差異点(キ)については、引用意匠に設けられている通気孔は、本体中央に設けられているコントローラの斜め上下左右という比較的需要者の注意をひく位置にあり、形状が略隅丸３角形であることから、シャープな印象を与えるものといえるが、その孔自体それ程目立つものではなく、通気孔の部分が全体に占める割合もごく小さいことから、この点が需要者に与える印象の違いは小さいというべきである。

（ウ）その余の差異点については、両意匠を全体としてみたときに、ごく限定された部分又は目につきにくい部分における細かな差異にすぎず、他の共通点・差異点から生ずる美感を左右するほどのものとはいえない。

ウ　以上によれば、両意匠が共通して有する、横長多角形の上パッド、中央パッド及び下パッドが合計６つ設けられている形態は、需要者の注意を強く引く構成態様と評価することができる。

　また、両意匠は、背面の電極の形態に関し、上記共通点(C)及び(D)において共通するが、背面の形態であって、需要者が着目する程度は高くないから、この点が両意匠の類否判断に及ぼす影響は大きくない。

　他方、差異点(ア)から(ウ)によってもたらされる印象は、本件意匠においては、枠にはまった型どおりの平板で単調なものであるのに対し、引用意匠においては、変化に富み、いきいきとした躍動感や力強さといったような、意匠に係る物品を使用することによって達成しようとする目標に沿うものとなっており、これらの差異点が与える印象の違いは、上記共通点がもたらす印象をはるかに凌駕するものである。

　そうすると、その余の共通点、差異点がもたらす印象を考慮しても、両意匠は、需要者の視覚を通じて起こさせる美感を異にするというべきである。

　したがって、本件意匠は、引用意匠に類似するといえない。

考察

　本件は、無効審判の審決取消訴訟であるが、審判被請求人である被告は出頭せず、答弁書も出していない。

　原告は、審決における意匠の認定を争ったが、原告が主張した引用意匠の基本的構成態様は次のとおりであり、原告はこの基本的構成態様が本件意匠のそれと共通すると主張した。

　　形態1'：6枚のパッド片からなるパッド部と、円形の電池部とを有し、

　　形態2'：6枚のパッド片は、2列3段組みとして、電池部を中心に、左右
　　　　　　対称に略横長矩形状に配置され、

　　形態3'：電極部は、各パッド片の裏面に配置され、その一部が電池部に連
　　　　　　接されているトレーニング機器。

　原告主張のこの基本的構成態様と、審決が認定した引用意匠の基本的構成態様をトータルに比べると、背面側の電極の構成を除いて、審決が基本的構成態様の上記差異点(ア)として認定したように、本件意匠ではパッドが平行に延びるように配置されて、正面視略「王」字形状となっているのに対して、引用意匠では、中央パッドが左右端が若干上に傾くように配置され、上パッドが略横長隅丸5角形状で、左右端が中央パッドよりも上に傾くように配置され、下パッドが略横長隅丸5角形状で、左右端が中央パッドよりも下に傾くように配置されている点が主に異なっており、原告主張の基本的構成態様の方がパッドの平行や傾斜を包摂している点で、やや抽象的で上位概念的だといえる。

　基本的構成態様は全体の骨格的構成であるから、全体観察を原則とする意匠類否判断に実質的に大きな影響を与えるが、意匠の基本的構成態様と具体的構成態様の認定は、意匠の形態の客観的な把握の問題であり、本来的にそこに価値判断は加わらないし、基本的構成態様と具体的構成態様の境界は、捉え方により幅がある場合も多い。したがって、裁判実務において、意匠の基本的構成態様の認定を争ったとしても明白な事実認定の誤りがない限りは、結局、価値評価である類否判断の中で議論すればよいとされることが多い。

　本件において、審決は、両意匠の対比において、基本的構成態様を分説しており、その中の上位概念的構成要素として、共通点(A)「全体は、正面から見て、薄いシート状であって、略左右対称であり、横長多角形の上パッド、中央パッド及び下パッドが合計6つ配置された本体と、本体中央に設けられた略円形のコントローラ（強弱調整ボタン）で構成されている点」を摘出している

が、これは背面の電極の構成を除いて、原告が主張した上記基本的構成態様の
形態 1' と形態 2' にほぼ相応する。そしてこの構成については、審決も判決も
類否判断において、一定のポジティブな評価を加えているが、差異点（主とし
て、上記しているように、パッドが平行な「王」字形状か、傾斜して広がって
いるか否かの差異点）との比較考量的判断によって差異点優位として非類似を
結論づけている。したがって、本件においては、結局、類否の総合的判断にお
いて差があったというべきであろう。

3　部分意匠の判決例

　これまでに取り上げた判決例に中にも部分意匠に関する判決例が含まれているが、ここでは部分意匠に特有の類否判断をしている判決例を含めて、部分意匠の類否判断事例を紹介し、解説する。

判決例1-22　プーリー

知財高裁第1部　平成18年（行ケ）第10317号
（平成19年1月31日）（篠原勝美裁判長）
　本願実線部分と引用意匠の相当部分との間に存在する位置の差異によって、本願意匠と引用意匠は全く異なった美感を与えるから、非類似と判断した。

【本願意匠】

　意匠に係る物品「プーリー」

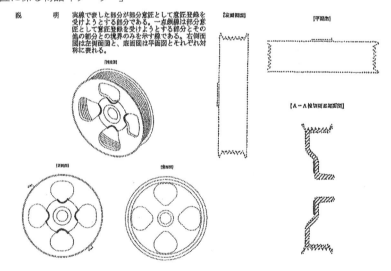

【引用意匠】

登録第908556号類似第1号の意匠公報掲載の「プーリー」の意匠

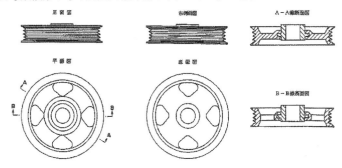

◇裁判所の判断の要旨

（1）取消事由1（本願実線部分と本件相当部分の「位置、大きさ、範囲」が共通するとした認定判断の誤り）について

　部分意匠制度は、破線で示された物品全体の形態について、同一又は類似の物品の意匠と異なるところがあっても、部分意匠に係る部分の意匠と同一又は類似の場合に、登録を受けた部分意匠を保護しようとするものなのであるから、破線で示された部分の形状等が、部分意匠の認定において、意匠を構成するものとして、直接問題とされるものではない。

　しかし、物品全体の意匠は、「物品」の形状等の外観に関するものであり（意匠法2条1項）、一定の機能及び用途を有する「物品」を離れての意匠はあり得ないところ、「物品の部分」の形状等の外観に関する部分意匠においても同様であると解されるから、部分意匠においては、部分意匠に係る物品とともに、物品の有する機能及び用途との関係において、意匠登録を受けようとする部分がどのような機能及び用途を有するものであるかが確定されなければならない。そして、そのように意匠登録を受けようとする部分の機能及び用途を確定するに当たっては、破線によって具体的に示された形状等を参酌して定めるほかはない。また、意匠登録を受けようとする部分が、物品全体の形態との関係において、どこに位置し、どのような大きさを有し、物品全体に対しどのような割合を示す大きさであるか（以下、これらの位置、大きさ、範囲を単に「位置等」ともいう。）は、意匠登録を受けようとする部分の形状等と並んで部分意匠の類否判断に対して影響を及ぼすものであるといえるところ、そのような位置等は、破線によって具体的に示された形状等を参酌して定めるほかはな

い。部分意匠は、物品の部分であって、意匠登録を受けようとする部分だけで完結するものではなく、破線によって示された形状等は、それ自体は意匠を構成するものではないが、意匠登録を受けようとする部分がどのような用途及び機能を有するといえるものであるかを定めるとともに、その位置等を事実上画する機能を有するものである。

　そして、部分意匠の性質上、破線によって具体的に示される形状等は、意匠登録を受けようとする部分を表すため、当該物品におけるありふれた形状等を示す以上の意味がない場合もあれば、当該物品における特定の形状等を示して、その特定の形状等の下における意匠について、意匠登録を受けようとしている場合もあり、部分意匠において、意匠登録を受けようとする部分の位置等については、願書及びその添付図面等の記載並びに意匠登録を受けようとする部分の性質等を総合的に考慮して決すべきである。

　本願実線部分（本願意匠の意匠登録を受けようとする部分）は、ディスク部に凹陥部を有するプーリーにおいて、ディスク部の凹陥部の底面に位置するものであるのに対し、本件相当部分（引用意匠における本願実線部分に相当する部分）は、ディスク部に凹陥部を有しないプーリーにおいて、全面が平坦なディスク部の略中央部分に位置するものであるから、本願実線部分と本件相当部分の位置には、差異があるというべきであり、本願実線部分と本件相当部分の位置が共通するとした審決の認定判断は誤りであるというほかはなく、この誤りは、審決の結論に影響を及ぼすものである。

　被告（特許庁）は、本願実線部分と本件相当部分は、プーリーの略中央部分に位置している点で、共通していることは明らかである旨主張する。確かに、本件ドーナツ状平坦部分と本件相当部分の位置については、被告主張の共通点があり、また、本願意匠は、プーリーの凹陥部に係る形態について意匠登録を求めようとするものではないが、本件ドーナツ状平坦部分についていうと、その位置は、単に、プーリーの略中央部分というものではなく、ディスク部に凹陥部を有するプーリーにおいて、ディスク部の凹陥部の底面に位置するものというべきであるから、ディスク部に凹陥部を有しないプーリーにおいて、全面が平坦なディスク部の略中央部分に位置する本件相当部分の位置とは差異があるというべきである。

（2）取消事由2（本願意匠と引用意匠の類否判断の誤り）について

　部分意匠の類否の判断に当たっては、意匠登録を受けようとする部分の形状

等と、同部分と位置等が大きく異なる部分についての形状等は、仮に、それらの形状等自体が共通又は類似していたとしても、美感上、看者に与える印象が異なる場合もあるから、意匠登録を受けようとする部分とそれに相当する部分が、物品全体の形態との関係において、どこに位置し、どのような大きさを有し、全体に対しどのような割合を占める大きさであるか（「位置等」）についての差異の有無を検討する必要がある。

　本願実線部分は、外周縁部に等間隔で位置する四箇所の略弧状の切り欠き部を有する平坦なドーナツ状の部分であり、本願実線部分と本件相当部分とは、全体が、円環状のディスク部の下面において、その外周縁部の等間隔の四箇所に、略弧状の切り欠き部を形成したものである点において共通する。

　他方、本願実線部分は、ディスク部に凹陥部を有するプーリーにおいて、ディスク部の凹陥部の底面に位置するものであるのに対し、本件相当部分は、ディスク部に凹陥部を有しないプーリーにおいて、全面が平坦なディスク部の略中央部分に位置するものである。

　そして、本願実線部分は、ディスク部に凹陥部を有するプーリーにおいて、ディスク部の凹陥部の底面に位置するものとして、一定のまとまりがあり、美感を生じさせる形状等からなる部分ととらえることができ、本願実線部分は、その内容に照らし、それと相いれない、ディスク部に凹陥部を有しないプーリーに位置するものを予定していないと解するのが相当である。また、本願実線部分の外周縁部に等間隔で位置する四箇所の略弧状の切り欠き部も、視覚的に想定し得る凹陥部底面の円周の切り欠き部として、その形状を認識することができるのに対し、本件相当部分は、ディスク部全面の平坦部における略中央部分というものであり、本件相当部分と他の部分とを直ちに視覚的に区別するものがなく、四個の透孔による切り欠き部についても、どの範囲の切り欠きであるかを直ちに視覚上認識することはできない。そうすると、本願実線部分と本件相当部分との間に存在する位置の差異によって、本願意匠と引用意匠は、看者に対して、全く異なった美感を与えるものというほかないのであり、上記の位置の差異は、本願意匠と引用意匠の形状自体の共通点を凌駕し、両意匠に異なった美感をもたらすというべきである。

考察

　改訂意匠審査規準では、部分意匠に特有の類否判断基準の一つとして、『出

願された意匠の「意匠登録を受けようとする部分」の当該物品等の全体の形状等の中での位置、大きさ、範囲と公知の意匠における「意匠登録を受けようとする部分」に相当する箇所の当該物品等の全体の形状等の中での位置、大きさ、範囲とが、同一又は当該意匠の属する分野においてありふれた範囲内のものであること』（改訂意匠審査基準第Ⅲ部第2章第1節2.2.2(2)）を挙げている。いわゆる、部分意匠における「位置、大きさ、範囲」要件である。

　本件では、審決は本願実線部分と本件相当部分はその位置を共通にするとしたが、判決は本願実線部分がディスク部の凹陥部の底面に位置するとして、そのような凹陥部を有しない引用意匠とは異なると認定し、その差異は類否判断に影響を与えるとしたものである。

　この意味において、本判決は、意匠の審決取消訴訟の判決において、部分意匠における「位置」が類否判断に影響を与えることを示した判決として重要な意義を有する。

　ただし、本判決をもって、部分意匠において「位置」が異なる場合は即非類似であるとの判断基準を示したものとして捉えるむきもあるが、それはやや短絡的である。本書において、次の**判決例1-23**として紹介する同じく物品「プーリー」に関する判決例（知財高裁平成18年（行ケ）第10318号）においては、位置が異なるが総合的に考察した結果、類似すると判断している。上記の意匠審査規準においても、「位置」が同一であるか、またはありふれた範囲内である場合に類似性の当該要件を満たすとされているから、「位置」の類似判断における評価にも幅があることになる。したがって、本判決における「位置」の評価は、個別の事案における総合的判断の結果を示すものとして理解するのが妥当であると思われる。

判決例1-23　プーリー

知財高裁第1部　平成18年（行ケ）第10318号
（平成19年1月31日）（篠原勝美裁判長）

　本願意匠と引用意匠における部分意匠に係る部分の位置と大きさの差異は、類否判断に影響しないとして、両意匠は類似すると判断した。

【本願意匠】

意匠に係る物品「プーリー」

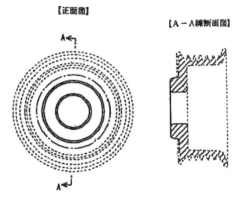

【引用意匠】

カタログ掲載の「プーリー」の意匠

※図は、発明推進協会「知的財産権判決速報」より引用。

◆裁判所の判断の要旨

（１）取消事由３（本願実線部分と本件相当部分の「位置、大きさ、範囲」が
共通するとした認定判断の誤り）について

　部分意匠は、物品の部分であって、意匠登録を受けようとする部分だけで完
結するものではなく、破線によって示された形状等は、それ自体は意匠を構成
するものではないが、意匠登録を受けようとする部分がどのような用途及び機
能を有するといえるものであるかを定めるとともに、その位置等を事実上画す
る機能を有するものである。

　そして、部分意匠の性質上、破線によって具体的に示される形状等は、意匠
登録を受けようとする部分を表すため、当該物品におけるありふれた形状等を

示す以上の意味がない場合もあれば、当該物品における特定の形状等を示して、その特定の形状等の下における意匠について、意匠登録を受けようとしている場合もあり、部分意匠において、意匠登録を受けようとする部分の位置等については、願書及びその添付図面等の記載並びに意匠登録を受けようとする部分の性質等を総合的に考慮して決すべきである。

　本件出願の願書及びその添付図面等の記載並びに意匠登録を受けようとする部分の性質等を総合的に考慮すると、本願実線部分は、プーリーの略中央部分に位置する、略短円筒状に形成したボス部と、その根元を外方に延伸して、略円盤状に形成したディスク部からなる部分であり、その位置について、添付図面においては、ボス部の先端をプーリーの前縁より外側にすることが示されているが、それは、ボス部とリム部の軸線方向の相対的な位置関係について、プーリーにおけるありふれた形態を示したというものにすぎず、本願意匠において、ボス部とリム部の軸線方向の相対的な位置関係については、図面記載のものに限定されず、プーリーにおけるありふれたボス部とリム部の軸線方向の相対的な位置関係を有するものも予定されているものと認められる。

　部分意匠制度は、破線で示された物品全体の形態について、同一又は類似の物品の意匠と異なるところがあっても、部分意匠に係る部分の意匠と同一又は類似の場合に、登録を受けた部分意匠を保護しようとするものであることに照らせば、部分意匠の類否判断において、意匠登録に係る部分とそれに相当する部分の位置等の差異については、上記部分意匠制度の趣旨を没却することがないようにしなければならない。破線部の形状等や部分意匠の内容等に照らし、通常考え得る範囲での位置等の変更など、予定されていると解釈し得る位置等の差異は、部分意匠の類否判断に影響を及ぼすものではない。

　通常のプーリーが有するボス部とディスク部の範囲の割合であるといえる引用意匠に係るプーリーのボス部とディスク部の範囲の割合も、予定されていると解釈し得るのであり、その位置等の差異は、部分意匠の類否判断に影響を及ぼすものではない。

（2）取消事由5（本願意匠と引用意匠の類否判断の誤り）について

　総合すると、本願意匠と引用意匠について、「差異点の類否判断に及ぼす影響が微弱の域に止まることを考慮すると、共通点は、両意匠の形態全体に著しい共通感を奏するものであり、差異点を凌駕して類否判断を左右するというべきであるから、意匠全体として観察すると、両意匠は類似するものというほか

ない。」とした審決の判断に原告主張の誤りはない。

考察

　本件では、原告は、プーリーにおけるボス部（中心軸孔周りの凸部）とリム部（プーリーのディスク外周縁に当たる部分）の位置関係と範囲の割合の違いを類否判断に影響を与える差異として主張したが、裁判所は、その差異は予定された範囲内のものとして評価しなかった。この判断は、改訂意匠審査基準における『出願された意匠の「意匠登録を受けようとする部分」の当該物品等の全体の形状等の中での位置、大きさ、範囲と公知の意匠における「意匠登録を受けようとする部分」に相当する箇所の当該物品等の全体の形状等の中での位置、大きさ、範囲とが、当該意匠の属する分野においてありふれた範囲内のものであること』（改訂意匠審査基準第Ⅲ部第 2 章第 1 節2.2.2(2)）という規準に沿うものといえる。

　この判決と、結果としては逆の結論になった前掲の物品「プーリー」に係る**判決例 1 –22**の知財高裁平成18年（行ケ）第10317号判決を併せて読むと、部分意匠の類否判断におけるいわゆる「位置、大きさ、範囲」の評価がよくわかる。

知財高裁第3部　平成20年（行ケ）第10251号
（平成20年12月25日）（飯村敏明裁判長）
　部分意匠に係る部分の具体的構成態様に特徴を見いだして、非類似と判断した。

【本願意匠】　意匠に係る物品「ビールピッチャー」

正面図　　　右側面図　　　A-A断面図

平面図　　　斜視図

〈部分意匠に係る部分（実線部分）〉
　内容器と外容器からなる二重構造のビール用ピッチャーにおいて、上縁部正面の注ぎ口以外の部分を外側に折り返して外容器の上端に接合した内容器部分。

【引用意匠】　意匠に係る物品「ビール用ピッチャー」

正面図　　　　　　　左側面図　　　　　　　断面図

平面図

内容器の正面図　　　内容器の左側面図　　　内容器の右側面図

◇裁判所の判断の要旨

ア　両意匠の特徴的部分

　本願意匠は、①折り返し部について、正面視及び側面視において、いずれも
（断面図上）直線形状からなる内側面、頂面及び外側面により構成されている
こと、②本願意匠に係る物品が透明体であるため、折り返しの内側面も視認す
ることができ、正面視において、下辺がやや長い横長の台形と上辺がやや長い
横長の台形との双方を目視することができる構造となっていること、③折り返
し部の縦の長さは、内容器の全高の約5分の1であり、縦に長い形状であるこ
と、④注ぎ口について、本願意匠に係る物品が透明体であるため、正面視にお
いて二重略V字形状を有し、それぞれが折り返し部上端の直線を底辺とする逆

二等辺三角形を構成していること、⑤注ぎ口の側方視において、上端が水平状であり、折り返し部の上部横線の延長線上に位置し、突端を平面視やや角張って形成している点に特徴がある。

これに対し、引用意匠は、①折り返し部について、正面視及び側方視において、いずれも（断面図上）直線状の内側面、丸みを帯びた頭頂面、及び直線上の外側面から構成されており、全体として角張った印象を与えないこと、②本願意匠の部分意匠として意匠登録を受けようとする部分に相当する部分の物品は、透明体ではないため、正面視において、折り返し部の内側面を視認することができないこと（視認することができる旨の図示はされていないこと）、③下辺がやや長い横長の台形形状の四隅はいずれも丸みを帯びており、その縦幅は内容器の全高の約 7 分の 1 であって、短く形成されていること、④注ぎ口について、正面視において、内容器の折り返し部上端は、水平方向の直線を形成することはなく、緩やかな円弧状を呈しており、少なくとも、本願意匠にあるような直線的な外側面 V 字形状又は内側面 V 字形状を呈していないこと、⑤注ぎ口は、側方視において、上端をやや下り傾斜状とし、中央の折り曲げ部の傾斜は（断面図）曲線を描いて「折り返し部内側面」に連なっていること、平面視において、注ぎ口は、手前から先端に進むに従い、曲率半径の小さい曲線、曲率半径の大きい緩やかな曲線、先端部の丸みを帯びた曲線へと変化し、直線が用いられてないこと等に特徴がある。

イ　類否の判断

本願意匠は、折り返し部及び注ぎ口ともに基本的に直線で形成され、全体の縦が長く、注ぎ口を大きくかつ深く、正面視において二重略 V 字形状を有し、これらの特徴を総合すると規則的であるが、シャープな印象を与える形状ということができる。

これに対して、引用意匠は、注ぎ口の側方視を除いて折り返し部及び注ぎ口ともに基本的に曲線で形成され、全体の縦の長さが横の長さに比して短く、注ぎ口が小さくかつ浅く、正面視において円弧形状を示し、平面視において、注ぎ口は、手前から先端に進むに従い、曲率半径を変化させ、曲線が多用され、これらの特徴を総合すると、不規則かつ複雑であるが、全体として柔軟で暖かな印象を与えるものといえる。

ウ　上記によれば、本願意匠と引用意匠とは、意匠に係る物品がいずれもビールピッチャーであり、いずれもその構造が内容器と外容器の二重構造を有する

うちの内容器に関するものである他、注ぎ口及び折り返し部を有するという基本的な構成態様において共通する点を有するが、具体的な注ぎ口及び折り返し部の形状態様において、看者に異なる美感を与えているものというべきである。したがって、本願意匠は、引用意匠に類似するということはできない。

考察

　審決は両意匠の骨格的構成、言い換えれば基本的構成態様である①内容器全体は、肉薄の有底略円筒形の上部正面中央（把手の反対側）を前方に拡張して注ぎ口とし、注ぎ口を除いて上端より外側へ折り返した部分を形成し、形態全体を透明とした態様である点、②内容器の折り返し部及び注ぎ口を除いた部分の外側面は、底面周縁を丸面状とし、上端に向かって次第に拡張した態様である点、③内容器の全高に対し、折り返し部上端の内径が約11分の7である点等を重視して類否判断し、両意匠が類似すると判断したようであるが、判決は上記の特徴把握に見られるように、両意匠において、折り返し部や注ぎ口の具体的構成態様を重視して類否判断を行っている。この点は、かかる部分の構成態様を細かく主張した原告の戦略が効いたのかもしれない。もっとも、意匠の類否判断において基本的構成態様に対する評価を低くする場合は、それが公知ないし周知の場合が多いが、本件においては、少なくとも判決文ではその点についての言及はない。

判決例1-25　木ねじ

知財高裁第2部　平成19年（行ケ）第10390号
（平成20年5月26日）（中野哲弘裁判長）
　ねじの頭部に係る部分意匠について、差異点に係る駆動穴の形状はありふれたものであるとして評価せず、部分意匠の全体的な構成の共通点を評価して類似すると判断した。

【本件登録意匠】　意匠に係る物品「木ねじ」

【平面図】

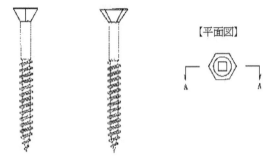

【引用意匠】　特許公開広報掲載の「タッピンねじ」

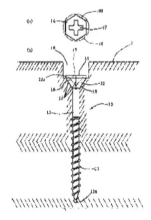

◇審決の要旨

　本件登録意匠は引用意匠に類似するから、意匠法3条1項3号の規定に違反して登録されたものである。

◆裁判所の判断の要旨

（1）物品の類否

　「JISハンドブック　4-1　ねじⅠ」等を参照すれば、木ねじとタッピンねじとは、ねじ自身でねじ切り（ねじ立て）ができるねじである点で共通し、ねじの構造及び機能においてほぼ同様のものであるということができ、対象となる締結部材が木ねじでは木材を対象としている点において相違するにすぎないものであるから、物品としての共通性を有するものである。

（2）本件登録意匠と引用意匠の当該部分における用途及び機能

　本件登録意匠と引用意匠の当該部分はいずれもねじの頭部であるという点で用途及び機能を共通にする。さらに、本件登録意匠と引用意匠の当該部分は、いずれもその上面に駆動孔が設けられているねじの頭部であって、その点においても用途及び機能を共通にする。

（3）類否判断

　差異点(ｱ)（上面中央の駆動穴の形状）について、証拠の各記載によれば、ねじの頭部の上面に設けられる駆動穴としての平面視正方形状穴と十字状穴は、いずれも本件登録意匠の出願前に周知の形状であると認められる。そして、甲2（「JISハンドブック3　ねじ」）に「十字穴」「六角穴」「四角穴」の3種類の駆動穴が記載されていることからもうかがわれるように、ねじの頭部の上面に設けられる駆動穴としては、通常、上記3種類のうちのいずれかが採用されるのであって、いずれの形状も、上面に駆動穴が設けられているねじの性質上極めてありふれた形状であるというほかなく、取引者又は需要者の注意を惹く部分とはいえないものである。

　これに対し原告は、十字状穴や平面視正方形状穴がねじの頭部の上面に設けられる駆動穴として周知であるとしても、本件登録意匠は、逆正六角錐台状という頭部全体の形状と駆動穴の形状とが組み合わされて新しい意匠を構成したものであり、意匠全体としての新規性は肯定されるべきであると主張する。しかし、周知の形状を組み合わせることにより全体として新規な美感をもたらす形態が新たに形成されることが一般論としてあり得るとしても、ねじの頭部の上面に設けられた駆動穴については、ドライバ等に嵌合される駆動穴の形状として取引者及び需要者に認識されるのであり、これがねじの頭部全体の形状と相まって一つのまとまった独特の美感を引き起こすことは通常の場合想定し難いものである。少なくとも本件登録意匠及び引用意匠の当該部分のように駆動

穴の形状が極めてありふれた形状である場合には、駆動穴の形状は取引者又は需要者の注意を惹かず、ねじの頭部全体の形状などの駆動穴以外の部分が独特の美感をもたらすものとして取引者又は需要者の注意を惹くものとなるというべきである。

　差異点(ウ)（上面に対する下端の相対的大きさ）に関しては、本件登録意匠と引用意匠の当該部分の拡大図をみても、両意匠における上面に対する下端の相対的大きさの差異は、よく注視すれば気が付くという程度の差異であって、意匠全体の類否判断に殆ど影響を及ぼさない。

　次に、差異点(エ)（上端周囲の面取り部の幅）に関しては、共通点（a）（「全体形状について、下端が円柱面に外接する概略倒正六角錐台状とし、上面中央に駆動穴（リセス）を設けたものである点」）及び（b）（「全体の概略寸法比について、底面視下端の直径を基準とすると、高さは概ね1.5倍程、上面の向かい合う辺の間の長さ（内接円の直径）を概ね2.5倍程とし、斜め下方を向いた周側面の相互反対側の面が形成する角度については、概ね60度としている点」）によって与えられる一つのまとまった独特の共通の美感と比較すれば、僅かなものである。

　以上から、審決が、「a）及びb）の共通点に係る構成態様は、全体に係わる特徴的構成態様を構成すると認められ、両意匠それぞれにおいて訴求力の強い共通した視覚的まとまりを生じさせるものであり、この共通する視覚的まとまりは、ア）ないしエ）の差異点が生じさせる視覚的効果を大きく凌駕し、意匠全体として共通した基調を形成するものである」と判断したことは正当であり、原告主張は理由がない。

　よって、両意匠は類似する。

考察

　本判決は、無効審判の成立審決に対する取消訴訟の判決である。

　ねじの頭部を部分意匠に係る部分とする本件において、ねじの駆動穴の形状

の違いは面積としては相当の範囲を占める。にもかかわらず、本判決では両意匠の駆動穴の形状の違いはいずれも類型化したありふれたものであるとして、需要者の注意を惹かないとして評価をしなかった。部分意匠の類否判断においては、全体意匠の類否判断に比べると、差異点に係る部分の量的関係が相対的に大きくなるので、類似範囲は狭くなる傾向があるが、本件では差異点に係る駆動穴の形状はありふれたものであるという点が類似判断に強い影響を与えたと思われる。言い換えると、本件意匠は登録に値する特徴といえるような構成が弱いと判断されたということであろうか。また、本件では物品の類否について判断している点も参考になる。

判決例1-26　呼吸マスク

知財高裁第4部　平成22年（行ケ）第10079号
（平成22年7月7日）（滝澤孝臣裁判長）
　本願意匠が呼吸マスクの上縁部に関する部分意匠であることにかんがみると、需要者の注意を強く惹くのは、正面視における形状であるとして、そこでの共通点を評価して、全体として類似すると判断した。

【本願意匠】　意匠に係る物品「呼吸マスク」

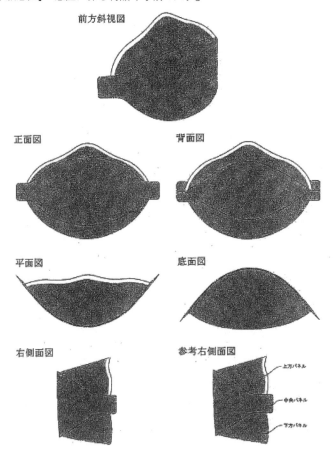

前方斜視図

正面図　　　背面図

平面図　　　底面図

右側面図　　　参考右側面図

※本願意匠は部分意匠であり、その部分意匠に係る部分は、図面中、暗色部を除いた上縁の帯状部である。

【引用意匠】　公開実用新案公報掲載の「簡易マスク」

第2図

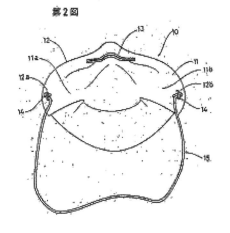

第3図

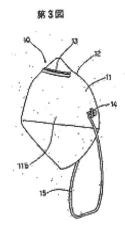

◇審決の要旨

　本願意匠は引用意匠に類似するから、意匠法3条1項3号に掲げる意匠に該当し、意匠登録を受けることができない。

◇裁判所の判断の要旨

　本願意匠が呼吸マスクの上縁部に関する部分意匠であることにかんがみると、本願意匠と引用意匠とを全体として観察した場合、意匠全体の支配的な部分を占め、全体として一つの意匠的なまとまりを形成し、需要者に視覚を通じて一つの美感を与えて、需要者の注意を強く惹くのは、正面視における形状というべきである。そして、正面視、全体が略円弧状で、中央部が山状に上方に突出し、当該突出部から左右対称に両側に向かって湾曲する曲線であるという態様は、基本形状が細い帯状を呈する中にあって、類否判断に極めて大きな影響を及ぼすものであり、この点において本願意匠と引用意匠とは共通するから、需要者の視覚を通じて起こさせる美感は、類似する。

　なお、両意匠を対比すると、正面視における具体的な湾曲の態様には相違する点もあるが、その相違はわずかである上、本願意匠における浅い凹状の湾曲を含む形状は、本件出願前から普通に見られる態様であって、このような部分的差異があっても、需要者の視覚を通じて起こさせる全体から生じる美感に与える影響は少ない。

　また、両意匠の側面視における差異点、すなわち、本願意匠が上下方向（顔面に対して略平行となる鉛直方向）であるのに対し、引用意匠が斜め下方（顔

面に対して略45°となる斜め方向）である点において相違するものの、本願意匠のようにこれが上下方向である態様は、本件出願前から普通に見られる態様であって、ありふれた形状といわざるを得ないから、このような部分的差異があっても、需要者の視覚を通じて起こさせる全体から生じる美感に与える影響は少ない。

　よって、具体的な湾曲の態様における相違点及び側面視における差異点は、特段の看者の注意を惹くものではなく、類否判断に及ぼす影響は大きいとはいえず、引用意匠との上記相違点及び差異点が、正面視、全体が略円弧状で、中央部が山状に上方に突出し、当該突出部から両側に向かって湾曲する曲線であるという共通点を凌駕するものとはいえない。

　本願意匠は、需要者に全体として引用意匠と共通の美感を生じさせる意匠的効果を有するものと認めるのが相当であり、差異点に係る本願意匠の形態から生じる意匠的効果は、ありふれたものであって、意匠全体としては、引用意匠と類似のものといわざるを得ない。

考察

　本願意匠の部分意匠に係る部分は、マスクの上縁の帯状部という比較的に狭い範囲の部分である。このような狭い範囲の部分意匠にあっても、意匠としての類否判断の手法は、全体の基本的構成態様というべき骨格的構成と、比較的に細部の具体的態様を認定して、その共通点と差異点について種々の観点から評価付けを行い、最終的に全体の美感に与える影響を考慮して行うというセオリーは変わらない。

　原告は、両意匠の具体的な波打ち形状は共通しておらず、本願意匠の上縁部は、中央部の山裾から左右の端部に向かって、湾曲の方向が各小山の山裾から頂部にかけて変曲する変曲点を有する波打ち形状を有するという、引用意匠には見られない特徴を有していると主張したが、裁判所は細部の形状などの具体的態様のみを重視することはできない、としてその主張を退けた。また、本願意匠に係るマスクは不使用時状態、使用直前状態及び装着状態とで形状が変化するようであり、願書に記載された態様は使用直前状態のようである。原告は、本願意匠の上縁部の波打ち形状は、マスクの装着状態において、引用意匠と相違する点も主張したが、裁判所は、本願意匠の出願において、装着状態の図面は提出されていないとして原告主張を実質的に退けている。本件は、形態

が変化し得る意匠の権利請求方法と類否判断におけるその評価という点でも参考になる事案である。

判決例 1-27　携帯情報端末

知財高裁第 3 部　平成26年（行ケ）第10163号
（平成27年 1 月28日）（石井忠雄裁判長）

　需要者において両意匠の細かな点についてまで詳細に看取するものとは考え難いから、類否判断に影響を及ぼすのは、主として基調を占める部分であるとして、両意匠は類似すると判断した。

【本願意匠】　意匠に係る物品「携帯情報端末」

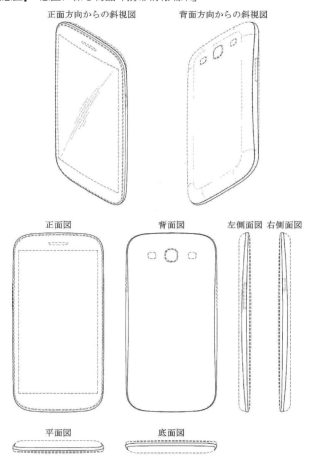

【引用意匠】　雑誌掲載の「携帯情報端末機」

◆審決の要旨

本願意匠は引用意匠に類似し、意匠法3条1項3号に該当する。

◆裁判所の判断の要旨

（1）類否判断の前提となる事実

本願実線部分と引用相当部分は、共に携帯情報端末の前面パネルの周囲に施された帯状面であって、その用途及び機能並びに位置、大きさ、及び範囲が一致することは当事者間に争いがない。

（2）両意匠の類否判断

①　共通点について

携帯情報端末の性質、用途、使用方法に照らすと、需要者が携帯情報端末を観察する際には、携帯情報端末の全体の形状、及び一見して目に入り、かつ、操作の際に最も使用頻度が高いものと考えられるパネル画面等の正面視の形状、並びにこれらのまとまりが最も注意を惹く部分であるということができる。

両意匠は共に携帯情報端末の前面パネルの周囲に施された帯状面であり（共通点（A））、携帯情報端末全体からみて両意匠の占める部分の割合は大きなものではなく、しかも、携帯情報端末の側面の形状であることに照らすと、需要者の注意を惹く程度はさほど大きくないものといえる。このような需要者によ

る看取のされ方を前提とすると、需要者において両意匠の細かな点についてまで詳細に看取するものとは考え難いから、両意匠の類否の判断において影響を及ぼすのは、主として両意匠においてその基調を占める部分であるというべきである。

　そして、両部分は、側面視において、上下端部より中央部分に向け、正面側及び背面側の各辺を背面側に向けて僅かに湾曲させている点（共通点（B））、及び、上下端部より中央部分に向け、帯状の幅を漸次僅かに幅広に形成したものである点（共通点（C））において共通するところ、これらの部分は、両部分の基調を占める部分であるから、両部分の中では需要者の注意を惹く部分であるということができる。そうすると、両部分の共通点が両意匠の類否判断に与える影響は大きいものというべきである。

② 相違点（ア）について

　他方、両部分は、側面視において、本願実線部分が上下端部の短辺を僅かに背面側に傾斜させているのに対して、引用相当部分が上下端部の短辺を僅かに正面側に傾斜させている点において相違する（相違点（ア））。

　しかし、携帯情報端末において、側面部分の形状が需要者の注意を惹く程度は大きくない上に、相違点（ア）に係る部分は、側面視における上下端部の部分における細幅の帯状部の傾斜の方向の相違にすぎず、側面視から見た両部分の上下の末端の僅かな部分に関するものであることも考え併せると、相違点（ア）が両意匠の類否判断に及ぼす影響は大きなものではないというべきである。

③ 相違点（イ）について

　両部分は、背面視において、本願実線部分が、側面側から背面側に向けて回り込むように構成されており、背面側からでも当該実線部分が本体左右端に視認することができるのに対して、引用相当部分が、正面側と側面側のみの写真版であるため、背面側から当該相当部分が視認できるか否かは不明である点において相違する（相違点（イ））。

　しかし、相違点（イ）に係る形状は正面視からは視認できず、背面から見て初めて看取できるものであり、その形状が需要者の注意を惹く程度は大きくない。その上、本願意匠は、背面図においても、正面図と概ね同様の形状の部分が背面の大部分を占める反面、本願実線部分における上記相違点（イ）に係る部分は、背面側から見たときに本体左右辺に僅かな弧状の細帯として視認され

るにとどまるのであるから、需要者に与える美感に大きな影響を及ぼすものとはいい難い。

　そうすると、仮に、引用相当部分につき背面側から当該相当部分が視認できなかったとしても、その差異が両意匠の類否判断に大きな影響を及ぼすものとはいえない。

④　小括

　以上によれば、本願実線部分と引用相当部分との間の相違点（ア）及び（イ）は、特段需要者の注意を惹くものではなく、類否判断に及ぼす影響は大きいとはいえず、上記各相違点が、共通点から得られる美感の共通性を凌駕するものであるとは認められない。

考察

　本願意匠に係る「携帯情報端末」はいわゆるスマートフォンである。本願意匠は部分意匠であり、携帯情報端末の前面パネルと背面側の筐体の間に挟まれて、携帯情報端末の周囲を回る帯状部を部分意匠に係る部分（実線部）としているものである。

　判決は、審決を支持して、両意匠は類似すると判断した。

　原告は、スマートフォンには種々の機能上の制約があることから意匠の創作の幅も狭まり、側面の機能キーなどの基本形状は、スマートフォンが片手に持って使用されるという使用形態を踏まえ、その用途及び機能を確保するために一定の共通性を有さざるを得ない以上、帯状部（ベゼルライン）についてはデザインを加えることができる範囲は極めて狭く、したがって、具体的構成態様などにおいて、類似範囲についても極めて狭く捉えられるべきである旨主張したが、裁判所は、一般需要者に対して類似の美感を生ぜしめるかどうかを基準とするという最高裁判決の原則的判断基準により判断すべきであると判示している。この点は、いわゆる創作の幅と類似範囲の関係として、考えさせるものがある。

　そして、判決が部分意匠に係る部分を含む物品全体について、需要者の注意を惹く部分を考察し、需要者の観点として携帯情報端末の全体や正面が注意を惹き、周面の細部はそれほど細かい注意を惹かないとしている点、また部分意匠についてもその基調を重視している点が注目される。

　本判決の原告と同一人の原告に係り、客体が同一の携帯情報端末について異

なる部位を部分意匠とする2件の意匠について、本判決と連番の審決取消訴訟
判決がある（知財高裁平成26年（行ケ）第10161号、同第10162号）。

《第2部》

創作非容易性
（意匠法3条2項）

序——問題意識

　意匠法3条1項3号の新規性における意匠類否判断は、意匠審査基準、審査・審判での運用、審決取消訴訟での裁判例の全体を通して、考え方のベースが共有されているといえる。それを踏まえて、本書の第1部では、意匠審査基準から、意匠類否判断の基本類型を抽出し、それに基づいて判決例を分類し、検討して、解説するという叙述形式をとった。

　しかし、意匠法3条2項の創作非容易性については、類否判断ほど判断基準が統一されていないという面がある。そして、少なくとも改訂前の意匠審査基準は、審査における創作非容易性の運用を十分に反映しているとはいい難いものがあった。すなわち、改訂前意匠審査基準においては、創作容易な意匠というためには、当業者にとってありふれた手法によって創作されたという事実を要する、とされていたが、ありふれた手法として例示されている置換や寄せ集めの例は、形態の構成要素をそのまま置換したり、寄せ集めたりした例であり、そこからさらに改変する例などはなかった。それについては、ありふれた手法という文言の解釈・運用に任されていたといえる。そこから、審査の運用では、特許の進歩性の判断のように、主引例に示す構成に対して、副引例に示す形態のモチーフや造形手法を適用して、意匠創作における想到容易性を問題にするようなケースや、3つ以上の多くの引例を引いて創作容易とされるようなケースもあった。

　このような、創作非容易性をめぐる状況は、意匠の創作非容易性というものが、例えば、特許の進歩性の判断基準と比べても、理論的に未解明であること、それに起因して、審査での運用も客観的かつ具体的な判断基準が見えにくい傾向があった。それもあって、創作容易と非容易の線引きも必ずしも明瞭でないきらいがあり、また、出願人サイドからは創作非容易性のハードルの設定に対して歯止めがない、というような批判の声もあった。

　他方、審査・審判の運用がケースとして争われる審決取消訴訟の判決においては、審査基準に書かれていない審査の運用を肯定したと思われる判決がある一方、審査での運用に歯止めをかけたと思われる判決があり、さらに、創作非容易性の判断を緻密化したと思われる判決が出ている。このように、創作非容易性を巡る裁判所の判断は独自の発展をとげ、判例理論として進化してきたように思える。

　そこで、この第2部では、まず、第1章として、審査の運用を踏まえて改訂された意匠審査基準を検討し、解説する。ついで第2章として、裁判例における創作非容易性の判断基準の進化、発展を解明し、解説することとする。

〈第１章〉

創作非容易性の判断基準

1　意匠法３条２項の条文──改正の経緯

　意匠法３条２項は次のように定める。

　「意匠登録出願前にその意匠の属する分野における通常の知識を有する者が日本国内又は外国において公然知られ、頒布された刊行物に記載され、又は電気通信回線を通じて公衆に利用可能となった形状等又は画像に基づいて容易に意匠の創作をすることができたときは、その意匠（前項各号に掲げるものを除く。）については、同項の規定にかかわらず、意匠登録を受けることができない。」

　この条文には、２回の法改正が関係している。

　１つ目の改正は、平成10年の意匠法改正であり、創作非容易性の判断の基礎となる形状等（形状、模様若しくは色彩若しくはこれらの結合〔意匠法２条１項〕）が、改正前は「日本国内において広く知られた」であったのが「日本国内又は外国において公然知られ」になった。すなわち、国内周知から国内外公知への変更である。これは当時の立法趣旨としては、創作非容易性の水準の引き上げとされたものである。創作非容易性の判断資料の範囲が広がったことによって、登録要件としてのハードルが高くなったわけである。

　２つ目の改正は、今回の令和元年の改正であり、創作非容易性判断の基礎資料について、公然知られた形状等に、頒布された刊行物と電気通信回線を通じて公衆に利用可能となった形状等が加えられた。これは公知性の立証要件が緩和されたものといえる（本章の「**3-3　創作非容易性の判断の基礎とする資**

料」の項で説明しているので参照されたい）。また、この改正では、物品に限定されない画像に保護対象が広がったことによって、判断の基礎となる資料においても形状等に加えて、新たに画像が規定された。

2　意匠法3条2項の基本判例──最高裁判決

意匠法3条2項の創作非容易性の判断基準を示した2つの判決がある。

判決例2-1　可撓性伸縮ホース

最高裁第3小法廷　昭和45年（行ツ）第45号
（昭和49年3月19日）（高辻正己裁判長）
（原審） 東京高裁　昭和41年（行ケ）第167号（昭和45年1月29日）

本判決は、第1部において、意匠類否判断の基本的な判断基準を示した判例として紹介したものである（**判決例1-1**）。同時に本判決は、意匠法3条2項に定める創作非容易性の基本的な考え方と判断の基準を判示した判例でもある。判決は次のようにいう。

「意匠法3条2項は、物品との関係を離れた抽象的なモチーフとして日本国内において広く知られた形状、模様若しくは色彩又はこれらの結合（周知のモチーフ）を基準として、それからその意匠の属する分野における通常の知識を有する者（当業者）が容易に創作することができた意匠でないことを登録要件としたものであり、上記の周知のモチーフを基準として、当業者の立場からみた意匠の着想の新しさないし独創性を問題とするものである。」

本判決は、平成10年改正前の時代の判決であるが、最近の判決（知財高裁平成29年（行ケ）第10181号判決など）でも引用されており、①抽象的なモチーフとしての形態要素を創作非容易性の判断の資料として判断すること、②当業者の立場に立って判断すること、③意匠の創作過程における「着想の新しさないし独創性」を判断する、という考え方の基本は維持されていると思われる。

そして、このような基本的な判断基準は、特許庁における審査・審判での運用、審決取消訴訟における裁判所の判断などにおいても指標となるものである。さらに、これから解説する改訂された意匠審査基準においても考え方のベ

ースになるものである。

> **判決例2-2　帽子**
>
> **最高裁第 2 小法廷　昭和48年（行ツ）第82号**
> 　**（昭和50年 2 月28日）（吉田豊裁判長）**

　本判決も、意匠法 3 条 2 項の基本判例であり、「可撓性伸縮ホース」最高裁判決と共に、最近の判決（知財高裁令和元年（行ケ）第10089号判決など）でも引用されている。

　本判決は次のように判示する。

　意匠法 3 条 2 項は、物品との関係を離れた抽象的なモチーフとして日本国内において広く知られた形状、模様若しくは色彩又はこれらの結合（周知のモチーフ）を基準として、それから当業者が容易に創作することができる意匠でないことを登録要件としたものであつて、そこでは、物品の同一又は類似という制限をはずし、右の周知のモチーフを基準として、当業者の立場からみた意匠の着想の新しさないし独創性が問題となるのである、と。

　この判決においても、①抽象的なモチーフとしての形態要素を創作非容易性の判断の資料として判断すること、②当業者の立場に立って判断すること、③意匠の創作過程における着想の新しさないし独創性を判断する、という考え方は前記の「可撓性伸縮ホース」判決と同じである。

3　意匠審査基準における創作非容易性の判断基準

　令和元年の意匠法改正に関連する意匠審査基準の改訂によって、意匠法 3 条 2 項の創作非容易性についての記載内容も大幅な改訂がなされた。改訂にあたっては、明確化及び簡潔化の観点が重視され、その観点から、意匠審査基準の構成と記載の内容について、全般的な見直しが行われた。

　より詳しくは、改訂前の意匠審査基準における創作非容易性の章は、主に条文の字句の解釈と創作容易と判断するものの例から構成されており、これらの記載を合わせ読むことにより、個別の案件について、創作非容易性の要件を満たしているか否かの判断を行うことが可能となっていること。他方、同章にお

いては、規定の概要や、判断の基礎となる考え方、具体的な判断指針につい
て、明文の記載がなされていないことから、制度に不慣れなユーザーにとって
は、具体的な判断指針を参照することが難しい構成となっていること。さら
に、現在までの間に、多くの審決や裁判例が蓄積してきているものの、それら
に照らした改訂が行われていないこと。そこで、改訂にあたっては、創作非容
易性の概要や、判断の基礎となる考え方を明記するとともに、近時の裁判例等
に則した具体的な判断基準についても明記することとされた（令和元年 7 月
24 日　第 15 回意匠審査基準ワーキンググループ『「創作非容易性」に係る意
匠審査基準について（案)』より）。

　そこで以下に、創作非容易性についての改訂意匠審査基準（意匠審査基準第
Ⅲ部第 2 章第 2 節、以下、単に「改訂審査基準」という場合もある。）の内容
を概観し、解説する。なお、以下に、改訂意匠審査基準の第Ⅲ部第 2 章第 2 節
の中の各項を引用するときは、項の番号とタイトルのみを記す。

3−1　創作非容易性の判断に係る基本的な考え方

　改訂意匠審査基準では、「3. 創作非容易性の判断に係る基本的な考え方」
において、意匠法第 3 条第 2 項に定める当業者が公知の形状等又は画像に基づ
いて容易に意匠の創作をすることができたかどうかの判断にあたっては、審査
官は、出願意匠が、出願前公知の構成要素や具体的態様を基礎とし、例えばこ
れらの単なる寄せ集めや置き換えといった、当該分野におけるありふれた手法
などにより創作されたにすぎないものである場合は、創作容易な意匠であると
判断する、とする。

　また、出願前公知の構成要素や具体的態様がほとんどそのままあらわされて
いる場合に加えて、改変が加えられている場合であっても、当該改変が、その
意匠の属する分野における軽微な改変にすぎない場合は、なおも創作容易な意
匠であると判断する、とする。

　改訂前の意匠審査基準には、ありふれた手法について記載され、寄せ集めや
置き換えの例示もあったが、それに加えた軽微な改変については記載がなかっ
た。しかし、審査や審判の運用では、そのような改変の事例はあったし、裁判
例にも後に紹介し、説明するように、そのような改変の例はあった。したがっ
て、ここで示されている基本的な考え方は、審査・審判の運用や裁判例を踏ま
えたものといえる。

3-2 創作非容易性の判断主体——当業者

改訂意匠審査基準では、「**2．創作非容易性の判断主体**」において、審査官は、出願された意匠の創作非容易性について、当業者の視点から検討及び判断する、当業者とは、その意匠に係る物品を製造したり販売したりする業界において、当該意匠登録出願の時に、その業界の意匠に関して、通常の知識を有する者をいう、と説明されている。

これは、意匠法3条2項の規定中の「その意匠の属する分野における通常の知識を有する者」を受けたものであるが、この記載からわかることは、意匠の属する分野とは、その意匠に係る物品を製造したり販売したりする業界を指すということ、通常の知識とは、その業界の意匠に関する通常の知識ということであると思われる。

しかし、そもそも通常の知識とはどのような知識内容であり、当業者とはどのような能力を持った人かということについては、具体的な例示や説明はない。

学説には、当業者とは意匠の専門家と解する説（『意匠法コンメンタール』レクシスネクシス・ジャパン）、当業者は当該物品分野での平均的創作能力を有する者であるが、物品分野によっては必ずしもデザイナーでなくともよいとする説がある（『注解 意匠法』青林書院）。

ちなみに、特許の審査基準では、進歩性判断における当業者とは、①技術常識を有し、②技術的手段を用いることができ、③通常の創作能力を有し、④出願時の技術水準の全ての知識、関連する分野の知識を有する者、とされている（特許審査基準・第III部第2章第2節進歩性）。

ここで、意匠法3条2項の当業者の範囲やその知識の範囲などが問題となった裁判例を見てみよう。

まず、対照的な判断を示した2つの裁判例を見る。

判決例2-3 金属製ブラインドのルーバー

知財高裁第4部　平成18年（行ケ）第10088号
（平成18年9月20日）（塚原朋一裁判長）

本願意匠に係る物品と引用意匠に係る物品とは、その機能・構造において全く異なるから、当業者が本願意匠を創作することは容易であるとはいえないと判断した。

【本願意匠】　意匠に係る物品「金属製ブラインドのルーバー」

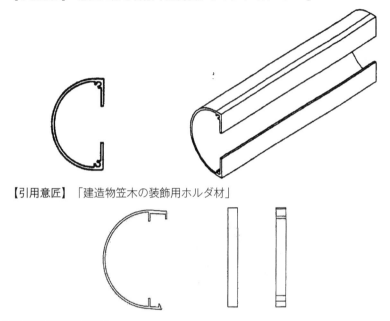

【引用意匠】　「建造物笠木の装飾用ホルダ材」

◇裁判所の判断の要旨

　引用意匠は、意匠に係る物品を「建造物笠木の装飾用ホルダ材」とするものであり、その説明として「本物品を所定の寸法に切断後、予め建物天部に取着されている笠木体の屋外側に、当該物品を係着し、これに装飾笠木を係着する。」と記載され、その使用状態を示す参考図に、物品が笠木体に係着されている様子が図示されている。

　このように、引用意匠に係る物品は、笠木体に装飾笠木を取り付けるためのホルダ材として用いられるものであって、本願意匠に係る「金属製ブラインドのルーバー」とは、その機能・構造において全く異なるものである。したがって、引用意匠に接した当業者が、上記「公然知られた形状」を採用して本願意匠を創作することは、容易であるとはいえない。

　次に、被告は、御簾垣の組子における半割竹の形状に照らせば、当業者が「公然知られた形状」を採用して本願意匠を創作することは容易であると主張する。

　しかし、御簾垣は竹垣の一種であり、「垣」とは、「屋敷や庭園などの外側の囲い」を意味するものである（広辞苑第五版）。これをブラインドと比べる

と、目隠しとしての機能を有する点では共通する面はあるものの、ブラインドが、羽板の向きを調節することによって日光や雨を遮るという基本的な機能・構造を有しているのに対して、御簾垣は、このような機能・構造を有しているものではない。また、御簾垣の組子が半円形状をなしているのは、竹という自然物の場合、これを割って用いることから生じる自然な結果であるが、金属製ブラインドのルーバーを作成する場合には、竹の場合と同様の発想を採用して半円形状とする理由はない。

　したがって、御簾垣の組子における半割竹の形状を「金属製ブラインドのルーバー」に採用することは、当業者にとって容易であるとはいえない。

考察

　本件は、「金属製ブラインドのルーバー」の創作性を判断する基礎となる公知形態について「建造物笠木の装飾用ホルダ材」のそれを用いることの妥当性が問われたが、否定された。意匠法3条2項の判断の基礎となる資料についての分野とその範囲は当業者の知識に基づくが、裁判所は本願意匠と引用意匠との機能及び構造の違いを重視して、当業者の知識の範囲外とみなした。

判決例2-4　金属製ブラインドのルーバー

知財高裁第3部　平成18年（行ケ）第10156号
（平成18年8月31日）（佐藤久夫裁判長）

　本願意匠に係る物品と、引用意匠に係る物品とは、全く別の分野の物品とは認められないとして、創作容易との判断を支持した。

【本願意匠】　意匠に係る物品「金属製ブラインドのルーバー」

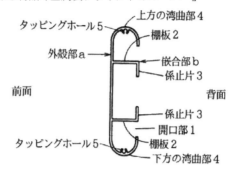

【引用意匠】　「衝立用笠木材」

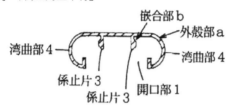

◇裁判所の判断の要旨

　原告は、引用意匠の形状が本願意匠の属する分野とは異なる分野の物品の形状であり、審決は、意匠法3条2項該当性について、本願意匠の属する分野における通常の知識を有する者を基準とする判断をしていない旨主張する。

　しかし、本願意匠に係る物品「金属製ブラインドのルーバー」と、引用意匠に係る物品である「衝立用笠木材」とは、建築用外装材という観点において共通するものということができ、全く別の分野の物品とは認められない。

　したがって、原告の上記主張は採用の限りでない。

考察

　当業者の知識範囲について、本判決は、前掲の平成18年（行ケ）第10088号判決（**判決例2-3**）とは異なって、その範囲に含まれるとしている点で興味深い。その判断にあたっては、「建築用外装材」という比較的に大きなカテゴリーの同一性を根拠にしている。

　なお、本判決では、創作非容易性の形態面での判断については、本願意匠と引用意匠は基本的構成を共通にし、その余の具体的態様については特筆すべきものがないとした審決の判断を支持しているが、このような場合、物品が同一

又は類似であれば意匠法3条1項3号の類似する意匠ということになったであろう。物品が非類似であるがゆえに、意匠法3条2項の適用対象になったと思われる。創作非容易性判断における当業者の知識の範囲は、物品の同一又は類似の範囲よりさらに外側の広い範囲としてあり得るということである。

次の2つ裁判例においても、当業者の知識や認識の範囲が問題となった。

判決例2-5 弾性ダンパー

知財高裁第2部 平成21年（行ケ）第10032号
（平成21年8月27日）（中野哲弘裁判長）
　創作容易性の判断の基礎となる引用意匠は同一分野の意匠であることを要しないと判断した。

【本願意匠】 意匠に係る物品「弾性ダンパー」

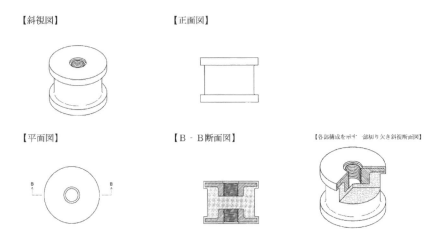

【斜視図】　　　　　　　　　【正面図】

【平面図】　　　　　　　　　【B‐B断面図】　　　　　【各部構成を示す 一部切り欠き斜視断面図】

【引用意匠1】

【引用意匠2】

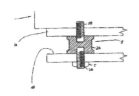

【引用意匠3】

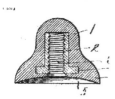

【引用意匠4】

【引用意匠5】

【引用意匠6】

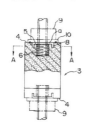

【乙1意匠】「プラスチックナット」

【乙2意匠】「取付螺子」

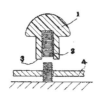

【乙3意匠】「樹脂被覆ナット」

【乙4意匠】「防振装置」

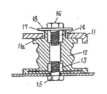

◇**審決の要旨**

本願意匠......然知られた意匠に基づいて容易に
創作するこ......2ないし5は、本願意匠のダンパ
ー本体が弾......ンジ付の雌螺子部をインサートし
てなるもの......材とによって、段差部が形成され
ていること......ように引用されたようである。

◇**原告の主張**

原告は、......高付近に）素材の異なる段差があ
ることによ......した。

そして、......の構成の違い、物品分野の違い等
を主張し、......部を内部に配した点の着想の創作
性等を主張......

◇**裁判所の判断**

裁判所は......

乙1～3......、弾性ダンパーに関するもので
はないもの......の判断の基礎となる公然知られた
意匠は同一......まで解することはできないので、
乙1～3文......ないからといって、直ちに審決の
判断が誤り......主張は採用することができない。

原告は、......に「素材が異なる段差」が存在し
たとしても......ラスチックナット）と本願意匠の
対象物品で......、販売に従事する当業者が異な
り、弾性ダ......の異なる段差」が広く知られてい
たとは認め......ることは容易ではないと主張す
る。

しかし、......ダンパー（防振装置）でない点で
本願意匠と......結器具を対象物品としており、乙
1～3文献に記載された意匠も本願意匠も他の物品に取付けないし連結した上
で使用される点で共通している。また、本願意匠及び乙1～3文献のいずれも
ダンパー、ナット及びつまみ等の本体に金属製雌ねじをやや凹陥させた状態で
埋め込まれたものであり、いずれも汎用部材である金属製雌ねじを用いる点、
金属製雌ねじと本体とを一体成型するための技術を要する点で共通する。そし

て、乙4文献に「素材の異なる段…
（段差上面及び段差側面はゴムからな…
素材で構成されている）、乙4文献は「防…
意匠と同一物品を対象としている。このように…
載された意匠は、対象物品の使用方法、対象物品を…
成型するために必要な技術等で共通点がある上、「素材…
意匠と同一の分野でもみられる意匠であることからすると…
差」は弾性ダンパーの属する分野の当業者（その意匠の属する…
常の知識を有する者）にも当然知られていたと認めるのが相当であ…
主張は採用することができない。

考察

　本判決に至る経緯として、特許庁は本願意匠が引用意匠1に類似するとして、意匠法3条1項3号該当を理由に拒絶審決をしたが、その審決取消訴訟で審決が取り消され（知財高裁平成19年（行ケ）第10107号判決・**判決例1-8**）、特許庁は再度の審理で、本願意匠は引用意匠1ないし6に基づいて容易に創作できるとして、意匠法3条2項該当を理由に拒絶審決をした。その取消訴訟の判決が本判決である。

　本判決の注目点としては、当業者の知識の範囲について、創作容易性の判断の基礎となる引用意匠は同一分野の意匠であることを要しないとしている点、そして、対象物品の使用方法、対象物品を構成する部材、対象物品を成型するために必要な技術等での共通点を目安として、当業者の知り得る範囲として認めた点にある。

判決例2-6　中空鋼管材におけるボルト被套具

知財高裁第4部　平成30年（行ケ）第10009号
（平成30年5月30日）（高部眞規子裁判長）

　建築部材の分野における当業者にとって、引用意匠と本願意匠の存在目的が異なることをもって、容易創作性が否定されると解すべき理由はないと判断した。

最新　意匠判例の解説・判例認識

ISBN4-535-52506-4 C3032 ¥3000E

本体3000円+税
本体価格に消費税を加算したものが定価となります。

【本願意匠】　意匠に係る物品「中空鋼管材におけるボルト被套具」

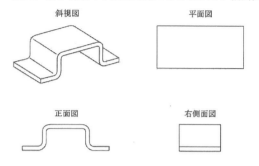

斜視図　　　　　　　　　　　平面図

正面図　　　　　　　　　　　右側面図

【引用意匠1】　「ボルトカバー」　　　　【引用意匠2】　「補強用金具」

第2図

第1図

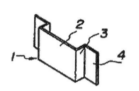

◇審決の要旨

　本願意匠は、引用意匠1及び引用意匠2にみられる公然知られた形状に基づいて当業者が容易に創作できたものであり、意匠法3条2項に該当する。

◇裁判所の判断の要旨

　本願意匠は、意匠に係る物品を「中空鋼管材におけるボルト被套具」とし、その形状は、正面視をハット状、平面視を横長長方形の板状としたものである。

　引用意匠1は、建築構成材や建築構造材に固定される横長長方形板状の支持具の表面に現れるボルトの頭部を、支持具全体を被覆して保護するボルトカバーに係る意匠であり、横長長方形板の左側端部を内側にコ字状に屈曲させ、右側端部をL字状に屈曲させた形状のものである。

　引用意匠2は、壁等の補強用金具に係る意匠であり、全体形状を、正面視を

ハット状に形成した横長長方形板とし、底面中央の凹陥部に他部材を抱持して両端部を固着したものである。

　引用例1によれば、引用意匠1のボルトカバー（7）は、固定板（1）の係止リブ（8a）（8b）に形合するように、その端部の形状が形成されているものであり、端部の形状は、ボルトカバーを取り付ける箇所等に応じて、当業者が任意に選択できるものと解される。そうすると、建築部材の分野における当業者であれば、引用意匠1のボルトカバーに、引用意匠2の形状を適用して、ボルトカバーの端部の形状を変更し、正面視をハット状、平面視を横長長方形の板状とすることは、容易になし得ることであるから、本願意匠は、当業者が、引用意匠1に、引用意匠2を適用して、容易に創作することができたものと認められる。

　原告は、引用意匠1は、ボルトカバーの意匠であり、引用意匠2は、壁補強用金具の意匠であって、図面上それぞれその形態を異にするものであるから、本願意匠とは存在目的が全く異なるものであり、これら2つの意匠から、建築用鋼管材の連結のために使用するボルトの取付けを確実にするために、鋼管材内部に取り付けたボルト頭部の上方部分を被套するようにしておくための部品である本願意匠を容易に創作できるとはいえない旨主張する。

　しかしながら、意匠法3条2項は、物品との関係を離れた抽象的なモチーフを基準として、当業者が容易に創作することができた意匠か否かを問題とするものである。引用意匠1はボルトカバーの意匠であり、引用意匠2は壁補強用金具の意匠であって、同じ建築部材の範ちゅうに属するものである。上記の範ちゅうの分野における当業者にとって、引用意匠1と引用意匠2が形態を異にするものであることや、引用意匠と本願意匠の存在目的が異なることをもって、容易創作性が否定されると解すべき理由はない。

考察

　本件では、原告は、引用意匠1と引用意匠2は物品として存在目的が本願意匠とは異なるから、創作容易の根拠とはなし得ない旨を主張したが、裁判所は、上記にあるように、いずれも建築部材の範ちゅうに属するとして、当業者の範囲を当該範ちゅうに属する者と捉えている。その理由として、意匠法3条2項は、物品との関係を離れた抽象的なモチーフを基準として、当業者が容易に創作することができた意匠か否かを問題とする点に求めている。このこと

は、意匠法3条1項3号と意匠法3条2項の判断主体と適用範囲の違いを端的に示すものといえる。当業者は意匠の創作能力を持つ者、言い換えれば、意匠の専門家であるから、需要者よりも意匠に対する知識の範囲は広いということである。

　また、原告は、引用意匠1が掲載されている引用例である公開実用新案公報が、実際に一般第三者によって閲覧されたという具体的事実の証明がなされない限り、「公然知られた」ことを要件とする意匠法3条2項は適用されるべきではない旨主張したが、裁判所は、本願意匠の登録出願時まで長期にわたって公然知られ得る状態にあって、現実に不特定又は多数の者の閲覧に供されたことが認められるとして、その公知性を認めた。これは「公然知られた」とは、現実に知られたことを要するという通説的見解と運用を前提とした議論であるが、改正意匠法では、意匠法3条2項が改正され、「頒布された刊行物に記載され」との文言が加入されたので、この問題は解消されたことになる。

3-3　創作非容易性の判断の基礎とする資料

　改訂意匠審査基準では、「**4.1　創作非容易性の判断の基礎とする資料**」において、審査官は、以下の資料を、創作非容易性の判断の基礎とすることができる、とする。

　　日本国内又は外国において公然知られ、頒布された刊行物に記載され、又は電気通信回線を通じて公衆に利用可能となった形状、模様若しくは色彩若しくはこれらの結合（形状等）又は画像

これは意匠法3条2項の条文をそのまま受けたものであるが、これについて改訂審査基準は、形状、模様若しくは色彩又はこれらの結合が刊行物等に記載される場合は、それ自体単独で表されることはほとんどなく、物品等と一体的な状態で表されることが多い。創作非容易性の判断においては、このような場合でも、形状等又は画像が具体的に識別できる場合は、審査官は、それらの構成要素を、創作非容易性の判断の基礎とすることができる、とし、また、上記の資料には、形状等又は画像が、物品等と一体となった意匠も含まれる、とする。

　意匠法3条2項の引例が、単純な幾何図形であるような場合を除いて、通常は、何らかの物品の形状等として、また、何らかの物品に関連した形状等や画像として、様々な媒体、すなわち、内外国の意匠公報や特許の公報類、雑誌、

業界誌あるいは企業のカタログ等の紙媒体やインターネットのウエブページ等の電子的媒体に掲載されている。審査においては、これらの媒体に掲載された物品に関連する形状等又は画像をその全体のみならず、一部の構成要素を抽出して引用することができることを、改訂審査基準は念のため記載しているものと思われる。

　なおまた、審査官が創作非容易性の判断の基礎とする資料は、出願された意匠と同一又は類似の分野に限られない。この点については、前の「**3-2　創作非容易性の判断主体——当業者**」の項で説明したように、創作非容易性の判断の基礎資料は、同一又は類似の物品分野に限られないことは裁判例も認めるところであるので、念のための記載といえよう。

3-4　ありふれた手法の例

　改訂意匠審査基準では、「**4.2　ありふれた手法と軽微な改変**」の中の「**4.2.1　ありふれた手法の例**」において、審査官は、出願された意匠が、出願前に公知となった構成要素や具体的な態様を基本として創作されたものであると判断した場合、その意匠の属する分野における「ありふれた手法」により創作されたものか否かを検討する、とし、審査官は当該意匠の属する分野の創作の実態に照らして検討を行う、とする。

　そして、主な「ありふれた手法」について、「（ａ）置き換え」から「（ｇ）物品等の枠を超えた構成の利用・転用」までを挙げてその定義を記載している。

　そこで本書では、この定義付けと、改訂審査基準の「**6．創作容易な意匠の事例**」で挙げられている図を引用しながら解説する。その解説では、前記図においては、ありふれた手法の例に加えて軽微な改変の例も示されているので、それも合わせて解説する。なお、図の引用にあたり、意匠審査基準の図はカラーであるが、本書では印刷の都合上、モノクロで現していることをお断りする。

（ａ）置き換え

　意匠の構成要素の一部を他の意匠等に置き換えることをいう。単に、置換、あるいは置換容易といわれる場合もある。

〈公知のなべの蓋を、ほとんどそのまま他のなべ用蓋に置き換えて表したに
　すぎない意匠〉

公知意匠：両手なべ　　　　　　　公知意匠：片手なべ

出願意匠：両手なべ

　この事例は、なべの分野において、蓋部を他のなべ用蓋に置き換えること
が、ありふれた手法であり、かつ、出願意匠において当業者の立場からみた意
匠の着想の新しさや独創性が見受けられないと仮定した場合の例とされてい
る。公知意匠（両手なべ）と出願意匠は類似しない（意匠法3条1項3号非該
当）ことを仮定した例である。
　〈公知の調理台のシンク部を他のシンクに置き換えて表したにすぎない意匠〉

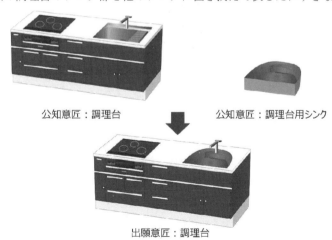

公知意匠：調理台　　　　　　　　　　　公知意匠：調理台用シンク

出願意匠：調理台

この場合、「調理台用シンク」の公知意匠は、パーツの形態が公知文献等に記載され、それが引例となるケースである。

置き換え容易について、裁判例を見てみよう。

判決例2-7　包装用容器

知財高裁第3部　平成28年（行ケ）第10108号
（平成28年11月10日）（鶴岡稔彦裁判長）
　　物品分野の実情も考慮して、本願意匠は各引用意匠との関係で、組み合わせや置換が容易であると判断した。

【引用意匠1】

【引用意匠2】

【引用意匠3】

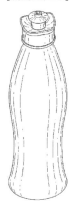

◇審決の要旨

　本願意匠は、その意匠に係る物品は「包装用容器」であり、その形態は、
（1）スリーブ付き容器本体部の上部に凸状注出口付きキャップ部を突出するように設け、（2）容器本体部は、全体を口部がほんの少し突出した略円柱形状体とし、口部上端は鍔状に表れ、肩部は、その幅が口径の約2倍で、緩やかな傾斜で張り出し、胴部は、側面視縦横比が約5対2のやや細長形状で、胴部の下端から約4分の1の高さ付近が最も括れるように、上端及び下方（底部寄りの垂直面付近を除く）から径が漸次細くなり、その括れ部の径の大きさは胴

部上下端部の径の約80％とし、（2-1）胴部の下端から肩部の少し入ったところまでをフィルムで密着するように覆われたものであり、（3）キャップ部は、その上面中央に凸状注出口を備えたやや扁平な（幅と高さの比率を約3対1とする）略円柱形状で、周側面には天板部の周縁を除いて筋状凸部による垂直線模様が密に等間隔に表れ、天板部の周縁部分が周側面の上端から僅かに水平に張り出したものであり、（3-1）キャップ部上面に表れる注出口部は、円柱形状部と、その上部に屋根のように表れる扁平な略円錐台形状部からなるものであり、その頂部が少し突出したもの、と認められる。

◇**裁判所の判断の要旨**

本願意匠に係る物品は「包装用容器」であり、より具体的には洗剤等を入れて使用する包装用容器であるところ、この種の物品の分野において、その容器に入れる洗剤等の使用の目的や用途、使用方法、包装用容器そのものの使用状態等様々な事情を考慮して、当該容器の形態を創作することは当然行われていることであると推察されるところ、その際、必要に応じて容器本体部やキャップ部、注出口部等につき公知の形態を組み合わせ、また、他の公知の形態に置き換え、あるいは、こうして組合せ、置換等をした結果に、通常思い付く程度の調整を加える等の変更が当業者にとってありふれた手法であることも、明らかといってよい。この手法によれば、引用意匠1の容器本体部に引用意匠2の注出口付きキャップ部を組み合わせるとともに、その注出口部を引用意匠3の注出口部に置き換え、かつ、ごく普通に知られている手法によって容器本体部の下端から肩部の少し入ったところまでをフィルムで密着するように覆った結果に、通常思い付く程度の調整を加えることにより、本願意匠を創作することができる。また、このような組合せや置換えの障害となるべき事情も格別うかがわれない。

したがって、本願意匠は、本願の前に当業者が公然知られた形態に基づき容易に創作することができた意匠であるといってよい。すなわち、本願意匠は法3条2項に該当するから、意匠登録を受けることができない。

考察

本願意匠の図は、判決文に掲載されていないが、審決の要旨における文章での記載を読めば、おおよそどのような形態かは想像することができる。

本件は、創作容易のありふれた手法としての置換の典型例ということができ

る。では置換することが全て容易かというと、そのように短絡的なものではない。判決では、置換の前提として、当該の｜物品の分野において、その容器に入れる洗剤等の使用の目的や用途、使用方法、包装用容器そのものの使用状態等様々な事情を考慮して、当該容器の形態を創作することは当然行われていることであると推察される」として、物品分野での意匠創作の実態が踏まえられている。審決においても、包装用容器の物品分野では、キャップ部や注出口部を異なる形態のものと置き換える変更がありふれた手法である旨を述べていた。

　原告は、本願意匠と各引用意匠を対比し、相違点を抽出して、デザインコンセプトや美感の相違を主張したが、これに対して、裁判所は、本願意匠と各引用意匠とではデザインコンセプトや美感が相違することはむしろ当然であるが、そのことは直ちに各引用意匠を組み合わせる動機付けの欠如を意味するものではない、とし、また、本願意匠は、容器本体部、注出口付きキャップ部、注出口部の各形状等個別の構成要素として各引用意匠に係る形状を選択し、その結合に当たって通常思い付く程度の調整を加えることにより容易に創作し得るものというべきであって、意匠登録を認めるに足りる程度の創意工夫が施されているとはいえない、として原告主張を排斥した。

　他の裁判例にみられるように美感というものも、創作非容易性の評価要素のひとつとなり得るが、意匠法3条1項3号の類否における美感の評価と、意匠法3条2項の創作非容易性の判断は次元が異なるというべきであろう。なぜならば、創作非容易性の判断は、本願意匠に全体として類似する意匠がないという前提で（意匠法3条2項には「前項各号に掲げるものを除く。」と規定されている）、当業者が本願意匠の創作の造形プロセスにおいて、既知の構成要素を、通常は複数の引用例から抽出し、それを組み合わせたり、置換したりすることによって、本願意匠を構成することにつき、着想の新しさや独創性があるか否かを問うものであり、ここにおいて、複数の引例の各意匠と本願意匠とを比較すれば、全体として美感が異なるのは当然だからである。そして、このことと、組み合わせたり置換したりした結果の本願意匠が独自の美感を持つかどうかということは別問題ということになる。

（ｂ）寄せ集め

　複数の既存の意匠等を組み合わせて、一の意匠を構成することをいう。組み合わせという用語が使われる場合もあるが、この定義からして同じと考えてよいであろう。

　〈公知のキーホルダー用下げ飾りとキーホルダー用金具を寄せ集めて表した
　　にすぎない意匠〉

公知意匠：キーホルダー用下げ飾り　　公知意匠：キーホルダー用金具

出願意匠：キーホルダー

〈公知の包装用容器と、公知の包装用容器の窓部を寄せ集めて表したにすぎない意匠〉

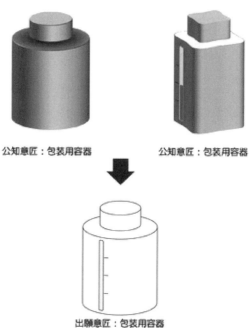

公知意匠：包装用容器　　　　　　　公知意匠：包装用容器

出願意匠：包装用容器

　改訂前の意匠審査基準においては、寄せ集めの例としては、前の「キーホルダー」の事例にあるように、物理的に独立した部品を寄せ集める例のみが記載されていた。改訂意匠審査基準には、この「包装用容器」の事例のように、公知意匠の物品の中に組み込まれている部分を抽出して、それを寄せ集めの対象とする例が加えられている。

ここで、寄せ集めに関する裁判例を見てみよう。

判決例2-8　側部観察窓付き容器

知財高裁第4部　平成24年（行ケ）第10026号
（平成24年7月4日）（滝澤孝臣裁判長）
　本願意匠は、引用意匠に周知態様を適用することにより、容易に創作
し得るものと判断した。

【本願第1意匠】　意匠に係る物品「側部観察窓付き容器」

【引用意匠1】　　　　　　【引用意匠2】

【周知例1】　　　　　　　【周知例2】　　　　　　　【周知例3-1】

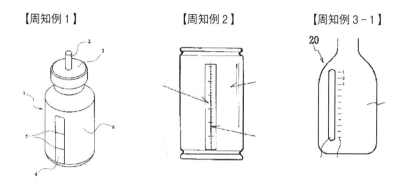

◇**審決の要旨**

　本願第1意匠は、引用意匠1及び引用意匠2に、周知例1ないし3を適用することにより、当業者が容易に創作できた意匠である。

◇**裁判所の判断の要旨**

　本願第1意匠と引用意匠1とを対比すると、両意匠は、「容器本体は、横長楕円柱状の形態を有する」点において一致し、本願第1意匠が、「横長楕円形状の容器本体の正面中央に、透明な観察窓を上下に長く設け、観察窓の上端が容器の肩部縁に当たるようにし、かつ、観察窓の下端においても直角とし、観察窓を縦長の長方形状にした」構成を有するが、引用意匠1は当該構成を有しない点において、差異が認められる。

　引用意匠2は、容器本体の周面において、垂直に細長い観察窓を設けた構成を有するものと認められる。

　周知意匠1ないし3-1は、容器本体の周面において、上下端に余地を残した長さの垂直に細長い観察窓を設けた構成を有するものであって、周知意匠3-2は、銚子状の容器の周面において、上下端に余地を残さず、垂直に細長い観察窓を設けた構成を有するものと認められる。

　そうすると、容器本体の周面において、内容物の観察のために、垂直に細長い観察窓を設けた構成は、本願優先日前から普通に見られる、ありふれた態様であるということができる。

　したがって、引用意匠1の容器本体の周面に、前記ありふれた態様である内容物観察のための垂直に細長い観察窓を設けることは、当業者が容易に創作することができるものというほかない。

　そして、観察窓の上端及び下端を容器の上端及び下端と一致させるか否か

は、容器の形状については異なるものの、引用意匠2及び周知意匠3-2にお
いても見られるところであって、同一の分野において適宜普通に行われている
ものということができる。観察窓の端部を直角形状とすることについても、同
様である。

　以上からすると、差異点の構成は、当業者が、引用意匠2及び周知意匠1な
いし3に基づいて、容易に創作し得るものというべきである。

　差異点は、ありふれた態様であり、当業者によって同一の分野において適宜
普通に行われているものということができることは前記のとおりであって、需
要者の美感に強い影響を生じさせる意匠的効果を有するものということはでき
ない。

　以上からすると、本願第1意匠は、引用意匠1及び2並びに周知意匠1ない
し3に基づいて、当業者が容易に創作し得るものというべきである。

考察

　本判決においては、第1事件から第8事件までを含むが、ここでは、第1事
件のみを紹介している。本件の創作非容易性の判断内容は、主引例である引用
意匠1の横長楕円柱状の容器本体に、容器本体の周面に垂直の観察窓部を備え
た引用意匠2及び周知例1ないし3を当てはめれば、本願第1意匠を容易に実
現できるとしたことにあると思われる。別の観点からすれば、引用意匠1の容
器本体の形態と、引用意匠2及び周知例1ないし3の観察窓部の構成を寄せ集
めたにすぎないということもできる。

　判決では、美感に強い影響を生じさせる意匠的効果を有するものということ
はできないとも説示しており、美感という点についても配慮されていると思わ
れるが、本件では周知例を引いているところをみても、当業者が容易に考えつ
くようなものに独占権は設定できないというニュアンスが強いように思える。

　この判決は、改訂審査基準に掲載されている前記事例2「包装用容器」の参
考にされたと思われる。

判決例2-9　ゲーム機

知財高裁第4部　平成18年（行ケ）第10367号
（平成19年1月30日）（塚原朋一裁判長）

　本願意匠は、引用意匠1のレバー部の形状と引用意匠2の台座部の形状とを組み合わせて、操作卓部の前面左面に表した程度にすぎず、容易に創作をすることができたものと判断した。

【本願意匠】　意匠に係る物品「ゲーム機」

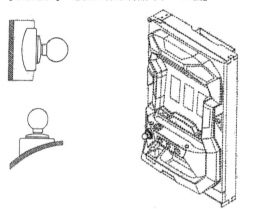

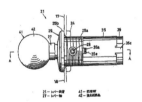

【引用意匠1】　「スロットマシン遊技機用レバー装置」

【引用意匠2】　「パソコン用キーボードジョイスティック」

◇**審決の要旨**

　本願意匠は、本願出願前に既に公然知られた形状であるレバー部（引用意匠
1）を、本願出願前に既に公然知られた形状である台座部（引用意匠2）と単
に組み合わせて、操作卓部の前面左面に表した程度に過ぎず、容易に意匠の創
作をすることができたものと認められる。

◇**裁判所の判断の要旨**

（1）本願意匠も引用意匠2も、共に、レバーを有し、ゲームに用いられる制
御器に係るものであって、用途及び機能は共通しており、その属する分野は同
一ではないとしても、関連する。

（2）機器に操作レバーを取り付ける際、機器の取付面にそのまま取り付けた
のでは、操作レバーの角度等が、操作性の観点から適切なものとならない場合
に、取付面上に台座を設け、これに操作レバーを付設することにより、操作レ
バーの角度等を調節して所望のものとすることは、ゲーム機の分野に限らず、
一般的に行われている常套的な手段というべきである。そして、引用意匠2の
台座も、かかる操作レバー付設用のものであるところ、当該台座は、下部が奥
方に漸次回り込む略凸湾曲面状の取付面から斜め上方に円筒状に突出させ、そ
の円筒上面（操作レバー付設面）を所定の角度に保ちつつ、円筒基端部を取付
面の略凸湾曲面形状に追随させるため、円筒の突出高さ（基端部からの高さ）
を下部になるほど高くした形状であり、その意匠において、取引者・需要者の
目を惹く特徴は、円筒基端部を取付面の略凸湾曲面形状に追随させ、当該略凸
湾曲面が回り込む方向に円筒の突出高さを高くしている点であり、当該突出高
さが高くなる方向が台座の上下左右いずれであるかという点ではない。

　他方、本願意匠の台座部は、ゲーム機本体の湾曲部分を基端として手前側へ

突出して表れるとともに基端部からの高さが一律でない円筒形状をなすもの、すなわち、ゲーム機本体操作卓部前面の左脇が奥方に漸次回り込む略凸湾曲面から正面に円筒状に突出させ、その円筒上面に正面を向けて付設した操作レバーの角度を保ちつつ、円筒基端部を取付面である操作卓部前面の略凸湾曲面形状に追随させるため、円筒の突出高さ（基端部からの高さ）を左方になるほど高くした形状であることが認められる。そして、引用意匠2の分野と本願意匠の分野とが関連するものであることは、上記のとおりである。

　そうすると、本願意匠は、引用意匠1のレバー部の形状と引用意匠2の台座部の形状とを組み合わせて、操作卓部の前面左面に表した程度にすぎず、容易に意匠の創作をすることができたものと認められ、本願意匠の台座部が創作性を有するとか、引用意匠1と引用意匠2を組み合わせて本願意匠の位置に取り付けるためには、二段階の工程を経ることが必要で、当業者にとってありふれた手法でなし得ることができないとの原告の主張は失当である。

考察

　本件の事案は、引用意匠1のレバー部の形状と引用意匠2の台座部の形状とを組み合わせたものとされているが、見方によっては、引用意匠2のレバー付き台座のレバー部を引用意匠1のレバー部に置換したものということもできる。そして、改訂意匠審査基準にならえば、組み合わせ、あるいは置換したうえに、レバーの角度等を微細に改変したものということができる。いずれにしても、創作非容易性の事例としては典型的なケースといえよう。

　なお、当業者の認識範囲である物品分野については、ゲームに使用されるという用途・機能の共通性もって関連する分野と判断している。用途・機能をメルクマールとしている点で参考になる。

（c）一部の構成の単なる削除

意匠の創作の一単位として認められる部分を、単純に削除することをいう。

〈公知のごみ箱の一部の構成を削除して表したにすぎない意匠〉

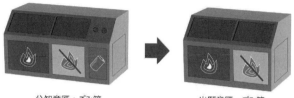

公知意匠：ごみ箱　　　　　　　出願意匠：ごみ箱

　この事例について、以下の例のように、出願意匠が模様等を削除したものである場合であっても、当該改変がごみ箱の分野における軽微な改変と判断される場合は、審査官は、当該改変を創作非容易性の判断において評価せず、創作容易な意匠であると判断する。

出願意匠：ごみ箱

（d）配置の変更

意匠の構成要素の配置を、単に変更することをいう。

〈公知の室内灯用スイッチプレートのボタンの配置を変更したにすぎない
　意匠〉

公知意匠：室内灯用スイッチプレート　　出願意匠：室内灯用スイッチプレート

上記事例について、以下の例のように、出願意匠が角部を隅丸状に改変したものであっても、当該改変が室内灯用スイッチプレートの分野における軽微な

改変と判断される場合は、審査官は、当該改変を創作非容易性の判断において評価せず、創作容易な意匠であると判断する。

出願意匠：室内灯用スイッチプレート

（e）構成比率の変更

意匠の特徴を保ったまま、大きさを拡大・縮小したり、縦横比などの比率を変更することをいう。

〈公知の包装用容器の構成比率を変更したにすぎない意匠〉

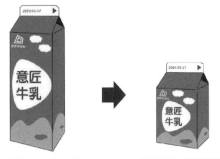

公知意匠：包装用容器   出願意匠：包装用容器

（f）連続する単位の数の増減

繰り返し表される意匠の創作の一単位を、増減させることをいう。

〈公知の回転警告灯を、ほとんどそのまま、段数を減らして表したにすぎない意匠〉

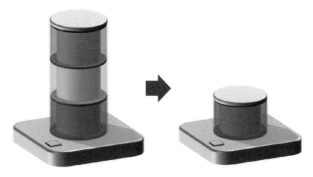

公知意匠：回転警告灯　　　　　　　出願意匠：回転警告灯

（g）物品等の枠を超えた構成の利用・転用

既存の様々なものをモチーフとし、ほとんどそのままの形状等で種々の物品に利用・転用することをいう。

〈周知の幾何学形状を、装身用下げ飾りとして表したにすぎない意匠〉

周知の幾何学形状：正四面体　　　　出願意匠：装身用下げ飾り

　この事例は、装身用下げ飾りの分野において、その形状を周知の幾何学形状とすることがありふれた手法であり、かつ、金具部の配置も一般的に見受けられるものであることに加え、出願意匠において当業者の立場からみた意匠の着想の新しさや独創性が見受けられないと仮定した場合の例である、とされている。

　ただし、近時のデザイン手法として、ミニマリズムといわれるシンプルな形態に純化する手法があるが、そのようなデザインについては、創作非容易性の

適用には注意を要するであろう。

　利用や転用が容易な意匠の例として、改訂審査基準では、ほかに、自然物等をほとんどそのままペーパーウェイトに表したにすぎない意匠、ロダンの彫刻「考える人」の形状をほとんどそのまま置物として表したにすぎない意匠などの著作物の例、エッフェル塔の形状をほとんどそのまま置物として表したにすぎない意匠などの建築物の例、公知の乗用自動車の形状をほとんどそのまま自動車おもちゃとして表したにすぎない意匠の例、公知の卓上電子計算機の形状をほとんどそのままチョコレートとして表したにすぎない意匠の例などが挙げられている。

　転用が問題となった裁判例を見てみよう。

判決例2-10　シール

知財高裁第1部　平成25年（行ケ）第10315号
（平成26年3月27日）（飯村敏明裁判長）
　商標公報掲載の引用商標からなる模様と実質的に同一であり、その模様に基づいて本願意匠を創作することは容易であると判断した。

【本願意匠】　意匠に係る物品を「シール」とする部分意匠

正面図

【引用商標】

◇裁判所の判断の要旨

　本願意匠は、略横長長方形のシールの正面左側の略正方形の枠の中に、上下を反対にした数字の「7」を2つ、欧文字の「Z」と見えるように並べ、そのほぼ真ん中に「∞」の記号を配置した模様からなる部分意匠である。本願意匠の略正方形の枠の中の模様は、引用商標からなる模様と実質的に同一であり、当業者が引用商標からなる模様に基づいて本願意匠を創作することは容易であると認められる。

考察

　本願意匠はシールの模様部分を部分意匠とするのに対して、公開商標公報記載の図形商標を引用された点で珍しい事案である。意匠審査では商標もサーチ範囲に入っていることが実感される。本願商標と引用文献の商標は実質的に同一と認定されているから、これが意匠法3条2項の創作容易性に該当することは疑問の余地がないであろう。

　本件のもう一つの論点として、意匠法3条2項にいう「公然知られた」の意義を、不特定人に知り得る状態になったことでは足りず、現実に知られている状態になったことを要するとした点にある。この解釈は意匠法3条2項の「公然知られた」についての通説的解釈と同じである。本件では引用文献である公開商標公報は実際にダウンロードされていたという事実が認定されている。なお、令和元年の改正意匠法では、意匠法3条2項に「頒布された刊行物に記載され、又は電気通信回線を通じて公衆に利用可能となった」という文言が加えられたので、ダウンロードの立証は不要であろう。

　以上のありふれた手法は、改訂審査基準に「主な」とあるように、ありふれた手法の全ての場合をカバーしたものではないことは審査の運用実態や裁判例に照らしてもいえるところである。この点は、本書の第2部第2章の裁判例を検討するなかで、さらに細かく見ていくことになる。

3－5　軽微な改変の例

　軽微な改変については、前の「**3－4　ありふれた手法の例**」の例の中でも、いくつか挙げたが、改訂意匠審査基準は、「**4.2.2　軽微な改変の例**」として、列記して説明している。

　それによれば、審査官は、出願意匠において、出願前に公知となった構成要素や具体的態様がありふれた手法などによりそのままあらわされているのではなく、それらの構成要素や具体的態様に改変が加えられた上であらわされている場合は、当該改変が、その意匠の属する分野における「軽微な改変」にすぎないものであるか否かを検討すること。その検討は、当該意匠の属する分野の創作の実態に照らして行う、とされている。

　そして、軽微な改変の例が挙げられている。

（ａ）角部及び縁部の単純な隅丸化又は面取り

（ｂ）模様等の単純な削除

（ｃ）色彩の単純な変更、区画ごとの単純な彩色、要求機能に基づく標準的な彩色

（ｄ）素材の単純な変更によって生じる形状等の変更

3－6　当業者の立場から見た意匠の着想の新しさや独創性

　改訂意匠審査基準では、「**3．創作非容易性の判断に係る基本的な考え方**」の中で、当業者の立場からみた意匠の着想の新しさや独創性が認められる場合には、その点についても考慮して判断する、としている。

　そして、「**4.3　当業者の立場から見た意匠の着想の新しさや独創性について**」の項で、審査官は出願された意匠の創作非容易性を検討する際、意匠全体が呈する美感や各部の態様等、意匠の視覚的な特徴として現れるものであって、独自の創意工夫に基づく当業者の立場からみた意匠の着想の新しさや独創性が認められる場合には、その点についても考慮する、としている。

　前に挙げた置換や寄せ集め等のありふれた手法が、創作非容易性の判断における否定的要素や要因であるとするなら、ここにいう〈着想の新しさや独創性〉は肯定的要素や要因であるということができる。改訂前の意匠審査基準には、このような肯定的な評価要素についての記載はなかった。ここにいう〈着想の新しさや独創性〉が基本判例である最高裁判決（**判決例２－１**「可撓性伸縮ホース」判決や**判決例２－２**「帽子」判決）に基づくことはいうまでもない

ことであろう。

　そして、この着想の新しさや独創性の内容として、意匠全体が呈する美感や意匠の視覚的特徴として現れるものが挙げられている。意匠の美感を評価要素として挙げているのは、第2章において紹介する美感を創作非容易性の評価要素として捉えている裁判例（**判決例2-16「貝吊り下げ具」判決など**）を踏まえたものと思われる。

3-7　ありふれた手法であることの提示

　改訂意匠審査基準では、「**5.2　当該分野においてありふれた手法等であることの提示**」として、審査官は意匠法第3条第2項の規定により拒絶の理由を通知する場合、原則、出願された意匠の創作の手法が、当該分野におけるありふれた手法や、軽微な改変などにすぎないものであることを示す具体的な事実を出願人に提示することが必要である、としている。

　審査の実際においては、意匠公報や特許公報などの公報類や雑誌等の公知文献において、複数の文献に記載されているような場合は、ありふれた例として引例される場合があるが、すくなくとも審査基準の内容としては、どのような提示の仕方をするのかまでは記載がない。また、引例として、ある形態要素に対して、他の形態要素を寄せ集める場合、あるいは置換する場合において、その寄せ集めや置換自体を示唆するような事実の提示まで必要かどうか、についての記載もない。今後の審査基準のさらなる充実化が期待されるところである。

　その手立ては、第2章で採り上げる判断基準を緻密化した裁判例ということになろう。

　なお、改訂審査基準は、その手法が当該分野においてありふれたものであることや、軽微な改変等にすぎないことが、審査官にとって顕著な事実と認められる場合、例えば、玩具の分野において、本物の自動車の形状等をほとんどそのまま自動車おもちゃの意匠に転用するという手法等の場合には、必ずしもその提示を要さない、とする。審査官にとって顕著な事実とは、いわゆる誰でも知っている事実ということであろう。

3-8　部分意匠の創作非容易性判断

　改訂意匠審査基準では、部分意匠の創作非容易性判断について、特に項を設

けていない。これまで説明したありふれた手法や軽微な改変などの創作非容易性について判断基準は、部分意匠についても適用があると考えてよい。

　ただ一箇所、改訂意匠審査基準の「**3. 創作非容易性の判断に係る基本的な考え方**」の中で、出願された意匠が、物品等の部分について意匠登録を受けようとするものである場合は、その創作非容易性の判断にあたり、「意匠登録を受けようとする部分」の形状、模様若しくは色彩又はこれらの結合や、用途及び機能を考慮するとともに、「意匠登録を受けようとする部分」を、当該物品等の全体の形状、模様若しくは色彩又はこれらの結合の中において、その位置、その大きさ、その範囲とすることが、当業者にとって容易であるか否かについても考慮して判断する、とされている。

　すなわち、部分意匠については、その部分意匠に係る部分の形態、物品としての用途及び機能、そして、いわゆる位置、大きさ及び範囲を判断対象とするということである。

第 2 章

裁判例に見る創作非容易性
判断の変遷と進化

1　審査における意匠法 3 条 2 項の運用実態と裁判の変遷

　第 2 部の冒頭の序で述べたように、改訂前の意匠審査基準は、審査における創作非容易性の運用を十分に反映しているとはいい難いものであった。改訂前意匠審査基準で、ありふれた手法の例として示されているものは、物品の部品として自立し、完結した形態の構成要素を、単純に置換したり、寄せ集めたりした例であった。これに対して、実際の審査においては、単純な置換や寄せ集めではなく、本願意匠の部分や要素と形態の同一性がなく、差異点があるものについて、その差異点の改変容易性が判断されている場合があった。さらに、置換や寄せ集めだけでなく、主引例に対して、副引例に示されている形態要素を適用して改変することの容易性が判断されている場合もあった。そこでは、引例を具体的形態そのものではなく、それから注出したある程度抽象的な構成や造形の手法を示す判断の基礎として、創作プロセスの容易性が判断されており、特許の進歩性判断に近い判断プロセスが採用されている場合も見受けられた。

　そのため、創作非容易性についての審決取消訴訟の判決例においては、そのような審査、そして審判での運用が色濃く反映されるとともに、それを争う出願人（審判請求人）側の主張も踏まえたうえで、審査での運用を肯定したと思われる傾向の判決例、審査の運用に一定の歯止めをかけたと思われる傾向の判決例、さらに、創作非容易性の判断基準を緻密化したと思われる判決例などがある。

そこでこの章では、そのような変遷にそって、創作非容易性についての判決例を紹介し、解説する。

2　創作非容易性を否定した判決例
──審査・審判での運用を肯定した傾向の判決例

判決例2-11　収納ケース

東京高裁第4部　平成15年（行ケ）第565号
（平成16年6月2日）（塚原朋一裁判長）

　引用意匠1の上段に見られる骨格形態をそのまま踏襲して、引き出しにつき、前面の態様を、引用意匠2の引き出し前面の態様と同様の態様に改変し、その他の部分をありふれた造形処理としたもので、創作容易であると判断した。

【本件登録意匠】　意匠に係る物品「収納ケース」

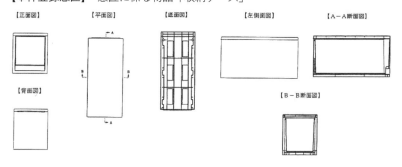

【正面図】　【平面図】　【底面図】　【左側面図】　【A－A断面図】

【背面図】　【B－B断面図】

【引き出しの正面図】

【引用意匠1】　意匠に係る物品「収納ケース」

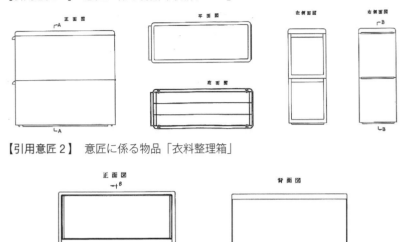

【引用意匠2】　意匠に係る物品「衣料整理箱」

◇審決の要旨

　本件登録意匠は、引用意匠1の上段に見られる骨格形態をそのまま踏襲して、引き出しにつき、前面の態様を、引用意匠2の引き出し前面の態様と同様の態様に改変し、その他に、ケース本体につき、単にありふれた造形処理により改変して、上面の態様を平坦面状とするとともに、稜部の態様をほとんど直角状に表れるものとした程度にすぎない。

◇原告の主張

　意匠審査基準（改訂前の意匠審査規準：筆者註）は、独立性の高い部分の置換や寄せ集めを示し、かつ、それを改変することは審査基準を逸脱するものである。

◇裁判所の判断の要旨

　そもそも、意匠審査基準は、特許庁における意匠登録出願審査事務の便宜と統一を図るために定められた目安にすぎない性質のものであり、法規としての効力を有するものではない上、意匠法3条2項に定められた創作容易性の判断に当たって、原告主張のような内容のものが必須の要件であると解すべき根拠はないので、審決の意匠法3条2項の解釈の誤りをいう原告の主張は、採用することができない。

　原告は、本件登録意匠と引用意匠とのコンセプトが相違することなどを主張

し、審決の意匠法3条2項の適用の誤りをいう。

　検討するに、ケース本体の上面を平坦面状とすること、及びケース本体の稜部をほとんど直角状に表れるものとすることは、四角箱状ケースの上面及び稜部の造形処理の常套手段であり、収納ケースの分野においても従前から採用されているありふれた造形処理であること、引き出しの前面の態様についても、引用意匠2の引き出し前面の態様が本件登録意匠の出願前に公然知られたものであることは、審決の認定するとおりである。

　そして、本件登録意匠の創作容易性の判断において、収納ケースの分野に限らず四角箱状ケースにおける造形処理の手法を参酌することは当然であるところ、上記ありふれた造形処理の手法を合成樹脂成形ケースの形態創作において採用することに格別の創作性があり創作困難であるとはいい難く、本件登録意匠は、ケース本体の上面につき、引用意匠1におけるケース本体の上面の態様を単にありふれた造形処理により改変して、上面全面を平坦面状とし、ケース本体の稜部の態様を単にありふれた造形処理により改変して、Rの程度をごく小さくし、ほとんど直角状に表れるものとした程度のものであり、また、引き出しについても、前面の態様を単に上記引用意匠2の引き出し前面の態様と同様の態様に改変した程度にすぎないものであるとの審決の認定も是認し得るものである。

　上記認定事実に照らせば、当業者であれば、上記の態様を組み合わせることについて格別の創意を要さず、容易に想到できるものであって、本件登録意匠は、出願前に公然知られた形状、模様若しくは色彩又はこれらの結合に基づいて容易に意匠の創作をすることができたものであるとした審決の判断は、是認し得るものである。そして、以上の説示に照らせば、たとえ、原告主張のように、本件登録意匠のコンセプトが、全体を直線的に処理し、コーナーのR（丸み）を排除し、突出を排除するというものであったとしても、本件登録意匠を容易に創作し得ないということはできない。

　意匠法3条2項の適用の誤りをいう原告の主張は、いずれも採用の限りではない。

考察

　改訂前の意匠審査基準においては、寄せ集めや置換の例について、その寄せ集めや置換の対象となる部分は、物品のパーツとして物理的にも機能的にも独

立性の高いと思われる部分を例示しており、かつ、それからの改変については明示されていなかった。原告はその点を主張して、審決批判を行った訳であるが、上記の通り、原告の主張は認められなかった。改訂後の意匠審査基準では、独立性の高い部分でない場合も例示されており（窓部を有する「包装用容器」の例）、意匠審査基準上ではこの問題は解消されたことになる。

　もっとも、本件の事案は、上記の審決が「引用意匠1の上段に見られる骨格形態をそのまま踏襲して、引き出しにつき、前面の態様を、引用意匠2の引き出し前面の態様と同様の態様に改変し」といっているように、置換というよりも、特許の進歩性のように、主引例に対して、副引例に示唆された構成を適用して改変した例というべきであろう。引例を具体的形態より幾分か抽象的に捉えた概括的構成と捉えており、本件は無効審判であるが、出願の審査においても同様の手法がよく採られている。その意味において、本判決は、審査、審判における創作非容易性の運用を肯定した事例ということもできよう。

判決例2-12　金属製ブラインドのルーバー

知財高裁第3部　平成19年（行ケ）第10385号
（平成20年4月24日）（飯村敏明裁判長）
　引用1の形状を外周壁の形状に採用し、引用2の形状を係止片の形状に採用して、本願意匠の全体の基本的構成態様を構成することに格別の創意工夫を要するものでないとした審決の判断を支持した。

【本願意匠】　意匠に係る物品「金属製ブラインドのルーバー」

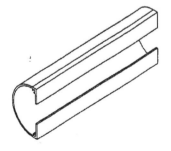

【引用1】「建築用目隠し材」　　【引用2】「外装目隠し材」

◇審決の要旨

　本願意匠は、外周壁の形状を出願前に公然知られた建築用目隠し材の外周壁の形状とし、開口端の上下両縁部に、同じく出願前に公然知られた外装目隠し材におけるリップ状係止片と同様の係止片を単に形成し、この種物品におけるありふれた技術的仕様であるタッピングホールを内奥部の上下両隅に配置したにすぎないものであることから、当業者であれば、格別の創意工夫を要することなく、公然知られた形状に基づいて容易に創作できたものと認められる。

◇裁判所の判断の要旨

（1）本願意匠の創作容易性について

⑴　本願意匠は、「一定の断面形状で長手方向に連続する薄板状のルーバー材」であって、ルーバー材本体の「外周壁」は、「正面側に向かって膨出する断面視略半円形状として背面側を開口させ、開口端の上下両縁部に突き当て面を同一垂直面に揃えた一対のリップ状係止片を形成」し、「リップ状係止片の突出幅を正面視上下幅の略1／3程度に設定」し、ルーバー材本体の「内奥部の上下両隅に微細な溝状のタッピングホール」を1個ずつ配置する構成態様のものであることが認められる。

⑵　そして、引用1、乙1（素形材のカタログ）、乙2（素形材のカタログ）によれば、本願意匠における「正面側に向かって膨出する断面視略半円形状」の外周壁の形状は、引用1の建築用目隠し材の意匠の外周壁の形状とほぼ同一であり、素形材の形状としては一般的なものであることが認められる。また、この種物品の外周壁の開口端に「一対のリップ状係止片」を形成することは、普通に行われており、その形状もありふれた一般的なものであること（引用2、乙2）、本願意匠のタッピングホールも、ありふれた一般的な形状のものであって、その配置態様も「内奥部の上下両隅」の目立たない部位に単に設けただけであることに照らすならば、当業者であれば、本願意匠は、公然知られた形状（引用1、2）に基づいて、容易に創作をすることができたものと認め

られる。

　したがって、審決が、引用1の形状を外周壁の形状に採用し、引用2の形状を係止片の形状に採用して、本願意匠の全体の基本的構成態様を構成することに格別の創意工夫を要するものでないとした判断は、是認することができる。

（2）原告の主張に対する判断

　原告は、引用1の外周壁の形状は、建築用目隠し材の「外周面の形状」であって、外周側からのみ視認することができ、他方の側からは見ることができないから、独立して存在している形状ではなく、意匠法3条2項に規定する「形状」に当たらないなどと主張する。しかし、引用1の建築用目隠し材を構成する「外周壁」の形状について、意匠法3条2項に規定する「形状」に当たらないとする理由はなく、原告の主張は、独自の見解であって採用の限りでない。

考察

　本件においても、創作非容易性の判断の基礎資料とされた引用例は、物品の独立した部分ではない。それは、もちろん視覚的に捉えられるが、観念的にある形状として取り出すことができる形象であるともいえる。そして、実際の審査においては、このように、引用例をもって、一定の形状やその構成要素を示すもの、あるいはそれを示唆するモチーフや判断材料として捉えて、それを組み合わせたり、他の引用例に適用したりすることの容易性を判断することはよく行われている。

　また、本件では、創作非容易性を、意匠の基本的構成態様レベルで判断している点も注目すべきであると思われる。これは造形の基本的な組み立て方のレベルで創作性が判断されているということである。枝葉末節よりも骨格的構成における創作の難易ということが、創作非容易性判断に与える影響が大きいのは当然であるといえよう。

　もっとも、個別ケースとしての本件では、判決には明示されていないが、本願意匠はその基本的構成態様を具体的態様に落とし込むレベルでは、格別の創意性はないと判断されたと思われる。

判決例2-13　マイクロニードルパッチ

知財高裁第4部　平成27年（行ケ）第10047号
（平成27年7月16日）（富田善範裁判長）

　本願意匠は、複数の引用例に示された公知の形態を当業者にとってありふれた手法により組み合わせたものにすぎず、それら公知の形態に基づいて容易に創作をすることができたものと判断した。

【本願意匠】　意匠に係る物品「マイクロニードルパッチ」

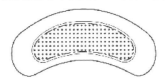

　※マイクロニードルパッチとは、薬剤又は化粧剤を効果的に人体に供給する物品であり、基板、基板上の多数のマイクロニードル及び粘着剤シート（高分子フィルム）から構成されており、皮膚に貼付しマイクロニードルを皮膚に刺入すると、含有されていた薬剤又は化粧剤が体内に吸収されるものである（意匠に係る物品の説明より）。

◇審決の要旨

（1）本願意匠の形態

　（A）全体をシート状とした略曲玉形状であり、

　（B）裏面内側中央部に全体の輪郭形状より一回り小さな略相似形の効能部材であるマイクロニードル部を設け、

　（C）マイクロニードル部周辺の残余の裏面縁部を接着領域とし、左右の接着領域の幅を上下の接着領域の幅よりやや幅広としたものであって、

　そのうちの（B）のマイクロニードル部の外縁部を除いた略曲玉形状の内側部分を除いた、残余の部分（以下「本願部分」という。）。

（2）公知の形態

　マイクロニードルパッチを含む理美容用品の分野において、顔面に貼るシートについては、以下の各形状は、いずれも本願の出願前に公然知られた形態である。

（ア）形態A

全体の態様を、目、鼻、口、耳等に近接した箇所に貼る形状として、その全体形状を略曲玉形状にすること。

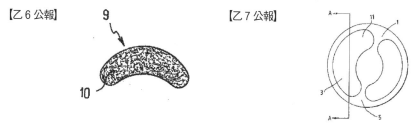

【乙6公報】　　　　　　　　　　　【乙7公報】

（イ）形態B

効能部材を、全体の中央部にその輪郭形状と略相似形状に設けること。

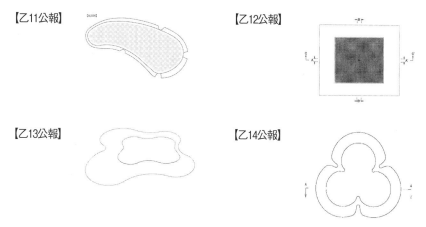

【乙11公報】　　　　　　　　　　【乙12公報】

【乙13公報】　　　　　　　　　　【乙14公報】

（ウ）形態C

接着領域を、効能部材の周囲に上下左右等幅にせず、はがれやすい方向を幅広にしたり、接着領域を狭くして効能部材を広く行き渡るように設けること。

【乙11公報】、【乙13公報】。

◇原告の主張

本願意匠の認定については、「鼻翼や口元に近く貼付するため基板の形状を定め、粘着剤シートの粘着部の鼻翼や口元に近い部分を狭くし、左右を広げた形状」である点が認定されるべきと主張した。

創作容易性判断については、本願意匠と各引用意匠とは、意匠創作の課題、機能、構造を異にするものであるから、そもそも各引用意匠を組み合わせる動

機付けがないし、また、各引用意匠をいかように組み合わせても本願意匠を創作することはできない、と主張した。

◇被告（特許庁）の反論

　創作容易性の判断において、基礎となる判断材料は、当該出願意匠と直接的な対比のみを行うためのものばかりではなく、当該出願意匠の着想の新しさや構成要素ごとの斬新さの有無を問うための判断材料としても提示されているものである。したがって、本願の出願前に公知の意匠の、意匠に係る物品や各部位の構成等について本願意匠と比較して相違するところがあるとしても、そのことが直ちに創作容易性を問うための判断材料として不適格ということにはならない。

◇裁判所の判断の要旨

（1）本願意匠の構成の認定について

　原告は、本願意匠の構成として、「鼻翼や口元に近く貼付するため基板の形状を定め、粘着剤シートの粘着部の鼻翼や口元に近い部分を狭くし、左右を広げた形状」である点が認定されるべきである旨主張するが、…本願意匠に係る物品は、薬剤又は化粧剤を経皮吸収させる「マイクロニードルパッチ」であり、その使用部位は顔面の特定の部位に限られないものである…本願意匠に係る物品の使用部位が顔面の特定の部位に限られるものであることを前提に本願意匠の構成を認定すべきであるとする点は理由がない。

（2）創作容易性について

（2-1）公知形態の認定について

　ア　形態A

　上記乙6公報、乙7公報。

【乙2公報】

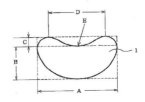

　上記各文献の記載によれば、理美容用品の分野において、顔面の目や口に近接した箇所に貼付するシートの形状を略曲玉形状とすることは、本願の出願前に公知の形態であったものと認められる。

　イ　形態B

　上記乙11公報、乙12公報、乙13公報、乙14公報。

　上記各文献の記載によれば、理美容用品である美容成分や薬剤を皮膚内に浸透させるパック用シート（貼付剤）において、効能部材を全体の中央部分内側に、全体の輪郭形状と略相似形状に設けることは、本願の出願前に公知の形態であったものと認められる。

　ウ　形態C

　上記乙11公報、乙13公報。

【乙1公報】

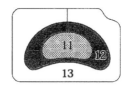

　上記各文献の記載によれば、理美容用品であるパック用シート（貼付剤）において、接着領域を、効能部材の周辺部に等幅に設けるのではなく、ある部分では狭くし（面積を小さくし）、他の部分では幅広にする（面積を大きくする）ことは、本願の出願前に公知の形態であったものと認められる。

（2-2）創作容易性について

　i　理美容用品の分野において、顔面の目や口に近接した箇所に貼付するシートの形状を略曲玉形状とすることは、本願の出願前に公知の形態であったものと認められ、また、理美容用品の分野において、美容成分や薬剤を皮膚内に浸透させるため、効能部材を全体の中央部分内側に、全体の輪郭形状と略相似形状に設けることも、本願の出願前に公知の形態であったものと認められる。さらに、パック用シート（貼付剤）において、接着領域を、効能部材の周辺部に等幅に設けるのではなく、ある部分では狭くし（面積を小さくし）、他の部分では幅広にする（面積を大きくする）ことも、本願の出願前に公知の形態であったものと認められる。これら公知の形態は、いずれも、顔面の美容成分や薬剤を浸透させたい箇所に貼付するパック用シート（貼付剤）についてのものであるから、本願意匠に係る物品の属する理美容用品であるパック用シートの分野の当業者において、これら公知の形態を組み合わせることは容易であると認められる。

　そして、本願意匠の形態は、全体を公知の形態である略曲玉形状のシートと

し（形態Ａ）、シート裏面内側中央部に全体の輪郭形状と略相似形状のマイク
ロニードル部（効能部材）を設け（形態Ｂ）、略曲玉形状のシート全体のうち
マイクロニードル部を除いた残余の裏面縁部を接着領域とし、この際、本願の
願書に添付された 図面（底面図）における下側及び上側の接着領域の幅より、
左側及び右側の幅をやや広げた形状とした（形態Ｃ）ものであり、下側の接着
領域の幅と上側の接着領域の幅との比率をおおむね 1 対 2、下側の接着領域の
幅と左右の接着領域の幅との比率をおおむね 1 対 3 程度とした点も、他の公知
の意匠にも見られるありふれた比率にすぎないものである。

　したがって、本願意匠は、前記公知の形態を当業者にとってありふれた手法
により組み合わせたものにすぎず、前記公知の形態に基づいて容易に創作をす
ることができたものであるというべきである。

　ⅱ　原告は、各引用意匠のいずれにも、「粘着剤シートの粘着部について、
ほうれい線の形状に合わせて鼻翼や口元に近い部分は幅を狭くし、粘着力を補
うため左右部分と遠い部分は幅広くする」というモチーフは、記載も示唆もさ
れていないから、本願意匠は、引用意匠をもとに容易に創作できたものではな
い旨主張する。

　しかしながら、意匠法 3 条 2 項は、物品との関係を離れた抽象的なモチーフ
として日本国内において広く知られた形状、模様若しくは色彩又はこれらの結
合を基準として、それから当業者が容易に創作することができる意匠でないこ
とを登録要件としたものであって、そこでは、物品の同一又は類似という制限
をはずし、社会的に広く知られたモチーフを基準として、当業者の立場から見
た意匠の着想の新しさないし独創性を問題とするものであるから、本願意匠の
創作容易性の判断資料は、本願意匠に係る物品である「マイクロニードルパッ
チ」と同一又は類似の物品に係るものに限られず、「ほうれい線」対策という
特定の使用部位に関する物品に係るものにも限られない。また、そもそも、本
願意匠に係る物品は、薬剤又は化粧剤を経皮吸収させる「マイクロニードルパ
ッチ」であり、その使用部位は顔面の特定の部位に限られないものであるか
ら、「ほうれい線」対策という特定の使用部位に関するモチーフをもって本願
意匠の創作容易性を判断しなければならないものでもない。

考察

　本件では、裁判所は、本願意匠が公知形態のＡないしＣをありふれた手法に

より組み合わせたにすぎないものとしている。しかし、公知形態のAないしC
として挙げられた資料を見ればわかるように、公知の具体的形態をそのまま組
み合わせたようなものではない。すなわち、公知形態Bとされたものは、パッ
ク用シート（貼付剤）において効能部材を全体の中央部分内側に、全体の輪郭
形状と略相似形状に設けることであり、また、公知形態Cとされたものは、パ
ック用シート（貼付剤）において、接着領域を、効能部材の周辺部に等幅に設
けるのではなく、ある部分では狭くし（面積を小さくし）、他の部分では幅広
にする（面積を大きくする）ことであって、いずれも造形の手法あるいは方法
というべきものであり、いわば思想的なプロセスに近い。そして、これを形態
の構成として捉えたとしても、具体的態様そのものではなく、一定の抽象度を
もった骨格的構成ないしは基本的構成ともいうべきものである。この点に関し
て、審決は「創作容易性の判断において、基礎となる判断材料は、当該出願意
匠と直接的な対比のみを行うためのものばかりではなく、当該出願意匠の着想
の新しさや構成要素ごとの斬新さの有無を問うための判断材料としても提示さ
れているものである」といっている。このような考え方は、意匠の創作のプロ
セスを問題にする創作非容易性の判断に特有の考え方であり、手法であるとい
える。この判断手法は、判断が抽象的になり易いという面があり、判断の客観
性や妥当性をどこで担保するのかという問題がありえるが、その点について
は、本章の次の「**3　創作非容易性の判断プロセスの問題点**」などにおいて別
途検討する。

　いずれにしても、意匠法3条2項の審査や審判の実務では、上記のような、
本願意匠の構成（要素）とは必ずしも直接的の対比関係にないような多数の引
例を挙げて、本願意匠の思想的な創作の容易性を根拠付けるような手法が散見
される。本件もそのようなケースに該当すると思われるが、この審査実務の傾
向や考え方に対して、本判決では、特許庁（審判官）と裁判所の考え方が示さ
れている点で大変に参考になるといえよう。

判決例2-14　道路用防獣さく

知財高裁第4部　平成17年（行ケ）第10392号
（平成17年8月25日）（塚原朋一裁判長）

　線格子フェンスの下端部に横線材を適宜増設する等のことは、引例に示されるように周知の手法であるのみならず、フェンス下方からの小動物の侵入を防ぐという防獣さくの本来の目的から当然考えつくことでもあるから、創作容易とした審決の判断を支持した。

【本件登録意匠】　意匠に係る物品「道路用防獣さく」

正面図

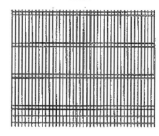

【甲1】　「フェンス」

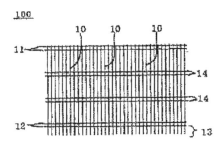
【図3】

【甲3の1】「フェンス」

【甲3の2】「フェンス」

【甲3の3】「フェンス」

◇審決の要旨

　「本件登録意匠…の概略は、(イ)縦線材と横線材を竪繁格子状に形成し、全体の縦辺対横辺の長さを略4：5とした横長のフェンスであって、(ロ)多数の縦線材を幅狭かつ等間隔で垂直に配列し、横線材は、縦線材と同間隔で2本1組としたものを、縦線材の配列の上端より下端近くまで等間隔で水平に4段配列し、(ハ)最下段の2本1組の横線材の下方に2本の横線材を等間隔に配設し、(ニ)縦線材の上下端を横線材よりわずかに突出させ、横線材の左右端を縦線材と揃えた態様のものである。」

　審決は、本件登録意匠の態様(イ)(ロ)(ニ)につき、次のとおり判断した。

　「(イ)の態様に見るべき創作性は認められない。…(ロ)…この態様に格別の創作性を認めることはできない。…(ニ)…この態様にも特別の創意は認められない。」

　審決は、本件登録意匠の態様(ハ)につき、次のとおり判断した。

　「(ハ)の最下段の2本1組の横線材の下方に2本の横線材を等間隔に配設した

態様については、線格子フェンスの下端部に横線材を適宜増設する等のことは、甲3の1ないし3に示されるように周知の手法であるのみならず、フェンス下方からの小動物の侵入を防ぐという防獣さくの本来の目的から当然考えつくことでもあるから、この点に格別の創作性を認めることはできない。」

「結局、…(イ)～(ニ)の態様はいずれも格別評価すべき創作性ある態様とは認められず、また、それらはいずれも本件登録意匠と同一の分野に属する公知の態様であるから、これらを組み合わせて本件登録意匠の態様とすることも当業者であれば容易になし得ることであると認められる。」

◇裁判所の判断の要旨

1　原告らは、審決の(イ)、(ロ)、(ニ)の判断を争わない。その上で、(ハ)「最下段の2本1組の横線材の下方に2本の横線材を等間隔に配設し、」との点に格別の創作性を認められないとした審決の判断を争っている。

2　そこで、本件登録意匠の上記態様(ハ)の点に関する審決の判断を検討する。

「(ハ)の最下段の2本1組の横線材の下方に2本の横線材を等間隔に配設した態様については、線格子フェンスの下端部に横線材を適宜増設する等のことは、甲3の1ないし3に示されるように周知の手法であるのみならず、フェンス下方からの小動物の侵入を防ぐという防獣さくの本来の目的から当然考えつくことでもあるから、この点に格別の創作性を認めることはできない。」とした審決の判断は是認し得る。

そうである以上、本件登録意匠全体について、当業者であれば容易になし得ることであると認められるとした審決の判断も是認することができる。

3　上記のように判断した理由につき、原告らが審決取消事由として主張する点に沿って、補足説明をしておく。

(1)　原告らは、審決が「線格子フェンスの下端部に横線材を適宜増設する等のことは甲3に示されるように周知の手法である。」と説示した点を非難する。

検討するに、甲1の図3には、多数の縦線材を幅狭かつ等間隔で垂直に配列し、横線材は、縦線材と同間隔で2本1組としたものを、縦線材の配列の上端より下端近くまで等間隔で水平に4段配列し、その最下段の2本1組の横線材から更に下方に縦線材が突出した自由端が設けられた態様が示されている。そして、甲3の1ないし3によれば、線格子フェンスの下端部に横線材を適宜増設することは周知の手法であると認められる。そうすると、甲1の図3のようにフェンスの縦線材が突出した自由端に2本の横線材を等間隔に配設すること

には、意匠として格別の創作性は認められないというべきであり、原告らの主張は、採用することができない。

(2)　原告らは、審決が「フェンス下方からの小動物の侵入を防ぐという防獣さくの本来の目的から当然考えつくものである」と説示した点を非難する。

検討するに、甲1の図3に示されたフェンスの形態が本件登録意匠の出願前において公知であったことは、原告らも認めている。その形状と同様の形態の防獣フェンスが本件登録意匠の出願前において存在したこともまた原告らが認めるところである。そうすると、当業者は、本件登録意匠の出願時において、甲1の図3や甲11の図2のフェンスの形態を見るならば、突出した自由端部分が地中に埋設されるものであり、これによって地面を掘ることのできる動物がフェンス内へ侵入できないようにしてあるものと理解することができるものというべきである。そうすると、当業者にとっては、地面を掘ることのできる動物の種類や習性等を考慮して、そのフェンス内への侵入をより確実に阻止するために、自由端部分の長さを適宜延長した形態とし、その場合に、補強や保形の必要性や、小禽獣の侵入防止目的により横線材の間隔を詰めることなども考慮して、下方突出部（突出した自由端部分）に横線材を適宜増設して、本件登録意匠のようにすることは、当然に考えつくことであると認められる。

したがって、審決の説示は是認し得るものであって、原告らの非難は当たらない。

考察

本判決は、登録無効審判の成立審決に対する取消訴訟の判決である。創作非容易性の判断については、審決の判断を支持した。その内容は前記のとおりであるが、本件登録意匠は、甲1に示されたフェンスの基本的構成ともいうべき全体的構成をベースとして、これに甲3の1ないし3に見られる下部に2本の横線材を配するという周知の手法を適用したにすぎないとされた。また、そのような付加的改変は、フェンス下方からの小動物の侵入を防ぐという防獣さくの本来の目的から当然考えつくとして、物品の目的や機能面での想到容易性も加味している。審決では、各態様の「組み合わせ」が容易である旨を述べているが、ここでの組み合わせは、意匠審査規準が例示しているような意匠の部分同士を組み合わせたものとはやや異なる。いうなれば、全体構成を示す主引例に対する周知の手法に基づく付加的改変ということができ、創作プロセスや方

法の容易性を判断するという意味において、このような判断も創作非容易性判断の典型的なパターンの1つといえよう。

判決例2-15　包装容器

知財高裁第4部　平成25年（行ケ）第10160号
（平成25年11月14日）（富田善範裁判長）
　本願意匠は、引用意匠1に対して、引用意匠2に示された手法を適用することにより、容易に創作しえた意匠であると判断した。

【引用意匠1】

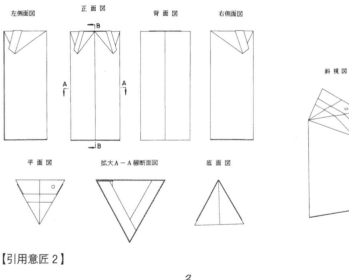

【引用意匠2】

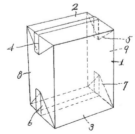

◆**審決の要旨**

（1）本願意匠は、引用意匠1及び引用意匠2に基づいて、当業者が容易に創作をすることができたものであるから、意匠法3条2項に掲げる意匠に該当する。

（2）本願意匠の形態

　ア　基本的構成態様

　帯状包装材料の長手方向左右両縁部を縦長方向に接着して、筒状に成形し、当該材料横断方向に容器1個分の間隔でシールして切断し、得られた枕状の包装体のフラップ及びフィンを上面、底面及び周面で折り込んで、表面の熱融着性樹脂層同士を接着した、上下対称形状に形成した包装容器であって、全体形状が、略正三角柱のものである。

　イ　具体的態様

　縦長方向のシール部が背面側にくるようにした、水平断面形状が略正三角形の柱状で、容器上側にて周面余剰部を折り込んで、横断方向シール部幅一杯の垂直なフィン部、略正三角形の容器上面、及び上下二重になった平面視直角三角形状の左右フラップ部を形成し、そして、垂直なフィン部を後側に倒した上で、左右フラップ部を前側周面へと垂れ下がるように折り曲げたもので、容器下側も同様に、周面余剰部を折り込んで、横断方向シール部幅一杯の垂直なフィン部、略正三角形の容器下面、及び上下二重になった平面視直角三角形状の左右フラップ部を形成し、そして、垂直なフィン部を後側に倒した上で、左右フラップ部を前側周面へと立ち上がるように折り曲げたものである。

◆**裁判所の判断の要旨**

（1）取消事由1（本願意匠並びに引用意匠1及び2との対比の看過）について

　原告は、本願意匠と引用意匠1との一致点及び相違点をそれぞれ明らかにすることなく、本願意匠の創作非容易性を判断した本件審決は、その判断手法自体に結論に影響を及ぼす重大な誤りがあると主張する。

　しかし、「意匠」とは、物品の形状、模様若しくは色彩又はこれらの結合であって、視覚を通じて美感を起こさせるものをいい（意匠法2条1項）、意匠法3条2項の創作非容易性の判断においては、出願意匠の全体構成によって生じる美感について、公知意匠の内容、出願意匠と公知意匠の属する分野の関連性等を総合考慮して判断すべきである。したがって、同項の判断に当たって

は、必ずしも出願意匠と公知意匠との一致点及び相違点を詳細に認定する必要はない。

（2）取消事由2（創作非容易性の判断の誤り）について

引用意匠1の上部の垂直なフィン部を後側に倒した上で、左右フラップ部を前側周面へと垂れ下がるように折り曲げた形態について、これを容器の上部の形態と下部の形態とを上下対称とすることは、引用意匠2にも見られる周知の形態であるから、当業者が引用意匠1につき、引用意匠2の上下対称の形態を採用した場合、下部の形態についても上下対称とすることは容易であり、当業者の立場から見て意匠の着想の新しさないし独創性があるとはいえない。したがって、当業者が容易に創作することができるものということができる。

ア　原告は、…引用意匠2は断面四角形の柱状であるので、前側方に折り曲げられたフィンとフラップを上下対称にすることを示唆しないのみならず、…フィンとフラップを前側方に折り曲げるものではないから、引用意匠2を正面から見た場合、横側方に折り曲げられたフィンとフラップは全く見えず、本願意匠の意匠的効果を全く奏しないなどと主張する。しかしながら、引用意匠1に引用意匠2の「上下対称の形態」を採用すれば、引用意匠1のその態様を上下対称にする形態となる。

また、引用意匠2は意匠の構成としては、上下対称であることにあり、これに基づいて、引用意匠1のフィンとフラップを上下対称とすることは、引用意匠2に基づいて、当業者が容易に創作することができるのであり、創作非容易性の観点からは、本願意匠と意匠的効果が異なることが、創作非容易性の判断に影響することはない。

イ　本願意匠の創作非容易性の判断は、引用意匠1及び2に基づいて当業者が容易に創作することができたか否かの観点から決せられるべきであって、生産技術が異なることをもって、直ちに当該形態が容易に創作することができないと判断することは相当ではない。

（3）よって、本願意匠は、引用意匠1及び2に基づいて、当業者が容易に創作し得るものというべきであるから、本件審決の認定及び判断は相当であって、取り消すべき違法はない。

考察

本願意匠は判決文に図面が掲載されていないので不明であるが、審決が認定

した本願意匠の形態を特定した文章を読むと、全体形状が正三角柱状の容器であって、包装体のフラップ及びフィンを折りたたんだものである点で引用意匠1と共通する意匠であると思われる。

　本件の創作非容易性の判断は、判決文にあるように、「引用意匠1の上部の垂直なフィン部を後側に倒した上で、左右フラップ部を前側周面へと垂れ下がるように折り曲げた形態について、これを容器の上部の形態と下部の形態とを上下対称とすることは、引用意匠2にも見られる周知の形態であるから、当業者が引用意匠1につき、引用意匠2の上下対称の形態を採用した場合、下部の形態についても上下対称とすることは容易」であるということにあり、引用意匠1に引用意匠2に示されたありふれた手法を適用することによって、本願意匠を容易に実現できるということである。

　意匠法3条2項についての判例としては、意匠の構成要素を具体的態様レベルで厳密に特定して、創作容易のハードルを緩和する方向の判決（例えば、**判決例2-16**の「貝吊り下げ具」判決など）と、特許庁の審査・審判によくみられるように意匠の構成要素を抽象的・思想的にみて、創作容易のハードルを比較的高めに判断する方向の判決（例えば、**判決例2-11**の「収納ケース」判決など）があるが、本判決は後者に分類されると思われる。それは、判決文において、創作非容易性の「判断に当たっては、必ずしも出願意匠と公知意匠との一致点及び相違点を詳細に認定する必要はない」旨を説示している点や、意匠的効果が異なることが創作非容易性の判断に影響することはない旨を説示している点にも表れているといえよう。また、原告は、生産技術の面で、本願意匠は枕状から形成する包装システムの容器の意匠であるのに対して、引用意匠1はブランクから形成する包装システムの容器の意匠である点の代替困難性を主張した。これは見方によれば、阻害要因となるかどうかに関わるかもしれないが、審決も判決もそのような生産技術上の違いがあっても創作容易であるとした。そのような意味においても、本件における創作非容易性のハードルは必ずしも低いとはいえないであろう。

3　創作非容易性の判断プロセスの問題点
──特許の進歩性の判断基準との比較

　特許庁の創作非容易性に関する審査においては、前掲の**判決例2-13**「マイクロニードルパッチ」判決のように、引用例は、出願意匠と直接的な対比のみを行うためのものばかりではなく、当該出願意匠の着想の新しさや構成要素ごとの斬新さの有無を問うための判断材料として扱われ、多数の引例に基づいて、創作容易と判断されるケースがよく見られる。

　その場合、創作非容易性について、ラフな判断がなされないようにするための客観的な判断基準や、判断の行き過ぎに対する歯止めはあるのか、ということが問題となり得る。

　そこで、参考のために、特許における進歩性の判断基準を見てみよう。

〈特許の進歩性についての審査基準〉

（特許審査基準・第Ⅲ部第2章第2節進歩性）

　進歩性の判断については、進歩性が否定される方向に働く諸事実及び進歩性が肯定される方向に働く諸事実を総合的に評価することが必要とされている。

〈進歩性が否定される方向に働く要素〉

主引用発明に副引用発明を適用する**動機付け**

（1）技術分野の関連性

（2）課題の共通性

（3）作用・機能の共通性

（4）引用発明の内容中の**示唆**

　　・主引用発明からの設計変更等

　　・先行技術の単なる**寄せ集め**

〈進歩性が肯定される方向に働く要素〉

　　・有利な効果

　　・阻害要因

　　　例：副引用発明が主引用発明に適用されると、主引用発明がその目的に
　　　　反するものとなるような場合

改訂前の意匠審査基準には、創作非容易性を肯定する要素については言及が

なかったが、令和 2 年の改訂後の意匠審査基準においては、既に検討したように、「**4.3　当業者の立場から見た意匠の着想の新しさや独創性について**」の項で、独自の創意工夫に基づく当業者の立場からみた意匠の着想の新しさや独創性が認められる場合には、その点についても考慮する、としており、これは創作非容易性の肯定的要素ということができる。そして、その内容として、意匠全体が呈する美感や各部の態様等、意匠の視覚的な特徴として現れるものを挙げている。これは、特許の審査基準における〈進歩性が肯定される方向に働く要素〉中の「有利な効果」に相当すると考えることができる。改訂意匠審査基準におけるこのような肯定的要素についての導入に先だって、裁判例においては、創作非容易性の判断において、美感を評価した例がある。そのような裁判例を次に見てゆくことになる。

　他方、否定的要素については、特許の進歩性判断では動機付けや示唆などの創作的契機についてよく判断されるが、意匠審査基準には、動機付けや示唆という用語及び概念は出てこない。それはすなわち、特許の保護対象は、技術的思想であり、創作評価も創作の思想的プロセスを問題にしやすいが、意匠の保護対象は物品等の形状等であり、思想ではないところから、そのような用語及び概念は使い難いのかもしれない。しかし、意匠、言い換えれば、デザインの創作は、結果物は形象であっても、創作のプロセスはすぐれて思想的なプロセスであり、そのプロセスの解明をさらに進めねばならないであろう。そして、裁判例には、既に意匠の創作非容易性の判断において、動機付けや示唆といった用語及び概念を使って、判断を緻密化した例が出てきている。そこで、そのような裁判例についても次に見てゆくこととする。

4　美感等を重視して創作非容易性を肯定した判決例
──審査・審判の運用に歯止めをかけた傾向の判決例

> **判決例2-16　貝吊り下げ具**
>
> **知財高裁第3部　平成19年（行ケ）第10078号**
> **（平成19年6月13日）（飯村敏明裁判長）**
> 　個々の構成態様がありふれているものであっても、全体として特定の態様とした点に意匠の特徴があり、その特徴を選択することは、当業者が容易に創作し得たとはいえないと判断した。

【本願意匠】

意匠に係る物品「貝吊り下げ具」

【例示意匠1】

「貝吊り下げ具」

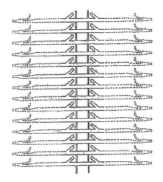

【例示意匠 2】「貝吊り下げ具」

図 2

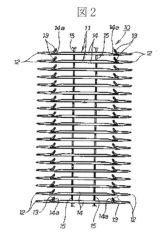

図 7

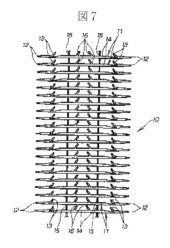

◇審決の要旨

　本願意匠は、貝の養殖に使用する貝吊り下げ具に係るものであり、意匠登録を受けようとする部分の形態は、ピンの左右両端寄りから斜め上側で左右対称状に向かい合う一対の小突起をロープ止め突起として、その間の背面に左右対称状に 2 本の連結紐を一体形成したものを上下等間隔に多数連結した態様のものである。

　本願意匠の出願前に、この種物品分野において、貝の養殖に使用するピンに斜め上側で左右対称状に向かい合う一対のロープ止め突起を形成した態様のものは、例を挙げるまでもなく多数知られ、ピンをロープ止め突起相互の間の連結紐と一体状に形成して上下等間隔に多数連結することは例示意匠 1 の意匠等が公然知られている。そして、ピンを 2 本一対の細長い連結紐により上下等間隔に多数連結した態様は例示意匠 2 の各意匠のほかにも多数知られるから、例示意匠 1 の連結線を単に例示意匠 2 のように 2 本一対のものに置き換えて表すことは容易に想到できると言える。

◇裁判所の判断の要旨

　例示意匠 1 と例示意匠 2 とを組み合わせて、本願意匠を容易に創作することができたといえるかどうかについて検討する。

ア　例示意匠 1 と例示意匠 2 の図 2 に基づく創作容易性について

　本願意匠は、一対のロープ止め突起の内側直近に左右対称状に 2 本の連結紐

を一体形成したものを上下等間隔に多数連結し、これによりそれぞれの連結紐とロープ止め突起との間にほぼ三角形状の空間を形成するとともに、2本の連結紐の間隔を広くして2本の連結紐と上下のピンの間にロープを配置できる広さを有する横長長方形状の空間を形成しているために、中央に配置された横長長方形状、及びこれを挟むように対向配置された一対の三角形状は、ともに空間を形成している点に特徴がある。これに対して、例示意匠1は、ロープ止め突起の間に一枚のテープ状薄片のみを配設しているため、中央部には、長方形状の空間を形成していない点で大きく異なる。

　また、例示意匠2の図2には、棒状の軸部を多数平行に配設し、その間に左右対称状に一対の連結線を一体形成したものを上下等間隔に多数連結しているため、棒状の軸部と一対の連結線により横長長方形の空間が形成されている。しかし、例示意匠2の図2には、ロープ止め突起が設けられていないので、横長長方形状と対向配置された一対の三角形状の空間が形成されていない点、横長長方形状も、本願意匠においては、おおむね5対7であるのに対して、例示意匠2の図2においては、おおむね3対10である点で、本願意匠と例示意匠2の図2の全体の印象は、やはり大きく異なる。

　ところで、そもそも、樹脂等で形成された棒状の軸部を連結する場合に、連結部の形状をどのようにするか、どのような部材を用いるか、一つとするか複数とするか、仮に連結紐を選択したとしても、その間隔をどのようにするか、他の部材（ロープ止め突起等）との配置関係をどのようにするかについては、機能面からの制約を考慮したとしてもなお、様々な意匠を選択する余地があるといえる。

　そうすると、本願意匠と例示意匠1との相違点である「連結のための一枚のテープ状薄片」を、例示意匠2の図2の2本の連結紐に置き換えることによって、本願意匠の特徴である「2本の連結紐をロープ止め突起近くに配設し、その結果それぞれの連結紐とロープ止め突起との間にほぼ三角形に空間を形成すると共に、2本の連結紐の間隔を広くして2本の連結紐と上下のピンの間にロープを配置できる広さを有する横長長方形空間を形成すること」は、当業者において容易に創作し得たということはできない。

イ　例示意匠1と例示意匠2の図7に基づく創作容易性について

　例示意匠2の図7には、2本の連結線は、それぞれロープ抜け止め片の外側に配設され、一対のロープ抜け止め片の間に配設されていない点、横長長方形

状と対向配置された一対の三角形状の空間が形成されていない点で大きく異なる。

　そうすると、本願意匠と例示意匠1との相違点である「連結のための一枚のテープ状薄片」を、例示意匠2の図7の2本の連結紐を配設することによって、本願意匠の特徴である「2本の連結紐をロープ止め突起内側直近に配設し、それぞれの連結紐とロープ止め突起との間にほぼ三角形に空間を形成すると共に、2本の連結紐の間隔を広くして2本の連結紐と上下のピンの間にロープを配置できる広さを有する横長長方形空間を形成すること」は、当業者にとって容易に創作し得たということはできない。

ウ　被告の主張するその他の創作容易性について

　被告は、①細長い棒状のピンの中央部の上側に左右対称状に向かい合う一対の小突起をロープ止め突起として形成した態様のものが多数見られること、②連結紐を2本一対として一体状に形成することも普通に行われること、③2本の連結紐の間隔を適宜変更して形成することはありふれた手法であることを理由に、連結紐部分を2本一対の連結紐に置き換えることは容易であるから、本願意匠も、当業者にとって容易に創作できたと主張する。

　しかし、本願意匠のうち個々の構成態様が、ありふれているものであっても、本願意匠は、2本の連結紐をロープ止め突起近くに配設し、その結果それぞれの連結紐とロープ止め突起との間にほぼ三角形に空間を形成すると共に、2本の連結紐の間隔を広くして2本の連結紐と上下のピンの間にロープを配置できる広さを有する横長長方形空間を形成したものであって、その全体の印象として、特有のまとまり感のある、本願意匠の特徴を選択することは、当業者が容易に創作し得たとはいえないから、被告の上記主張は理由がない。

　もっとも、本願意匠は、例示意匠1、例示意匠2やその他の公知意匠との相違点に照らすと、その登録意匠の範囲（意匠法24条）は、広範なものとはいえないと考えられる。

エ　以上のとおり、本願意匠は、例示意匠1及び例示意匠2によって当業者が容易に創作することができたということはできない。

考察

　本件の審決における創作非容易性の判断においては、例示意匠1の連結線（テープ状薄片）を例示意匠2の2本一対の連結紐に置き換えるのは容易であ

るとしている。しかし、例示意匠2の2本一対の連結紐と本願意匠の2本一対の連結紐では、厳密にはその位置関係が異なっている。したがって、審決がいう置き換え容易とは、いわば基本的構成態様レベルのそれであって、それが包摂する具体的態様には選択の範囲があることになる（判決は、様々な意匠を選択する余地があるとしている）。裁判所はこの点を捉えて、「一対のロープ止め突起の内側直近に左右対称状に2本の連結紐を一体形成したものを上下等間隔に多数連結し、これによりそれぞれの連結紐とロープ止め突起との間にほぼ三角形状の空間を形成するとともに、2本の連結紐の間隔を広くして2本の連結紐と上下のピンの間にロープを配置できる広さを有する横長長方形状の空間を形成しているために、中央に配置された横長長方形、及びこれを挟むように対向配置された一対の三角形状は、ともに空間を形成している点」を意匠の特徴として評価したものであり、いわば、具体的態様レベルでの特定の形態選択に創作的価値を認めたものといえる。

　審決の判断を、改訂後の現行の意匠審査基準にならっていえば、具体的態様レベルでの置き換えに加えて、微細な改変を施したにすぎないということになるが、裁判所はそのようには判断しなかったということである。

　審決のように、意匠の構成の容易性の判断を、意匠の具体的態様よりも幾分か抽象化した、いわば基本的構成レベルで捉える手法は、特許庁の審査でよくなされている。この手法によるときは、創作非容易性のハードルがいきおい高くなる傾向がある。これに対して、本判決での裁判所の創作非容易性の判断手法は、意匠の具体的態様レベルの形態選択の範囲、言い換えれば、創作の自由度を考慮して、具体的態様レベルでの視覚的特徴やそれに基づく印象や美感を評価する手法であるから、創作非容易性のハードルが低くなる傾向がある。この点が、本判決が特許庁の創作非容易性の判断とその運用に一石を投じた判決とされる所以である。

判決例2-17　包装用容器

知財高裁第 3 部　平成19年（行ケ）第10209号、同第10210号
（平成19年12月26日）（飯村敏明裁判長）

　引用意匠 3 に引用意匠 1 及び 2 を適用することは着想容易とした審決に対して、本願意匠の美感上の特徴を評価して創作非容易性を肯定する判断をした。

【本願意匠】　意匠に係る物品「包装用容器」

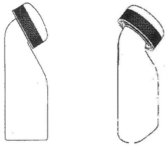

【意匠 1 】

【意匠 3 】

【意匠 2 】

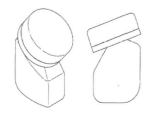

◇審決の要旨

　本願意匠は 本願出願前に公然知られた意匠3と、容器本体口部に対する塗布具部とキャップの径の比率を除いて共通するものであり、また、本願意匠の塗布具部とキャップの径を口部よりもやや大きくすることは、意匠1及び意匠2から、当業者において容易に想到することができる着想ないし手法であると認められる。

　そうすると、本願意匠は、本願出願前より公然知られた包装用容器の塗布具部の径をやや大きくして、包装用容器として表した程度にすぎず当業者において容易に創作できるものと認められることを是認することができる。

◇裁判所の判断の要旨

（1）本願全体意匠と意匠3との対比

　本願全体意匠と意匠3とを対比すると、全体を筒型の容器の口部に塗布具部を設けたものとする包装用容器であって、同筒体の上約半分の部分を、側面視略直角三角形状であり、前方を約60度の傾斜角度で、上方に向けて漸次絞り上げ、その先端に容器本体の径よりやや小径で短円筒形の「口部」を約60度の傾斜角度で形成し、同口部に底部を開放した円盤状で、周側面に、滑り止め用ギザを形成させ、上面を緩やかな湾曲面に形成した態様の「キャップ」を被せた態様である点において共通する。

　しかし、本願全体意匠と意匠3とは ①前者が「容器本体」の断面形状につき、前方を狭くし、後方を広くした長円形状の丸い筒体としているのに対して、後者は、筒体であることは推認されるものの、その正確な断面形状は不明であること、②「キャップ」の形状について、前者が、底部を開放した円盤状で、周側面全体にわたり、底部方向から2分の1部分のみに滑り止め用ギザを形成させ、「容器本体の口部に連続する部分」と「キャップ」との径の比率は約1対1.7であり、「キャップ」の縦（頭頂から底までの長さ）と横（直径）の比率は、約1対2であり、横長の印象を与えるのに対し、後者が、円盤状で周側面のほぼ全体に滑り止め用ギザを形成させ、「容器本体の口部に連続する部分」と「キャップ」との径の比率は、約1対1であり、そのため、容器本体と「キャップ」に至る段差は、ほとんど看取できず、また、「キャップ」の縦（頭頂から底までの長さ）と横（直径）の比率は、約1対1.2であり、縦長の印象を与えること、③ 側面視における「キャップ」と容器本体の関係について、前者は、「キャップ」の先端部において、容器本体部前面の延長線より前

方に突き出していないのに対し、後者は、「キャップ」の先端部は、容器本体部前面を結ぶ直線の延長線より前方に突き出している点において、大きく異なる。

（2）本願全体意匠の特徴及び創作容易性

　ア　本願全体意匠は、「キャップ」の径を口部（正確には、容器本体の口部に連続する部分）の径に対して1.7倍として、径方向に大きく拡大させ、また、「キャップ」の縦と横の直径の比率を約1対2として、径方向に大きく拡げて、塗布具部表面の面積を広く確保している点で特徴があるが、そのような特徴があるとともに、「キャップ」の縦の長さを極力短く抑えていること、滑り止め用縦ギザを「キャップ」の周側面の底部方向から2分の1部分のみに施していること、「キャップ」上面は緩やかな丸みを帯びた形状としていること、「キャップ」の径を容器本体の前後幅とほぼ同じ長さとしていることなどの点において、「キャップ」を径方向に大きく拡大させたことに由来する欠点、すなわち、頭部が目立ちすぎて、威圧感を与えたり、容器形状として異様な印象を与えたり、容器との調和を乱したりするなどの欠点を解消させ、均衡を保つための美観上の工夫が様々施されており、そのような点でも特徴があるといえる。

　イ　意匠1及び意匠2によれば、包装用容器の分野において、容器本体口部よりも塗布具部の径が大きな包装用容器が、本願の出願前より公然知られていたことが認められる。

　しかし、本願全体意匠と意匠3を対比すると、前記（1）のとおりの美観上の相違があり、また、本願全体意匠は上記アのとおりの各特徴を備えている点に照らすならば、本願全体意匠は、多様なデザイン面での選択肢から、創意工夫を施して創作したものであるから、意匠3を基礎として、意匠1及び意匠2（容器本体口部よりも塗布具部の径が大きな公知の包装用容器に係る意匠）を適用することによって、本願全体意匠を容易に創作することができたとはいえない。

考察

　本判決の対象である本願意匠には、全体意匠と部分意匠とがあり、上記で紹介しているのは全体意匠の方である。なお、部分意匠についても結論は同じである。

　本判決における創作非容易性の判断も、「貝吊り下げ具」判決（**判決例2-16**）と同様に、意匠の具体的態様から生じる美感上の特徴を評価して判断を行っている点で、同じ傾向の判決といえる。

　本願意匠は、上部に口部を有する容器本体と、口部に取り付けられた塗布部及びキャップを有するものであり、その物品としての構成を意匠3と共通にしている。また、塗布部とキャップ部の本体との相対的関係での大きさの違いの点を除いて、本体の形態については基本的には共通している。そして、塗布部とキャップが本体口部よりも大きい意匠は、具体的態様は様々であるが意匠1及び意匠2に示されている。そこで、特許庁の審査と審判では、本願意匠の塗布具部とキャップの径を口部よりもやや大きくすることは、意匠1及び意匠2から、当業者において容易に想到することができる着想ないし手法であると判断している。言い換えれば、意匠1及び意匠2は、ありふれた着想や手法を例示した資料ということになる。このような判断の仕方は、引用例を具体的態様よりもやや抽象化したレベルの骨格的構成ないしは基本的構成のレベルで見て、主引例に対して、副引例に示唆されている着想や手法を適用することが容易かどうかを判断する点で、特許の進歩性の判断手法に通じるものがある。いうなれば、創作の思想的プロセスに着目した判断手法といえる。そして、このような創作非容易性の判断手法は、実際の審査実務においてよくとられてきたのである。

　これに対して、本判決における裁判所は、本願意匠を具体的形態ないしは具体的態様レベルで厳密に検討して、そこに美感上の特徴を把握し、その美感上の特徴は、意匠3に意匠1及び意匠2を適用しても実現され得ないとして創作非容易性を肯定しているわけである。このことを判決では、「本願全体意匠は、多様なデザイン面での選択肢から、創意工夫を施して創作したもの」と述べている。ここにいう選択肢とは、いわば、上位概念である基本的構成が包摂する下位概念としての具体的態様の様々な態様ということであり、その範囲における形態選択を創作として評価したということである。もちろん、このような判断に対しても、そのような範囲での改変が容易がどうかということは、議論の対象とされ得るであろう。

　美感上の特徴を重視するという本判決の立場は、特許の進歩性判断に喩えていうならば、進歩性が肯定される方向に働く要素として美感上の特徴を捉えたものといい得るであろう。したがって、本判決は、「貝吊り上げ具」判決と同

様に、意匠の創作非容易性判断のひとつの方向やあり方を示すものといえる。

判決例2-18　研磨パッド

知財高裁第 3 部　平成20年（行ケ）第10070号
（平成20年 8 月28日）（飯村敏明裁判長）

　本願意匠について、溝の構成、配列、態様、各研磨面の形状など個別の構成要素及びそれらの結合としての意匠全体の呈する美感を考慮すると、創作性を肯定することができると判断した。

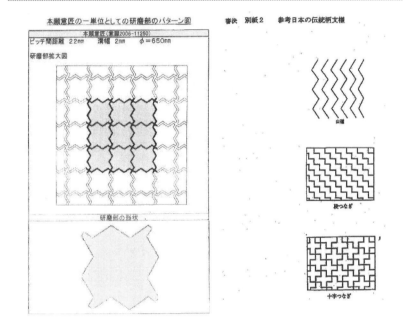

◆審決の要旨

　本願意匠は、周知の波線模様の一種である「三角波状ジグザグ線模様」を、周知の造形手法である溝形状として表し、この溝を、均一に配置する手段として格別創意・工夫を要しない縦・横（相互90度の位置関係）等間隔のありふれた配列により格子模様を形成し、周知の円形板の表面に表した程度にすぎないものであり、また、溝に囲まれ形成された一単位の形状も、特異といえる程のものが形成されているわけでもないから、本願意匠は、その意匠の属する分野

における通常の知識を有する者が、広く知られた形状、及び模様に基づいて容易に創作をすることができたものである。

◆**裁判所の判断の要旨**

（1）本願意匠の構成の認定の誤り

本願意匠においては、正面の研磨面全体に規則的に複数の溝が交差して設けられ、研磨面全体が、溝によって複数に区切られ、区切られた各研磨部は、特有の形状を呈している。溝によって区切られた各研磨部の形状は、溝の構成、配列と密接不可分な関係があるが、溝の構成、配列のみが見る者に対して視覚を通じた美感を起こさせる構成要素であるというべきではなく、むしろ、本願意匠においては正面視における各研磨面の形状が、見る者に対して強い印象を与える特徴部分であるというべきである。審決は、溝によって区切られて形成される各研磨面の形状を認定しなかった点において誤りがある。

（研磨部の形状は、）四面を溝に囲まれて形成された各研磨面はすべて略四角形状であり、四辺がジグザグ状で、一辺に山部と谷部がそれぞれ2か所ずつ存在し、四隅に小さな先細突片が形成され、20個の角及び20個の辺を有する多角形状を呈している。

審決は、本願意匠の創作容易性の有無の判断に当たり、研磨部の形状に着目することなく、専ら溝の形状、配置のみに着目して検討したことになるから、意匠の構成認定における誤りは、当然に審決の創作容易性の判断に影響を及ぼす誤りというべきである。

（2）創作容易性の判断の誤り

意匠が創作容易であるか否かは、出願意匠の全体構成によって生じる美感について、公知の意匠の内容、本願意匠と公知意匠の属する分野の関連性等を総合考慮した上で判断すべきである。

本願意匠と全く同じ形状の物品や模様が従前存在したことは認められないし、本願意匠は、従前存在した意匠とは美感を異にするものである。従前存在した意匠の中で、本願意匠の各研磨面の形状と共通するところが最も多いと考えられるのは、乙7の舗装ブロックであるが、本願意匠の研磨パッドに係る当業者の間で前記舗装ブロックの形態が広く知られていたとは認められない。

そして、従前存在した意匠の状況、同様の意匠が存在する分野と本願意匠の属する分野との関係などをも参酌し、本願意匠について、溝の構成、配列、態様、各研磨面の形状など個別の構成要素及びそれらの結合としての意匠全体の

呈する美感を考慮すると、本願意匠には、意匠登録を認めるに足りる程度の創作性を肯定することができる。

考察

　本判決において、裁判所はまず審決における意匠の認定の誤りを判断している。これは、本願意匠において溝で囲まれた一単位の研磨面の形状についての認定を指している。審決は溝の構成態様によって意匠は特定されているとし、溝で囲まれた一単位の形状は特異なものではないとしたが、裁判所は、この一単位の研磨面の形状を比較的細かく見てその具体的態様を認定すべきとしたものである。そして、その意匠の認定を前提として、裁判所はそこに美感上の特徴があるとしたものである。裁判所は、創作非容易性の判断にあたっては、公知意匠を参酌して本願意匠の美感を評価すべき旨を判示している。

　このように美感を重視して創作非容易性を判断すべきとする裁判所の考え方や判断の傾向は、先に挙げた「貝吊り下げ具」判決（**判決例 2 -16**）や「包装用容器」判決（**判決例 2 -17**）と同じ傾向といえよう。

判決例 2 -19　遊戯用器具の表示器

知財高裁第 2 部　平成27年（行ケ）第10004号
（平成27年 7 月 9 日）（清水節裁判長）

　ありふれた手法に基づく複数の構成要素を組み合わせることによっても新たな美感は生じ得るとして、美感を評価し、創作容易でないと判断した。

【本件部分意匠】 意匠に係る物品「遊戯用器具の表示器」

※本物品は、パチンコ、スロットマシン等の遊戯用器具の上部に設置
　されるもので、データ表示部に遊戯者の各データを表示する数字に
　対応するセグメントを点灯させることにより所望の数字、色などを
　変動表示するものである。黄色に塗りつぶした部分（表示部周りの
　明色部）以外が、部分意匠として意匠登録を受けようとする部分で
　ある。

【引用部分意匠1】

【引用部分意匠2】

【引用部分意匠3】

【引用部分意匠4】

◇審決の要旨

①　引用部分意匠 1 の各数字表示部は、本件部分意匠の各数字表示部の態様とは異なるから、引用部分意匠 1 の各数字表示部をそのまま使用しても、本件部分意匠の態様を導き出せない。

②　引用部分意匠 3 の表示画面の形状は、本件部分意匠の表示画面の形状とは異なるから、引用部分意匠 3 の表示画面の形状を採用しても、本件部分意匠の態様を導き出せない。

③　引用部分意匠 1 の数字表示部に引用部分意匠 2 の中央の大型の 3 桁の数字表示部を配しても、そのままでは本件部分意匠の各数字表示部の態様とはならない。

④　引用部分意匠 1 の数字表示部に引用部分意匠 2 の中央の大型の 3 桁の数字表示部を配して、さらに、引用部分意匠 3 の外形状と組み合わせたとしても、本件部分意匠の態様を導き出すことができない。

⑤　本件部分意匠の大型数字表示部は、極めて目立つものであるところ、引用部分意匠 4 の中型数字表示部又は引用部分意匠 5 の数字表示部に基づいて、本件部分意匠の大型数字表示部を導き出すことは困難である。

⑥　引用部分意匠 2 の表示画面をそのまま用いても、本件部分意匠の態様を導き出すことはできない。

　本件部分意匠は、公知の引用部分意匠 1 〜 5 に係る意匠に基づいて、容易に創作することができたものとは認められない。したがって、本件部分意匠は、その登録を無効とすることはできない。

◇裁判所の判断の要旨

　差異点（エ）とは、（本件部分意匠の）大型数字表示部の下側から右側にかけて倒 L 字状に設けられた 2 〜 3 桁の小型数字表示部の配列の差異をいうところ、この小型数字表示部は、表示画面中央上辺寄りに設けられた 3 桁の大型数字表示部（差異点（イ））、表示画面左側上辺寄りに設けられた 4 桁の中型数字表示部（差異点（ウ））、表示画面左側下辺寄りに設けられたドット表示部と共に、本件部分意匠の美感上の特徴の一部、すなわち、極めて目立つ大型数字表示部を上辺の中心に置き、その周囲に比較的小さな各種データ表示部を配置するという特徴を構成している要素である。

　ところが、この差異点（エ）に係る倒 L 字状の数字表示部群、すなわち、小型数字表示部の形態は、引用部分意匠 2 〜 5 のいずれにも見られないものであ

り、また、通常の需要者の視覚を通じて生じる美感を基準とする限り、引用部
分意匠1の区域 ④〜⑧ を倒L字状の数字表示部群ととらえることもできない。
そして、この倒L字状の形態が、ありふれた手法に基づくものであるとか、又
は特段の創意を要さないで創作できるとは認め難い（シンプルであるからとい
って、直ちに、創作が容易であるとか、美感への影響が微弱であるとはいえな
い。）。

　原告の主張するように、数字表示部の桁数、数字表示部の大きさ、又は数字
表示部の配置を多少変更させることは、個別に分断して検討すれば、それほど
の創意工夫とはいえないであろうが、これらを全体的に観察すると、大型数字
表示部に隣接して配置された多数の数字よりなる小型数字表示部が、倒L字状
のものとして、一体の美感を形成しているのである。

　差異点（イ）とは、（本件部分意匠の）表示画面中央上辺寄りに設けられた
3桁の大型数字表示部の有無をいうところ、この形態は、引用部分意匠2〜5
のいずれにも見られない。また、この形態が、ありふれた手法に基づくもので
あるとか、又は特段の創意を要さないで創作できるとは認め難い。

　原告は、引用部分意匠2に差異点（イ）に係る構成が顕れている旨を主張す
る。

　しかしながら、本件部分意匠の大型数字表示部は、表示画面の最上段に配置
されているところ、引用部分意匠2の3桁の大型数字表示部は、表示画面上方
寄りには配置されているものの、最上段のドット表示部よりは下に配置されて
いるのであり、大型数字表示部の配置された位置は、両者で異なるものである
（このような数字表示部の配置の入替え〔左右上下前後反転のようなものは含
まない。〕と、数字表示部の単なる配置の変更とは区別されなければならな
い。）。しかも、本件部分意匠では、小型数字表示部及び中型数字表示部という
二段階の対象数字表示部との比較において、大型数字表示部の大きさがより強
調されているものである。

　数字を大きくすること自体がありふれた手法であるとしても、ありふれた手
法に基づく複数の構成要素を組み合わせることによっても新たな美感は生じ得
るのであり、そして、その組合せにこそ創意が発揮されるのである。したがっ
て、意匠の構成要素の位置を異にする意匠から、その位置を捨象した構成要素
のみを取り出してその創意を論じることは、相当ではない。

　差異点（ア）とは、本件部分意匠の表示画面の形状が、平行な上辺及び下辺

を横長にし、左右辺は上辺側が短く角部が隅丸の「く」の字型と逆「く」の字型で左右対称に横長の略六角形状となっているとの差異であるが、この形態は、引用部分意匠2～5のいずれにも見られず、また、この形態が、ありふれた手法に基づくものであるとか、又は特段の創意を要さないで創作できるとは認め難い。

　原告は、引用部分意匠3に差異点（ア）に係る構成が顕れている旨を主張する。

　しかしながら、引用部分意匠3の表示画面の外形形状は、ほぼ長方形状であって、寸胴な印象を与えるのに対し、本件部分意匠の表示画面の外形形状は、角部が強調され、シャープな印象を与えるのであって、その美感は異なる。

　以上から、本件部分意匠は容易に創作できるものでないと認められる。

考察

　本件は意匠登録無効審判の審決に対する取消訴訟の判決である。本件では、液晶表示のセグメントにおける数字やドットの位置、大きさ、配列等の創作が問題とされた。審決では、本件部分意匠は、各引用部分意匠から直接導くことができないだけでなく、各引用部分意匠を組み合わせても導き出すことはできないと判断している。この審決の判断は、意匠審査基準にあるような公知意匠の単なる寄せ集めとはいえず、公知意匠を寄せ集めたものと本件部分意匠にはなお差異があり、その差異は軽微な改変とはいえないという趣旨の判断と思われる。

　これに対して、原告は、個々の文字の大きさや配列の改変の容易性を主張した。

　それに対して、裁判所は、具体的な態様がもたらす美感を重視して判断している。「数字を大きくすること自体がありふれた手法であるとしても、ありふれた手法に基づく複数の構成要素を組み合わせることによっても新たな美感は生じ得るのであり、そして、その組合せにこそ創意が発揮されるのである」というような判示に裁判所の考え方が表れている。創作非容易性の判断において、美感を重視する見方や考え方は、「貝吊り下げ具」判決（**判決例2-16**）、「包装用容器」判決（**判決例2-17**）及び「研磨パッド」判決（**判決例2-18**）に通じるといえよう。

5　創作非容易性の判断を緻密化した傾向の判決例

> **判決例2-20　箸の持ち方矯正具**
>
> **知財高裁第4部　平成29年（行ケ）第10181号**
> **（平成30年2月26日）（高部眞規子裁判長）**
>
> 　本件意匠と引用意匠との相違点に係る態様につき、その改変を示唆
> し、置き換えを動機付けるものはないとして、本件意匠の独創性を評価
> し、創作容易でないと判断した。

【本件意匠】　意匠に係る物品「箸の持ち方矯正具」

構成部品B　　　　　　　構成部品A

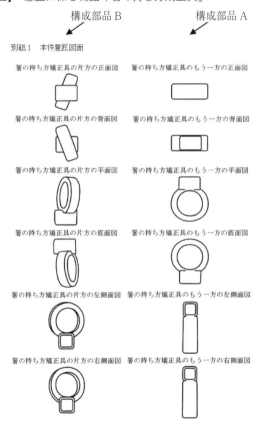

別紙1　本件意匠図面

箸の持ち方矯正具の片方の正面図　　箸の持ち方矯正具のもう一方の正面図

箸の持ち方矯正具の片方の背面図　　箸の持ち方矯正具のもう一方の背面図

箸の持ち方矯正具の片方の平面図　　箸の持ち方矯正具のもう一方の平面図

箸の持ち方矯正具の片方の底面図　　箸の持ち方矯正具のもう一方の底面図

箸の持ち方矯正具の片方の左側面図　箸の持ち方矯正具のもう一方の左側面図

箸の持ち方矯正具の片方の右側面図　箸の持ち方矯正具のもう一方の右側面図

【持ち方矯正具を箸に取付けた状態の参考斜視図】

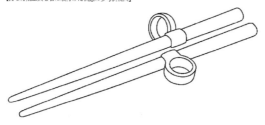

【持ち方矯正具を取付けた箸を持った状態の参考斜視図】

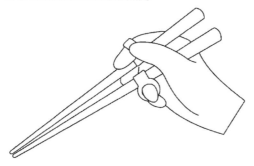

【引用意匠1】

別紙2　引用意匠図面

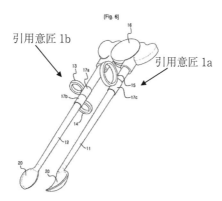

【引用意匠2】

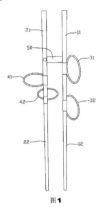

図**1**

【甲15の図4】

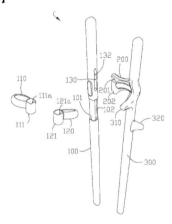

◆**審決の要旨**

（1）本件審決の理由は、要するに、本件意匠は、下記ア、イの引用例に記載
された意匠に基づいて当業者が容易に創作できた意匠に該当するとはいえない
から、意匠法3条2項により本件意匠登録を無効とすることはできない、とい
うものである。

　ア　引用例1：特許国際公開公報

　イ　引用例2：中国実用新型専利説明書

（2）本件意匠と引用意匠1a及び1bとの対比

　ア　物品について

　本件意匠は、箸の持ち方を矯正するものとして、箸に適宜着脱して使用することができる、薬指用の構成部品Aと人差し指用の構成部品Bで一対とした箸の持ち方矯正具という物品であるのに対して、引用意匠1a及び1bは、スプーン及びフォークとしても使用することができる箸という物品の部品であり、親指用、人差し指用、中指用の3つある中から親指用を引用意匠1a、人差し指用を引用意匠1bとしたものである。

　イ　形態について

　（ア）共通点

　①　全体の基本的構成態様について、どちらの部品も、筒状体の取付部と環状体のリング部からなり、取付部の側面にリング部を立設させて結合したものである。

　②　リング部の全体形状について、どちらの部品も、外周を細幅帯状とする、やや肉厚の略円環状体としたものである。

　（イ）相違点

　(a)　取付部の全体形状について、本件意匠は、どちらの部品も、全長が幅よりも少し長い、やや肉厚の略正四角筒状体としたものであるのに対して、引用意匠1a及び1bは、全長が直径よりも少し長い、やや肉厚の略円筒状体としたものである。要するに、取付部を略正四角筒状体としたか、それとも略円筒状体としたか、という相違である。

　(b)　リング部の直径の大きさについて、本件意匠は、どちらの部品も、取付部の幅の約2倍としたものであるのに対して、引用意匠1aについては取付部の直径の約3倍、引用意匠1bについては約2倍としたものである。

　(c)　取付部とリング部との結合部の態様について、本件意匠は、どちらの部品も、リング部の外側が取付部にめり込むような態様としたものであるのに対して、引用意匠1aについては、取付部の外周とリング部の外周とが接するような態様としたものであり、引用意匠1bについては、結合部を確認することができず不明である。

　(d)　取付部に対するリング部の向きについて、本件意匠は、構成部品Aについては、リング部の孔の中心線の方向が、取付部の孔の中心線の方向と直交する向きとし、構成部品Bについては、同2つの方向を概略同方向としつつも、左右方向に少し、上下方向にも少し、傾けたものであるのに対して、引用意匠1aについては、リング部の孔の中心線の方向が、取付部の孔の中心線の方向

と概略直交する向きとしつつも、左右方向に少し傾けたものであり、引用意匠1b については、リング部の孔の中心線の方向が、取付部の孔の中心線の方向と概略同方向としつつも、左右方向に少し傾けたものである。

◇**裁判所の判断の要旨**

1　創作容易性について

（1）相違点について

　ア　相違点(c)（取付部とリング部の結合部の態様）について

　（ア）原告は、引用意匠1a 及び1b の取付部とリング部は、いずれも一体成型であり、取付部とリング部の結合部がめり込むような態様となっていると主張する。しかし、引用意匠1a 及び1b は、リング部の外側が取付部にめり込むような形態であるとは認められない。よって、本件審決の認定したとおりの相違点(c)が認められる。

　（イ）もっとも、本件意匠登録出願当時、リング部の外周が取付部にめり込んで一体化している形態は、箸の持ち方を矯正するための物品の形態として周知であると認められる。

　以上を総合すると、引用意匠1a 及び1b の取付部とリング部の結合部の態様を基準として、リング部の外周が取付部にめり込んで一体化している形態を採用することには、着想の新しさないし独創性があるとはいえない。

　イ　相違点(d)（取付部に対するリング部の向き）について

　（ア）原告は、本件意匠の構成部品Bについて、リング部の孔の中心線の方向が、上下方向にも少し、傾けた態様であるとは認められないと主張する。

　しかし、…本件意匠は、構成部品Aについては、リング部の孔の中心線の方向が、取付部の孔の中心線の方向と直交する向きであって、傾きがないもので、構成部品Bについては、同2つの方向を概略同方向としつつも、左右方向に少し、上下方向にも少し、傾けたものであるのに対して、引用意匠1a は、リング部の孔の中心線の方向が、取付部の孔の中心線の方向と概略直交する向きとしつつも、左右方向に少し傾けたもので、引用意匠1b は、リング部の孔の中心線の方向が、取付部の孔の中心線の方向と概略同方向としつつも、左右方向に少し傾けたものであって、いずれも、上下方向に傾けた態様ではないから、本件審決の認定したとおりの相違点(d)が認められる。

　（イ）原告は、甲15、甲17、甲19、甲20には、いずれも、「リング部の孔の中心線の方向が、上下方向にも少し、傾けた態様」の開示があるから、「取付部

の孔の中心線と概略同方向としつつも、左右方向に少し、上下方向にも少し、傾けた態様」については、周知意匠であって、相違点(d)に係る構成を創作することは容易であると主張する。

しかし、本件意匠は、構成部品Ａ、構成部品Ｂの２つの部品からなり、構成部品Ａは、リング部の孔の中心線の方向が、取付部の孔の中心線の方向と直交する向きであって、傾きがないのに対し、構成部品Ｂは、リング部の孔の中心線の方向が、取付部の孔の中心線と同方向となっていて、構成部品Ａとは方向が異なる上、左右方向に少し、上下方向にも少し、傾けて構成されており、これら２つが対になって一体の美感を形成しているものである。そうすると、本件意匠の創作容易性は、態様の異なる２つの部品が対になったまとまり感のある一体の美感を形成している態様について判断すべきである。

（甲各号証の）文献のいずれにも、上記部品と対となる、取付部の孔の中心線の方向と直交する向きであって、左右方向、上下方向の傾きがない部品の開示はない。

したがって、構成部品Ａ及び構成部品Ｂの２つの部品からなり、構成部品Ａは、リング部の孔の中心線の方向が、取付部の孔の中心線の方向と直交する向きであって、傾きがないのに対し、構成部品Ｂは、リング部の孔の中心線の方向が、取付部の孔の中心線と同方向となっていて、構成部品Ａとは方向が異なる上、左右方向に少し、上下方向にも少し、傾けた形態であるとの相違点(d)に係る形態が、周知意匠であったとは認められない。

以上を総合すると、引用意匠1a及び1bの取付部に対するリング部の向きを基準として、相違点(d)に係る意匠には、当業者から見て着想の新しさないし独創性があるといえ、相違点(d)に係る意匠を創作することが容易であったとはいえない。

　ウ　相違点(a)（取付部の全体形状を略正四角筒状体としたもの）について

（ア）原告は、甲14、甲15、甲18によれば、取付部の全体形状を略正四角筒状体としたものは周知であったから、これらを引用意匠1a及び1bの取付部に組み合わせ、本件意匠の取付部の形態を創作することは容易であったと主張する。

（イ）しかし、…甲14、18によっては、取付部の全体形状を略正四角筒状体とした形態が周知であったとはいえない。

（ウ）他方、甲15図４（前掲図参照）には、リング状の人差し指及び中指挿入

句（ママ）110、120と接続し、箸に取り付ける角形の筒状である取付部111、121の開示があり、この取付部111、121は、全長が幅よりも長い略正四角筒状体である。

　しかし、そもそも、甲15のみによって取付部の全体形状を略正四角筒状体としたものが周知であったとまで認定することはできない。

　また、甲15の取付部111、121の内側には、凸部111a、121aが設けられているところ、甲15の図4、5、6、7bによれば、箸本体の取付部を取り付ける部分は凹部101となっており、溝102を備えているから、甲15の取付部111、121は、箸本体の凹部101に取り付けた時に、凸部111a、121aが溝102に嵌め込まれ、凹部101に固定されるものであり、上下の移動も回転もしないものであると認められる。

　これに対し、引用例1には、「ユーザの手の特徴によって、人差し指および中指グリップ13および14を回して手の角度を調整する必要がある」（【47】）、「取付環17および17bが回転は可能で上下には移動しないように、取付環17a、17bおよび17cはこの凹部にそれぞれ固定される」（【48】）との記載があり、取付部は、上下に移動しないよう凹部に固定されるものの、箸に対して回転可能であるとされているから、引用意匠1a及び1bの略円筒状体の取付部を、甲15に記載された、箸本体に取り付けたときに回転不能である略正四角筒状体の取付部に置き換える動機付けがあるとはいえない。

　（エ）そうすると、本件に現れた証拠によっては、当業者が、引用意匠1a及び1bの略円筒状体の取付部の意匠を基準として略正四角筒状体の取付部を採用するという相違点(a)に係る意匠を創作することが容易であったとはいえない。

（2）ありふれた手法による公知意匠の組合せについて

　ア　原告は、引用意匠1a及び1b、引用意匠2には、取付部とリング部からなる2つの部品を一組とし、箸に適宜着脱して使用できる物品の形態の記載があるから、箸の持ち方を矯正するものとして、箸に適宜着脱して使用できる取付部とリング部からなる構成物品A及び構成物品Bの2つの部品を一対とした物品の形態の意匠は、当該意匠の属する物品分野においてありふれた手法により、引用意匠1a及び1bを単に組み合せたものにすぎないと主張する。

　イ　しかしながら、引用例1図6には、棒11と棒12の上端16が結合され、下端には、棒11と棒12が閉じられたときにスプーンを形成する、半スプーン状部材20の対を備えた形態の記載があるところ、結合された上端からは取付環を取

り外すことは不可能であり、また、下端の半スプーン状部材は、その幅が取付環の直径より広いから、取り外すことは極めて困難であることが認められる。また、引用例1【48】、【63】の記載によれば、棒に凹部を設け、取付環が棒の上下を移動しないよう固定されることが開示されている一方、棒の凹部にはめ込んで固定した取付環を取り外すことについての記載や示唆はない。

　以上を総合すると、引用意匠1a及び1bは、引用例1図6の箸の製造工程において棒に取り付けられ、当該箸が完成品となった後に取り外すことは想定していないものというべきであり、箸に適宜着脱して使用することができる物品とはいえない。

　さらに、引用例1には、1本の箸に第一取付環17a、第二取付環17bが、もう1本の箸に第三取付環17cが取り付けられ、それぞれ、人差し指グリップ13、中指グリップ14、親指グリップ15と接着しているところ、これら3個の取付環のうち、1本の箸に取り付けられた引用意匠1a（親指グリップ15と第三取付環 17c）ともう1本の箸に取り付けられた引用意匠1b（人差し指グリップ13及び第一取付環17a）のみを取り出すことの記載や示唆はないから、箸に適宜着脱して使用される2つの部品を一対とした物品の形態の記載はない。

　ウ　また、引用例2図1には、1本の箸11に親指リング31、薬指リング32が、もう1本の箸21に人差し指リング41、中指リング42が取り付けられ、2本の箸が連接棒50でつながっている形態が記載されているところ、引用例2には、これらのリングが着脱可能である旨の記載や示唆はない。その上、引用例2の実用新案特許の請求項1では、4つのリングを全て備えることが構成要件とされ、請求項2以下も請求項1を引用していることから、引用例2では、4つのリングを全て備えた状態で使用することのみが想定されており、4つのリングの中から、薬指リング32、人差し指リング41のみを取り出すことの記載や示唆はない。よって、引用例2にも、箸に適宜着脱して使用される2つの部品を一対とした物品の形態の記載はない。

　エ　もっとも、甲15の図4、6には、取付部111、121とリング部110、120からなる2つの部品が、箸から外された状態で記載されており、甲19の図5には、取付部220とリング部221、222からなる2つの部品が、箸から外された状態で記載されており、甲20の図2には、取付部41、51とリング部42、52からなる2つの部品40、50が、箸から外された状態で記載されていることが認められる。

　しかし、前記のとおり、甲15の取付部111、121は、箸本体に取り付けた時に、取付部111、121内側の凸部111a、121aが、箸に設けられた凹部101の溝102に嵌め込まれ、凹部101に固定されるものであり、当該箸専用の部品であって、これらの取付部を取り外すことの記載や示唆はない。

　また、甲19には、一対の第1箸部材と第2箸部材からなり、上部に形成した結合手段により第1箸部材と第2箸部材が結合され、第1箸部材には親指を挿入する親指穴が形成され、第2箸部材には、人差し指及び中指を挿入するリング部とその取付部からなる保持ユニットが装着される箸の形態が記載されており、取付部220とリング部221、222からなる2つの部品は、人差し指及び中指を挿入する保持ユニットを構成するもので、当該箸専用の部品であって、これらの取付部を取り外すことの記載や示唆はない。

　甲20には、一対の第1箸部材と第2箸部材からなり、箸連結部材により第1箸部材と第2箸部材の上端が連結され、第1箸部材に、第2箸部材の移動を支持する親指据え置きガイド板部材が取り付けられ、第2箸部材に、人差し指と中指をそれぞれ挿入することができるリング部材が取付部によって取り付けられた箸の形態が記載されており、取付部41、51とリング部42、52からなる2つの部品40、50は、当該箸専用の部品であって、これらの取付部を取り外すことの記載や示唆はない。

　以上のとおり、甲15、19及び20のいずれにも、箸に適宜着脱して使用される取付部とリング部からなる2つの部品を一対とした物品の形態の記載はない。

　オ　したがって、本件意匠登録出願前において、当業者が、引用例1又は引用例2に記載された意匠から出発して、箸に適宜着脱して使用される取付部とリング部からなる構成部品Aと構成部品Bの2つの部品を一対とした物品の意匠を創作することが容易であったとはいえない。

　よって、本件意匠は、当該意匠の属する物品分野においてありふれた手法により、引用意匠1a及び1bを単に組み合せたものにすぎないということはできない。

（3）小括

　本件意匠は、箸の持ち方を矯正する目的で箸に適宜着脱して使用される、略正四角筒状体の取付部とこれにめり込んで一体化したリング部からなる構成部品Aと構成部品Bの2つの部品を一対として構成され、構成部品Aは、リング部の孔の中心線の方向が、取付部の孔の中心線の方向と直交する向きであっ

て、傾きがないものであるのに対し、構成部品Bはリング部の孔の中心線の方向が、取付部の孔の中心線と概略同方向で、左右方向に少し、上下方向にも少し、傾けたものであり、全体としてまとまり感のある一体の美感を形成しているものと認められる。かかるまとまり感のある一体の美感を形成する意匠の構成には、着想の新しさや独創性があるいうべきであるから、当業者がかかる意匠を創作することが容易であったとはいえない。このように、本件意匠は、箸の持ち方を矯正する目的で箸に適宜着脱して使用される、一対の構成部品Aと構成部品Bという2つの部品から構成された点及び直線的な印象を与える構成部品Aと角度が異なり傾いた印象を与える構成部品Bが対になったまとまり感のある一体の美感を形成している点に、意匠としての着想の新しさや独創性が認められるものである。

　以上によれば、引用例1及び引用例2に記載された意匠から、本件意匠に係る箸に適宜着脱して使用される取付部とリング部からなる構成部品Aと構成部品Bの2つの部品を一対とした物品の形態は、容易に創作できたものとは認められない。

　したがって、本件意匠は、意匠法3条2項に該当するものではなく、本件審決は結論において相当であるから、取消事由は理由がない。

考察

　本件における裁判所の創作非容易性についての判断では、まず、本件意匠の特徴を「態様の異なる2つの部品が対になったまとまり感のある一体の美感を形成している」点として評価している。このように創作非容易性の判断にあたって意匠の美感を重視する考え方は、「貝吊り下げ具」判決（**判決例2-16**）ほかの判決を踏まえたものといえる。そして、本判決はそこにとどまらず、本件意匠と主引例である引用意匠1との各相違点について、それを容易に着想し、改変し得るか否かを、そしてまた、副引用例にその改変の根拠となる記載や示唆、動機付けがあるか否かを、引用文献の図だけでなく、明細書の文章記載まで綿密に辿りながら、極めて緻密かつ客観的な考察と判断を行っている。事案の結論としては、各引用例をもってしては本件意匠を実現し得ないとして、「まとまり感のある一体の美感を形成する意匠の構成には、着想の新しさや独創性があるいうべきであるから、当業者がかかる意匠を創作することが容易であったとはいえない」と判断した。本判決にみる意匠の創作非容易性の上記判

断手法は、特許における進歩性の判断手法を想起させるが、意匠の創作非容易性の判断手法もここまで進化してきたのであり、現在の意匠実務においては本判決が到達したこのような水準を踏まえるべきであろう。

判決例2-21　アクセサリーケース型カメラ

知財高裁第4部　平成29年（行ケ）第10188号
（平成30年3月12日）（高部眞規子裁判長）
　引用意匠3及び4を参考にしつつ、引用意匠1の構成を変更することは容易であり、本願意匠は引用意匠1ないし4を組み合わせれば容易に創作することができたと判断した。

【本願意匠】　意匠に係る物品「アクセサリーケース型カメラ」

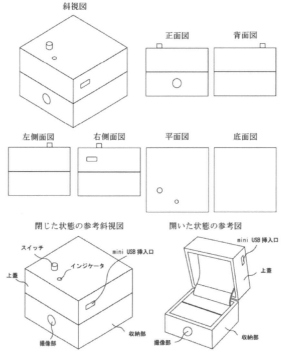

※本物品は、蝶番により開閉する上蓋と下部の収納部とを備え、収納
　部に撮像部を備えたものである。

【引用意匠 1】

【引用意匠 2】

【引用意匠 3】　　　　　　　　　　　　　【引用意匠 4】

◇審決の要旨

　本願意匠は、引用意匠 1 ないし 4 に基づいて当業者が容易に創作できた意匠に該当するから、意匠法 3 条 2 項により意匠登録を受けることができない。

　　引用意匠 1　　プロポーズの瞬間をカメラに収めると引用資料に記載された
　　　　　　　　　「カメラ付き指輪ケース」
　　引用意匠 2　　上蓋上面を平坦で全体が角張った略直方体状とした「指輪ケー
　　　　　　　　　ス」
　　引用意匠 3　　ガム等の収納容器の内部に撮影機能を組み込んだ「撮影機能付
　　　　　　　　　ボトルケース」であって、収納容器の表面に撮像部を設けた
　　　　　　　　　「防犯・監視」に最適とされる「ボトルケース型スパイカメラ」
　　引用意匠 4　　ティッシュボックスの収納容器の内部に撮影機器を組み込んだ
　　　　　　　　　撮影機能付ティッシュボックスケースであって、収納容器の前

面左下に撮像部を設けた「小型カメラ」、「防犯カメラ」及び「ティッシュボックス型スパイカメラ」

◇裁判所の判断の要旨

（1）当業者の知識

　本願意匠の「アクセサリーケース型カメラ」は、アクセサリーケースとしての用途と機能を有し、併せて相手に分からないように撮影し、録画するという隠しカメラとしての用途と機能を有するものである。アクセサリーケースに隠しカメラを設置する場合、多種多様な隠しカメラの撮像部の配置を参考にして、適切な設置場所を決定すると考えられるから、本願意匠に係る当業者は、アクセサリーケースの分野における通常の知識と、隠しカメラの分野における通常の知識を併せて有する者である。

　引用意匠3は、ガム等の収納容器の内部に撮影機能を組み込んだ「撮影機能付ボトルケース」であり、引用意匠4は、ティッシュボックスの収納容器の内部に撮影機能を組み込んだ「撮影機能付ティッシュボックス」である。

　したがって、「アクセサリーケース型カメラ」の当業者にとって、隠しカメラである引用意匠3及び4は、出願前に公然知られた形態といえるから、本願意匠における撮像部の設置場所を決定するに当たり、引用意匠3及び4を参考にすることができる。

（2）相違点AないしCの創作容易性

ア　引用意匠3及び4の形状からすれば、これに接した当業者は、隠しカメラの撮像部を収納部とすることを示唆されている。

　引用意匠1は、アクセサリーケースを開いて指輪を見せ、ひざまずいた状態でプロポーズを行うというアメリカの風習に適するよう、撮像部を上蓋部に設けたものである。そこで、これと異なる形で、アクセサリーケースを使用する場合にも適するよう、撮像部の位置を変更する動機付けが認められる。したがって、撮像部を収納部に設置した引用意匠3及び4を参考にしつつ、引用意匠1の撮像部を上蓋部から収納部に変更することは、当業者が、容易に創作することができたものである。

　また、一つの要素をある箇所に設ける際に、その箇所の上下左右対称の中心部分に配置する造形処理は、工業デザイン一般において通常行われていることであるから、撮像部を収納部の中央部分に配置することは、特段困難なことではない。

　そして、カメラの撮像部の形態を円形とすることはごく普通にみられる広く知られた形状であり、撮像部の直径を13％から15％に大きくすることは、多少の改変にすぎない。

　したがって、相違点Aに係る本願意匠の形態には着想の新しさ・独創性があるとはいえず、引用意匠1に引用意匠3及び4を組み合わせることによって、当業者が容易に創作することができたものである。

イ　相違点Bについて、引用意匠1の上蓋部の形態を、引用意匠2の上蓋部のように、上蓋上面が平坦な略直方体状とすることに、着想の新しさ・独創性があるとはいえず、当業者が、容易に創作することができたものである。

ウ　そして、相違点Cについて、スイッチ等の操作部を大きくするような変更は、操作性の向上等のために行われる特段特徴のない変更である。そうすると、引用意匠1のスイッチの形態を、特段特徴のない変更をして広く知られた形態である略円柱状にすることに、着想の新しさ・独創性があるとはいえず、当業者が容易に創作することができたものである。

（3）原告の主張について

ア　原告は、引用例3及び4が、撮像部の小型化と収納容器外表面の模様によるカモフラージュで撮像部を隠匿することを示唆しているとしても、意匠として、収納部に撮像部を設けることを示唆しないと主張する。

　しかし、引用例3及び4は、模様によって撮像部を隠匿することのほかに、物品全体の形状に係る意匠として、ガム等やティッシュペーパーといった物を収納する部位の下部に撮像部を設置する構成も示唆していると解するのが相当である。

　したがって、本件審決が、引用例3及び4は、意匠として、収納部に撮像部を設けることを示唆していると判断したことに誤りはない。

イ　原告は、①引用意匠1の撮像部を収納部に変更することは、単なる配置変更ではなく、従来の根本的な用途・機能を失うことになるから、容易に創作することができたものではない、②技術的に実現が簡単であることを根拠に、創作が容易であるということはできないと主張する。

　しかし、①アメリカのプロポーズの風習とは異なる形で使用する場合にも適するよう改変を加えることが、容易でないということはできない。また、②本件審決は、撮像部の変更が技術的に容易であることを根拠に、創作の容易性を肯定したものではなく、撮像部の変更に特段の技術上の困難さがないことか

ら、創作の容易想到性は妨げられないと判断したものであるから、原告の上記主張は前提を異にする。

　したがって、本件審決が、撮像部を上蓋部から収納部に変更することが容易に創作できたと判断したことに誤りはない。

ウ　原告は、引用意匠3及び4は、撮像部の位置を変更することが容易であることを示したものではないから、引用意匠1に引用意匠3及び4を組み合わせたとしても、撮像部を2つ有する物品が創作できるにすぎないと主張する。

　しかし、引用意匠3及び4は、撮像部の位置を収納部に設けることを示唆しており、引用意匠1の上蓋部から収納部に変更することに特段の困難さは認められない。そして、撮像部の位置を変更する場合、撮像部は1つあれば足りるから、変更前の撮像部を取り除くことは明らかである。

エ　原告は、引用意匠2を組み合わせて、上蓋部上面の形態を変更する過程と、引用意匠3及び4を組み合わせて、撮像部の位置を変更する過程というように、少なくとも二段階の創作過程を経ていることから、容易に創作することができたとはいえないと主張する。

　しかし、本願意匠と引用意匠1を全体として見た場合に、最も大きな相違は、撮像部の位置にあるところ、その点に係る着想の新しさ・独創性が否定される以上、それ以外の上蓋部上面やスイッチの形状は、ありふれた構成に基づくささいな設計事項にすぎない。したがって、意匠を全体として考察しても、その創作が特段困難なものであるということはできない。

オ　原告は、下部収納部の前面の上下及び左右の中央の位置に撮像部が表れるという構成は、引用意匠1ないし4を組み合わせても得られないと主張する。

　しかし、一つの要素をある箇所に設ける際に、その箇所の上下左右対称の中心部分に配置する造形処理は、工業デザイン一般において通常行われていることであるから、撮像部を収納部の中央部分に配置することは、特段困難なことではない。

（4）したがって、本願意匠は、引用意匠1ないし4を組み合わせれば容易に創作することができたものである。よって、取消事由は理由がない。

考察

　本件は、意匠法3条2項に関する審査でよく見られるように、本願意匠と引用意匠の相応する態様は必ずしも同一ではないが、本願意匠の構成（創作）を

示唆する複数の引例に基づいて、置き換え、改変および組み合わせ等の容易が判断された事例である。判断の要素として、物品分野と当業者の認識の範囲、技術的困難性の有無、二段階の創作過程、ささいな設計事項など多岐にわたっており、その中で、示唆や動機付けがきめ細かに検討・判断されている点で、前に挙げた「箸の持ち方矯正具」判決（**判決例 2 -20**）と同様に、創作非容易性の判断を緻密化、客観化した判決ということができる。

そして、「箸の持ち方矯正具」判決（**判決例 2 -20**）は創作非容易性を肯定した事例であるが、本件は創作非容易性を否定した事例として、その理由付け、論理付けを学ぶための格好の題材である。

判決例 2 -22　使い捨てカイロ

知財高裁第 3 部　平成25年（行ケ）第10305号
（平成26年 3 月27日）（設楽隆一裁判長）
　複数の引例に示された公知ないし周知の形態及び手法に基づいて容易性に創作しえたと判断した。

◇審決の要旨

（1）本願意匠（意匠に係る物品「使い捨てカイロ」の部分意匠）は、その出願前に日本国内又は外国において公然知られた形態に基づいて、当業者であれば容易に創作をすることができたものであるから、意匠法 3 条 2 項の規定に該当し、意匠登録を受けることができない。

（2）審決が認定した本願意匠及び公知の形態は、次のとおり。

ア　本願意匠

　本願意匠は、袋体のカイロの裏面全面に設けられた衣類に貼付するための粘着面を覆う剥離紙の部分意匠である。剥離紙の全体形状は、隅丸長方形状であって、二度貼りを可能とするために、該剥離紙には、一度目と二度目の粘着面が略同面積となるように長手方向と平行で、上端から下端までその高さ一杯に波線状の切り込み線を、該剥離紙全体を約 1 ： 2 ： 1 の面積比に区画する位置、言い換えると、剥離紙の左右幅を約 1 ： 2 ： 1 に分割する位置に、左右対称になるように 2 本設けたものである。

　※図は、発明推進協会「知的財産権判決速報」より引用。

イ　公知の形態

　審決は、使い捨てカイロにおいて、以下の各形態はいずれも、本願出願前に公知の形態であると認定した。

（ア）形態1

剥離紙全体を隅丸長方形状とすること（意匠登録第1237838号の意匠公報）

　意匠に係る物品「かいろ」

（イ）形態2

切り込み線を剥離紙の長手方向と平行で、上端から下端までその高さ一杯に設けること。

（ウ）形態3

　使い捨てカイロにおいて、二度貼りを可能とするために、剥離紙に複数区画を形成するような切り込み線を設け、さらに、二度貼りの前後において粘着面の面積を略同じとなるように、剥離紙全体を約1：2：1の面積比に区画する位置に切り込み線を設けること（例えば、特開平7-80018号の公開特許公報・甲23公報）。

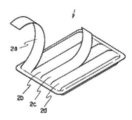

（エ）形態4

発熱袋（カイロ）において、切り込み線を直線以外の曲線等とすること。

（オ）形態5

剥離紙の切り込み線を波線状とし、当該波線を左右対称に設けること（例えば、貼り薬の事例ではあるが、実用新案出願公開昭58-124123号・甲25公報）。

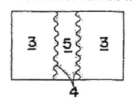

◇裁判所の判断の要旨

1　公知の形態の認定について

（1）形態3について

甲23公報の図には、3本の切り込み3が略等間隔に平行に形成され、剥離紙2が4分割されたものが示されており、切り込みの数を増減することや、切り込みの形成箇所を変更することが示唆されており、二度貼りを可能とするために、剥離紙を剥がす部位を選択することが示唆されている。

また、甲24公報には、3本のカットライン5が平行に形成され、剥離シート4が4分割されたものが示されている。

しかし、甲23公報及び甲24公報には、切り込み線を2本とし、剥離紙全体を約1：2：1の面積比に区画する位置に切り込み線を設けることは記載されていない（記載されているに等しいということもできない）。甲23公報及び甲24公報によって認め得る公知の形態は、「剥離紙全体を約1：1：1：1の面積比に区画する位置に、3本の切り込み線を平行に設けること」にとどまり、甲23公報には、これに加えて、「二度貼りの前後において貼着面の面積を略同じとすること」が記載されているにとどまる。

したがって、審決が、甲23公報等から「剥離紙全体を約1：2：1の面積比に区画する位置に切り込み線を設けること」も含めた形態3を公知の形態と認定したことは誤りである。

（2）形態4について

甲24公報には、形態4、すなわち、「発熱袋（カイロ）において、切り込み線を直線以外の曲線等とすること」が記載されている。

審決の形態4の認定に誤りはない。

2　容易創作性の判断について

審決が、甲23公報等から、使い捨てカイロにおいて、「剥離紙全体を約1：2：1の面積比に区画する位置に切り込み線を設けること」も含めた形態3を公知の形態と認定したことは誤りであるものの、審決は、「本願意匠は、袋体のカイロの裏面全体に設けられた、衣類に貼付するための粘着面を覆う剥離紙を、本願出願前に公然知られた隅丸長方形状とし、そして、二度貼りを可能とするために、該剥離紙に、一度目と二度目の粘着面が略同面積となるように該剥離紙の長手方向と平行で、上端から下端までその高さ一杯に、波線状の切り込み線を、該剥離紙全体を約1：2：1の面積比に区画する位置、言い換えると、剥離紙の左右幅を約1：2：1に分割する位置に、左右対称に2本、単に設けた程度にすぎないものであって、当業者であれば容易に創作することができたものと認められる。」（審決書5頁）と判断しており、審決のこの判断に誤りはない。

すなわち、甲22公報から使い捨てカイロの剥離紙としてありふれた形態であると推認される形態1と形態2について、その切り込み線の形態を使い捨てカイロにおいて公知の形態である形態3a及び形態4並びに貼付薬の剥離紙における公知の形態である形態5に基づいて形態3及び形態5とする程度のことは、次に述べるとおり、当業者であれば容易に創作することができたものと認められる。

ア　形態1と形態2の剥離紙からなる使い捨てカイロを、二度貼りをするための使い捨てカイロとするために、（形態3）の甲23公報の図3のように、剥離紙を3本の切り込み線により4等分し、一度目と二度目の剥離面積が等面積になるように、4枚の剥離紙から2枚の剥離紙を選択して剥離することは公知である（形態3a）。そして、（形態3）の甲23公報の図3では、一度目と二度目の剥離面積を等面積とするための例として、一度目に2aと2cの剥離紙を剥離している例が示されているけれども、一度目に両側にある2aと2dの剥離紙を剥離し、中央にある2bと2cの剥離紙を残す方法や、一度目に中央にある2bと2cの剥離紙を剥離し、両側にある2aと2dの剥離紙を残す方法も、上記記載例と実質的に同一の方法であるから、剥離紙の剥離方法としてこれらの方法も記載されているに等しいものということができる。そして、上記の剥離方法（中央の2bと2cの剥離紙を同時に剥離するか、残す方

法）や、甲23公報において切り込み線の数を減じたり、切り込みの形成箇所を適宜選定することなどが記載されていることを前提として甲23公報の図3をみると、中央の2bと2cの剥離紙の間にある切り込み線をなくし、2bと2cを一体とした形態、すなわち、2本の切り込み線により剥離紙の面積比を約1：2：1となるようにした形態（形態3）を創作することはそれ程困難なことではないということができる。また、剥離紙を2本の切り込み線により3区画に分ける形態は、貼付薬においては公知の形態である（甲25。なお、貼り薬と使い捨てカイロとは、人体に直接貼り付けるものであるか、衣服の上から人体に間接的に貼り付けるものであるかの違いはあるものの、いずれも、人体にその形状に沿うように直接又は間接的に貼り付けるものであって、日常的に使用されるものである点において共通する。）。

　そうすると、使い捨てカイロの分野における当業者が（形態3の）甲23公報に接すれば、使い捨てカイロの二度貼りを可能とするために、一度目と二度目の剥離面積が等面積になるような切り込み線を設けた剥離紙として、図1に示された形態において、切り込み線を2本とし、剥離紙全体を約1：2：1の面積比に区画する位置に切り込み線を設けること（形態3。具体的には、甲23公報の図1又は図3の2bと2cの間に切り込みを入れず、2bと2cを一体とした態様のものにすること）は、容易に創作することができたものといえる。

イ　また、甲23公報の切り込み線は直線であるが、これを直線とする必然性はなく、発熱袋（カイロ）において、切り込み線を直線以外の曲線等とすること（形態4。ただし、曲線の形状について、波線状との例示はない。）、及び甲25公報の貼り薬のように、剥離紙の切り込み線を波線状とし、左右対称に設けること（形態5）は、いずれも公知の形態であること、しかもこの波線形状は極めてありふれた形状であることからすると、甲23公報の切り込み線を、直線ではなく、甲25公報のような波線形状とすることも、容易に創作することができたものといえる。

ウ　以上によれば、本願意匠は、公知の形態である形態1、形態2、形態3a、形態4及び形態5に基づいて容易に意匠の創作をすることができたものであると認められ、これと概ね同趣旨の審決の判断に誤りはない。

考察

　本判決の創作非容易性の判断においては、切り込み線の直線を波線に置換することの容易性も含まれているが、それよりも重要な判断のポイントは、公知の形態3に示されている切り込み線が均等な間隔を持って形成されているものを、中央部の2つの短冊状の剥離紙（形態3の図における2bと2c）を合わせて1つの剥離紙部分とし、剥離紙全体で1：2：1の面積比となるように改変することが容易かどうかという点にあると思われる。そして、この改変にあたっては、使い捨てカイロの二度貼りを可能とするために、一度目と二度目の剥離面積が等面積になるような切り込み線を設けるというデザイン面及び機能面での動機付けがあり、また、形態3の図においても一度目と二度目の剥離面積を等面積とするための例として、一度目に2aと2cの剥離紙を剥離している例が示されていること、さらに他の公知例において、切り込み線の数を減じたり、切り込みの形成箇所を適宜選定したりすることなどが記載されている等の示唆から、改変が想到容易と判断されたということがわかる。言い換えると、本件の創作非容易性の判断は、改変後の形態が、公知意匠に開示されているのと同視し得る程度のデザイン上、機能上の同義性を前提として、客観的な判断根拠や基準が担保されているということができる。そして、そのような客観的な判断根拠や基準を示すことが創作非容易性の判断を深化＝進化させるうえで肝要であることを示している点において本判決は意義深い判決であるといえる。

判決例2-23　花壇用ブロック

東京高裁知的財産第3部　平成16年（行ケ）第491号
　（平成17年3月30日）（佐藤久夫裁判長）
　　引用意匠に公知の手法を適用することに阻害事由はないと判断した。

【本願意匠】　意匠に係る物品「花壇用ブロック」

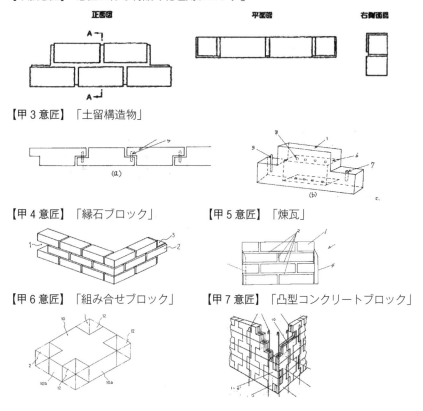

【甲 3 意匠】　「土留構造物」

【甲 4 意匠】　「縁石ブロック」　　　【甲 5 意匠】　「煉瓦」

【甲 6 意匠】　「組み合せブロック」　　【甲 7 意匠】　「凸型コンクリートブロック」

◇審決の要旨

1　本願の意匠の形態

　全体の形状を正面視横長凸字状とし、その表面に上部に 2 個、下部に 3 個の
レンガ積み模様を呈するように、目地部に相当する部分を細溝で形成している
もの。

2　意匠法 3 条 2 項該当の理由

　本願意匠は、甲 3 意匠の全体形状を基に、甲 4 意匠及び甲 5 意匠にみられる
手法により、単に上部に 2 個、下部に 3 個のレンガ積み模様を呈するように、
細溝で形成して表した程度にすぎないものであるから、何ら創作力を要しない
ものであり、当業者であれば容易に想到し得る形態であるといわざるを得な
い。

　（さらに）本願意匠は、甲6意匠及び甲7意匠に基づいて、横長長方形状の
レンガ模様を呈するように、単に上部に2個及び下部に3個結合して、上下部
ともに横長長方形状に形成したものであり、甲3意匠の縦・横・奥行きの構成
比を立方体の結合からなるブロックのように単に変更して表した程度にすぎな
いものであるから、この点も本願意匠独自の創作として格別評価するほどの創
作力を要したものといえないものである。

◆審決取消の事由（原告の主張）

（1）意匠の認定の誤り

　本願の意匠に係る物品（花壇用ブロック）は、ブロックの上下若しくは左右
を交互に逆にして組み合わせ、直線延長、後（前）方屈曲延長できるばかりで
なく、上（下）方に向かって屈曲させて三次元的にも配列し得る、特殊な形態
を有している。このような形態を現出するために、切欠空間及び突出部をそれ
ぞれ同じ大きさにした。また、切欠空間と概念的に同じ大きさの立方体を上部
に4個、下部に6個結合させた形となっている。審決は、このような形態上の
特徴を看過している。

（2）創作容易性の判断の誤り

①　審査基準にいう「ありふれた手法であることを示す具体的な事実」が審決
では何ら提示されていない。

②　本願意匠に係る物品と甲3意匠に係る物品は用途が異なるから引用は不適
切である。

③　引用例からは、本願意匠の縦・横・奥行きの構成比は出てこない。甲3意
匠ないし甲7意匠のいずれも、本願意匠の特徴である三次元的配列を可能とす
る意匠（切欠空間と同じ大きさの立方体を上部に4個、下部に6個結合させた
形）を開示するものはない。したがって、これらから、本願意匠の構成比は容
易に創作されない。

◆裁判所の判断の要旨

（1）意匠の認定の誤りについて

　審決は、本願意匠が原告主張の三次元的配列を可能にするためのものである
ことと、そのために立方体を組み合せた形状からなる特定の構成比を持つ必要
があることを前提に、その創作容易性の判断をしているから、原告の主張する
とおりに本願の意匠の認定をしていないことは、それ自体としては創作容易性
の判断の誤りをもたらすものとはいえない。

（2）創作容易性の判断の誤りについて

ア　甲 3 意匠ないし甲 5 意匠は、いずれも、土留めに用いるブロックに関する
ものであるという点で、製品の分野が共通するといえる。したがって、各公報
で想定されている用途が多少異なるとしても、土留めブロックの意匠を創作し
ようとする当業者が、これらのものを相互に参酌するのは自然なことである。

イ　本願意匠に係る製品分野に限らず、横長凸字状という形状そのものは、あ
りふれたものである。また、凸字状の形態のものを、複数個を積み重ね、ある
いは並べて用いる場合に、原告のいう三次元的配列をするということは、当業
者はもちろんのこと、そうでない一般の人でも、極めて容易に思いつく、公知
の事実ともいえると認められる（甲 7 意匠）。そして、この公知の三次元的配
列を、凸字状の土留めブロックに適用することに、何ら阻害事由はない。

　甲 3 意匠に、本願の意匠の構成比を備えさせる創作は容易である。

ウ　本願意匠は、甲第 3 号証の意匠を出発点として、これに美感の見地から周
知のレンガ積み模様を付与することとし、次に、公知ともいえる発想である凸
字状ブロックの三次元的配列を可能にするために、切欠空間及び突出部の寸法
を変更し、当業者が適宜な長さの設定をしたというものであるから、当業者が
容易に創作できたものであるといえる。

　審決も、単に公知の形態を個別に引用しただけではなく、ブロックにおける
凸字状の形態の周知性、レンガ積み模様の周知性とその適用を検討し、これを
肯定した上で、原告の主張する三次元的配列を可能にするための形状の周知性
を認定し、それに基づき本願の意匠の構成比となるよう変更することは容易で
ある、としているものであり、三次元的配列を思いつくことの容易性について
は明言していないものの、それは引用例に言及するまでもないありふれた手法
であるとして、当然の前提としていると思われる。そして、これは、本願の意
匠を当業者がありふれた手法により創作できたとするための具体的な事実に十
分該当するものといえる。

考察

　本事案は、審決がいうように、甲 3 意匠の全体形状をベースとして、甲 4 意
匠や甲 5 意匠に示されるレンガ模様を適用し、さらに甲 7 意匠に示される三次
元的組み合わせが可能となるように、構成比率を変更したことが創作容易とさ
れたものである。これをもって、意匠審査基準に例示されているような構成要

素の寄せ集めといえなくもないが、より概念的、思想的であり、主引例に対して、造形構成のありふれた手法や方法を示す副引例を適用した改変の想到容易性を判断している点で、特許庁の審査や審判における創作非容易性についての判断傾向を肯定している事例といえよう。本判決は、必ずしも新しい判決とはいえないが、特許の進歩性判断で出てくる阻害事由といういい方をしている点が注目される。

判決例2-24　検査用照明器具

知財高裁第1部　平成30年（行ケ）第10181号
（令和元年7月3日）（高部眞規子裁判長）

　本件意匠は、引用意匠1、引用意匠2又は引用意匠3のいずれに基づいても容易に創作しえたものではなく、また、引用意匠1に引用意匠2又は引用意匠3を組み合わせても容易に創作しえたものではないと判断した。

【本件意匠】　意匠に係る物品「検査用照明器具」

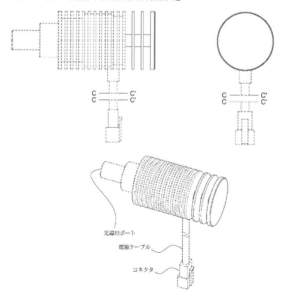

【引用意匠 1 】「タワー型ヒートシンク」

【引用意匠 2 】「同軸スポット照明」

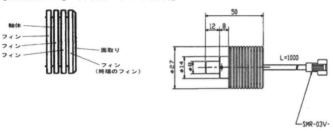

【引用意匠 3 】「検査用照明器具」

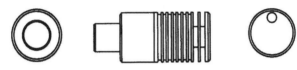

◇裁判所の判断の要旨

（1）取消事由 2 （引用意匠 1 に基づく創作容易性判断）

　複数のフィンが水平方向に並べて設けられている、「タワー型」の引用意匠 1 には、それらを垂直方向に並べることの動機付けを認めるに足りる証拠はないから、引用意匠 1 に基づいて本件意匠を創作することが容易であるとはいえない。

　また、引用意匠 1 を右に90°回転させて対比した場合の各相違点に係る本件意匠の構成が、周知のもの又はありふれたものと認めるに足りる証拠もないから、引用意匠 1 のみに基づいて当業者が本件意匠を創作することが容易であったとは認められない。

（2）取消事由 3 （引用意匠 1 及び同 2 に基づく創作容易性判断の誤り）及び取消事由 4 （引用意匠 1 及び同 3 に基づく創作容易性判断の誤り）

　ア　原告は、引用意匠 1 に同 2 又は同 3 をそれぞれ組み合わせれば、それらに基づき本件意匠を容易に創作することができたとも主張する。

　イ　検討

　（ア）しかしながら、本件意匠は、3 枚のフィンが垂直方向に並べて設けら

れているのに対し、タワー型ヒートシンクである引用意匠1では、4枚のフィンが水平方向に並べて設けられているところ、タワー型の引用意匠1には、それらを垂直方向に並べることの動機付けを認めるに足りる証拠はないから、引用意匠1及び同2又は同3に基づいて本件意匠を創作することが容易であるとはいえない。

　（イ）また、仮に引用意匠1を右に90°回転させて対比してみても、①本件意匠が、前端面に発光部のある検査用照明器具に設けられた後方部材（放熱部）であるのに対し、引用意匠1はそうでなく、汎用的なタワー型ヒートシンクであるという点、②本件意匠のフィンが3枚で、後端フィンの厚みが中間フィンの厚みの約2倍であるのに対し、引用意匠1のフィンでは4枚がほぼ同形同大のものであるという点、③本件意匠ではフィンの上下で厚みに差がないのに対し、引用意匠1のフィンは中央部の厚みが最も大きく、上下にいくにつれて次第に薄くなっている点、④支持軸体の直径が本件意匠では細いのに対し、引用意匠1ではやや太い点において相違し、これらの相違点が共通点を凌駕することは、前記のとおりである。そして、タワー型ヒートシンクである引用意匠1に検査用照明器具に係る引用意匠2又は同3を組み合わせる動機付けを認めるに足りる証拠はない。また、少なくとも上記相違点④に係る本件意匠の構成が引用意匠2又は同3にあらわれているということができないことからすれば、引用意匠1に引用意匠2又は同3を組み合わせてみても、本件意匠には至らない。したがって、それらに基づき当業者において本件意匠を創作することが容易であったとは認められない。

（3）取消事由6（引用意匠2に基づく創作容易性判断の誤り）

　ア　本件意匠と引用意匠2とは、ケーブル接続部の有無、フィンの枚数、軸体の太さなどにおいて明らかに異なっている。

　本件意匠出願の当時、検査用照明器具の電源ケーブルをどこから引き出すかについて、後方部材であるフィンの後端から引き出す形態は知られていたことがうかがわれるものの、フィン後端以外の位置から引き出す形態が知られていたと認めるに足りる証拠はない。そうすると、本件意匠については、電源ケーブルをフィンの後端から引き出すこととせず、したがって、フィンにケーブル接続部分を設けない点において、意匠の着想の新しさないし独創性がある。

　また、本件証拠上、本件意匠登録の出願前に知られていた意匠の支持軸体の直径は、各フィンの直径の約12分の5という引用意匠3（対象をヒートシンク

に拡大すれば、各フィンの直径の約3分の1という引用意匠1）が最も細かったものであり、本件意匠のように支持軸体の直径が細い形態が知られていたと認めるに足りる証拠もない。そうすると、本件意匠については、支持軸体の直径をフィンの直径の約5分の1という細い形状にした点においても、意匠の着想の新しさないし独創性がある。

　そして、少なくとも、相違点（①本件意匠では後方部材の後方に電源ケーブルを設けていないのに対し、引用意匠2ではそれが設けられているという点で相違し、また、②フィンの枚数について、本件意匠では中間フィンと後端フィンを合わせて3枚であるのに対し、引用意匠2では4枚である点、③本件意匠の支持軸体の直径がフィンの直径の約5分の1であるのに対し、引用意匠2では約13分の10である点が相違し、軸体の太さにおいて顕著な差異がある。）に係る本件意匠を創作する動機付けは認められない。

　以上によれば、引用意匠2に基づいて当業者が本件意匠を創作することが容易であったとは認められないというべきである。

（4）取消事由8（引用意匠3に基づく創作容易性判断の誤り）

　ア　本件意匠と引用意匠3とは、ケーブルを挿入するための貫通孔の有無、フィンの枚数、軸体の太さにおいて明らかに異なっている。本件意匠については、前記と同様に、電源ケーブルをフィンの後端から引き出すこととせず、したがって、フィンにそのための貫通孔を設けない点において、意匠の着想の新しさないし独創性がある。また、本件意匠については、支持軸体の直径をフィンの直径の約5分の1という細い形状にした点においても、意匠の着想の新しさないし独創性がある。

　そして、少なくとも、相違点（①本件意匠では後方部材の後方からケーブルを挿入するための貫通孔を各フィンに設けておらず、各フィンが平滑であるのに対し、引用意匠3では、それが設けられているという点で顕著に相違し、また、②フィンの枚数について、本件意匠では中間フィンと後端フィンを合わせて3枚であるのに対し、引用意匠3では2枚であることや、③本件意匠の支持軸体の直径がフィンの直径の約5分の1であるのに対し、引用意匠3では約12分の5である点が相違し、軸体の太さにおいても相違点がある。）に係る本件意匠を創作する動機付けは認められない。

　以上によれば、引用意匠3に基づいて当業者が本件意匠を創作することが容易であったとは認められないというべきである。

考察

　本判決は、「検査用照明器具」に関する一連の判決のひとつである。出発点となったのは、意匠権侵害事件の判決である（大阪地裁平成25年（ワ）第2791号・控訴審大阪高裁平成30年（ネ）第2523号）。その侵害事件における被告が登録した意匠に対して無効審判が請求され、その請求不成立審決に対する審決取消訴訟判決がある（**判決例1-14**）。本判決は、意匠権侵害事件の原告の本件登録意匠の登録に対して、侵害事件の被告が請求した無効審判の請求不成立審決に対する審決取消訴訟の判決である。

　本判決での創作非容易性の判断においては、引用各意匠から本件意匠を創作することの動機付けや、引用意匠1に引用意匠2又は引用意匠3を組み合わせることについて動機付けがないとしている。興味深いのは、本件意匠について、電源ケーブルをフィンの後端から引き出すこととせず、フィンにケーブル接続部分を設けない点に意匠の着想の新しさないし独創性を認めた点にある。ちなみに、上記の侵害判決と侵害被告の登録に対する審決取消判決では、類否判断についてではあるが、電源ケーブルが実線部分にないことを特徴として主張したのに対して、その主張が認められなかった。

　なお、本件では、引用1ないし引用意匠3との類否も取消事由になったが、いずれも非類似とされた。

判決例2-25　押出し食品用の口金

知財高裁第4部　令和元年（行ケ）第10089号
（令和元年11月26日）（大鷹一郎裁判長）

　本願意匠は、円形板の抜き穴の形状として公然知られていた星形の抜き穴を、ありふれた手法により、薄い円形板に、同一の方向性に向きを揃えて、60°千鳥の配置態様で19個形成して創作したにすぎないから、意匠の着想の新しさないし独創性があるものとは認められないと判断した。

【本願意匠】 意匠に係る物品「押出し食品用の口金」

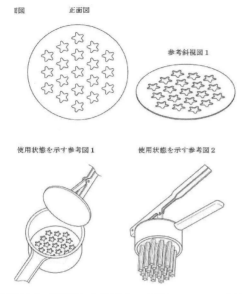

平面図　　　　　正面図

参考斜視図1

使用状態を示す参考図1　　　使用状態を示す参考図2

【意匠1】 「押出し食品用の口金板」

【意匠2】 「押出し食品用の口金板」

【意匠3】 「押出し食品用の口金板」

【参考資料】

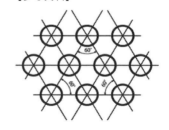

◇審決の要旨

　本願意匠は、意匠に係る物品を「押出し食品用の口金」とし、本願の願書の添付図面の記載によれば、ハンディーマッシャー（押し潰し器）等に装着して使用され、略星形の抜き穴から食品を棒状に押し出すことができるものであ

る。本願意匠の形態は、本願の出願前に公然知られたと認められる意匠 1 に見られるような角部に面取りを施した 5 つの凸部からなる星形の抜き穴を、薄い円形板に千鳥状の配置態様になるように19個形成して創作したにすぎないものであって、この創作には当業者の立場からみた意匠の着想の新しさないし独創性があるとはいえず、本願意匠は、当業者であれば、格別の障害も困難もなく容易に創作をすることができたものと認められる。

◇原告の主張

　本願意匠は、星形の抜き穴を 1 枚の無垢の円形板に複数個、均等に穿設する際に、円形板と、整列した抜き穴が構成する図形と、抜き穴のない周縁部分が、唯一無二の美感を与えるように、個々の抜き穴のサイズを決定し、抜き穴の数を19個とし、これを千鳥状に配置したものである。本願意匠は、抜き穴のうち外側に配置された抜き穴が形成する正六角形と、その外側の蒲鉾状の周縁部分及び円形板の円形の全てが、円形板の中心点を中心として均等に整然と配置され、落ち着きと、併せてリズム感ないし安定性を表現している。すなわち、下記の図 1 （星形の中心点を結んで六角形で描いた図）に示すように、円形板の円形の中に、六角形を成す抜き穴が配置された態様は、リズム感があり、全く新しい美しさである。また、図 2 （周縁にできる蒲鉾上の余白部分を示した図）に示すように、6 個の蒲鉾状図形と、円形板の円形が醸し出す美しさは、全ての物品から理解できる美しさを凌駕する。

【図 1】　　　　　　　　　　　　　　【図 2】

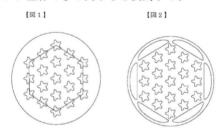

　これにより、本願意匠は、独特の美感をもたらし、これまでにない美感を看者に与えるものであるから、本願意匠の創作には当業者の立場からみた着想の新しさないし独創性がある。

◇裁判所の判断の要旨

創作容易性の判断の誤りについて

(1)　本願の出願前に公然知られた形状等について

　本願の出願当時、①板状の金属材料にデザイン性を持たせるため、60°千鳥の配置態様で、複数個の「抜き孔」を設けることは、ごく普通に行われていたことであり、当業者にとってありふれた手法であったこと、②19個の抜き穴を千鳥状に配置する形状は、公然知られていたこと（例えば、意匠3）が認められる。

(2)　検討

　本願意匠に係る「押出し食品用の口金板」の物品分野においては、抜き穴から食品を棒状に押し出す調理器具に使用される金属製の円形板の口金板に設けられた、角部に面取りを施した5つ又は6つの凸部からなる星形の抜き穴の形状は、本願の出願当時、公然知られていたことが認められる。

　加えて、板状の金属材料にデザイン性を持たせるため、60°千鳥の配置態様で、複数個の「抜き孔」を設けることは、本願の出願当時、ごく普通に行われていたことであり、当業者にとってありふれた手法であったこと、19個の抜き穴を千鳥状に配置する形状は公然知られていたこと（例えば、意匠3）に照らすと、本願意匠は、本願の出願当時、円形板の抜き穴の形状として公然知られていた角部に面取りを施した5つの凸部からなる星形の抜き穴（例えば、意匠1）を、当業者にとってありふれた手法により、薄い円形板に、同一の方向性に向きを揃えて、60°千鳥の配置態様で19個形成して創作したにすぎないものといえるから、本願意匠の創作には当業者の立場からみた意匠の着想の新しさないし独創性があるものとは認められない。

　したがって、本願意匠は、本願の出願前に公然知られた形状の結合に基づいて、当業者が容易に創作をすることができたものと認められる。これと同旨の本件審決の判断に誤りはない。

　これに対し原告は、本願意匠は、星形の抜き穴を1枚の無垢の円形板に複数個、均等に穿設する際に、円形板と、整列した抜き穴が構成する図形と、抜き穴のない周縁部分が、唯一無二の美感を与えるように、個々の抜き穴のサイズを決定し、抜き穴の数を19個とし、これを千鳥状に配置したものであり、本願意匠は、抜き穴のうち外側に配置された抜き穴が形成する正六角形と、その外側の蒲鉾状の周縁部分及び円形板の円形の全てが、円形板の中心点を中心として均等に整然と配置され、落ち着きと、併せてリズム感ないし安定性を表現している、これにより、本願意匠は、独特の美感をもたらし、これまでにない美感を看者に与えるものであるから、本願意匠の創作には当業者の立場からみた

意匠の着想の新しさないし独創性があるとして、本願意匠は、本願の出願前に公然知られた形状の結合に基づいて当業者が容易に創作をすることができたものとはいえない旨主張する。

　しかしながら、本願意匠は、本願の出願当時、円形板の抜き穴の形状として公然知られていた角部に面取りを施した 5 つの凸部からなる星形の抜き穴（例えば、意匠 1 ）を、当業者にとってありふれた手法により、薄い円形板に、同一の方向性に向きを揃えて、60°千鳥の配置態様で19個形成して創作したにすぎないものである。

　そして、本願意匠に係る物品「押出し食品用の口金」は、略円筒形状の底面部内周部分に環状縁部を設けた調理器具に装着して使用され、抜き穴から食品を棒状に押し出すことができるものであることに照らすと、調理器具の環状縁部と当接する口金の周縁部分に抜き穴を形成することができない余白部分が生じ得ることは、当業者であれば、当然想定するものといえる。また、円形板の口金に、角部に面取りを施した 5 つの凸部からなる星形の抜き穴を、同一の方向性に向きを揃えて、60°千鳥の配置態様で19個配置する場合には、円形板の直径と円形板に配置する星形の抜き穴に外接する円形の直径の比率、抜き穴と抜き穴の中心間隔（ピッチ）等に応じて、口金の周縁部分の余白部分の大きさは一定の範囲内のものに収まること、円形板の中心に星形の抜き穴を配置し、これを中心点として19個の星形の抜き穴を60°千鳥に配置した場合、外側に配置された星形の抜き穴の周縁部側の凸部先端をそれぞれ直線で結んだ図形は正六角形となり、この図形と円形板の外周とで形成される余白部分が蒲鉾状となることは自明であることに照らすと、本願意匠の余白部分の形状の創作に着想の新しさないし独創性は認められない。

考察

　本件は、引用例である意匠 1 に示されているように、公然知られていた角部に面取りを施した 5 つの凸部からなる星形の抜き穴を、意匠 3 及び参考資料に示されているように、ありふれた手法により、薄い円形板に、同一の方向性に向きを揃えて、60°千鳥の配置態様で19個形成して創作したにすぎないとされた。すなわち、引例に示す構成要素をありふれた手法を適用して配置・構成したにすぎないものとして、基本判例である最高裁判例に示す「意匠の着想の新しさないし独創性」を有しないとされたわけである。

　それに対して、原告は、抜き穴を正六角形に秩序だって配置し、なおかつ、蒲鉾形の余白を配したことによって、独自の美感をもたらしていることを主張した。このような美感による創作性の主張は、たぶん「貝吊り下げ具」判決（**判決例2-16**）などを踏まえたものであろう。これに対して裁判所は、そのような配置は、引例や参考資料等に照らせば、当業者にとっては当然、かつ自明のものであるとして原告の主張を退けた。

　このように、本判決にみられる創作非容易性の判断は、「貝吊り下げ具」判決やその後の、創作非容易性判断を緻密化した「箸の持ち方矯正具」判決（**判決例2-20**）などを踏まえた流れの中で、現状の判断事例として理解されるべきものであろう。

　なお、原告の上記美感の主張に対して、被告である特許庁は、「意匠法3条2項は、公然知られたモチーフを基準として、当業者の立場からみた意匠の着想の新しさや独創性を問題とする規定であって、美感の有無を問題とするものではないから、本願意匠がこれまでにない美感を看者に与えるものであることは、本願意匠が創作容易であるかどうかとは別個の問題である。」と反論している。ここには、創作非容易性に対する特許庁の審査・審判の考え方の一端が垣間見れて興味深い。

6　その他の判決例

6 - 1　部分意匠特有の判断を示した判決例

　前に挙げた判決例の中にも部分意匠について創作非容易性を判断した判決例が含まれているが、ここでは、部分意匠に特有の判断を示した判決例を紹介し、解説する。

判決例 2-26　遊技機用表示灯

知財高裁第 2 部　平成24年（行ケ）第10449号
（平成25年 6 月27日）（塩月秀平裁判長）
　本件登録意匠部分の大きさ、範囲及び位置に特段の創作はないとした審決の判断を支持した。

【本件意匠】　意匠に係る物品「遊技機用表示灯」

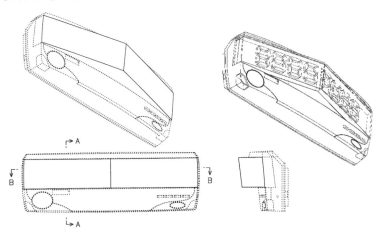

【甲 3 意匠】　「遊技機用表示装置」

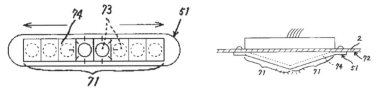

◇審決の要旨

　本件登録意匠部分（本件意匠において部分意匠として登録を受けた部分）は、破線で表された遊技機表示灯の、正面やや上寄りに形成された発光部を覆う透明カバー中の、上下面及び左右側面を除く正面の外表面であり、その形態の概要は次のとおりである。

【A】正面視が略横長長方形状で、中央を縦方向の稜線として、その左右面が平面視で偏平した略倒「く」の字状に背面側へ傾斜している。

【B】正面の略横長長方形の縦横比率が約1：6である。

【C】平面視で偏平した「く」の字状の開き角度が約150°である。

【D】側面視で前屈みに傾斜している。

【E】透明である。

　本件登録意匠部分を、発光体正面の大部分を占める大きさ及び範囲のものとして遊技機用表示灯の正面やや上寄りの位置に設けたことに特段の創作はない。

　本件登録意匠部分は、甲3意匠の表示面（71）の形状を基とし、単に縦横比率と左右の傾斜面の開き角度を僅かに変えて、本件登録意匠部分の出願前に広く知られた態様に傾斜させた程度のものであって、当該部分の物品全体に対する位置、大きさ及び範囲についても特段の創意は認められないものであるから、当業者であれば容易に創作をすることができた。

◇裁判所の判断の要旨

　部分意匠においては、その考慮に当たり、部分意匠に係る部分の形状等とともに、部分意匠に係る部分の物品全体における位置、大きさ及び範囲がどのようなものであるかとの観点を離れることはできない。そして、部分意匠の位置等を確定するに当たっては、破線によって具体的に示された位置等を参酌することになる。

　しかしながら、このように、部分意匠に係る部分及び物品の各用途若しくは機能並びに部分意匠に係る物品における部分意匠に係る部分の位置、大きさ及び範囲を参酌することを要するとしても、それらは部分意匠の創作性判断又は類否判断において参酌すべきことをいうにすぎないのであり、これらを部分意匠の構成それ自体に含めることは、その使用の目的に応じて適宜選択、変更するにすぎないとして意匠登録を受けないとしていた部分を、実質的には部分意匠に取り込むことになり、部分意匠登録出願の趣旨に反し、構成の特定方法と

しては相当でない。

審決が本件登録意匠部分を甲3意匠の表示面（71）の形状を基にわずかな微差が加えられたものとして創作容易性を認めた点に誤りはない。

考察

本判決は、無効審決の取消訴訟判決である。原告は、部分意匠に係る部分と引用意匠の相当する部分の位置づけ、形態及び機能等の違いを主張したが受け入れられなかった。

部分意匠に係る部分の破線部を含む物品全体との関係での位置、大きさ及び範囲が、意匠の類否判断（意匠法3条1項3号）において参酌されることは意匠審査基準も明記している。本判決は、この「位置、大きさ及び範囲」が、創作非容易性の判断においても参酌要素として問題となった点で意義深い。改訂意匠審査基準もこの「位置、大きさ及び範囲」が判断対象になることを言及している。

もっとも、「位置、大きさ及び範囲」はあくまで参酌対象であって、破線部を部分意匠の構成に含めるものでないことは判決が説示している通りである。なお、個別ケースとしての本件では、部分意匠に係る部分の位置には格別の創意性はないとされた。

> ### 判決例2-27　ブラインド用スラット
>
> **知財高裁第3部　平成28年（行ケ）第10138号**
> **（平成28年11月22日）（鶴岡稔彦裁判長）**
> 　部分意匠について、比較的多数の引用例に基づいて、創作容易と判断
> した。

【本件登録意匠】　意匠に係る物品「ブラインド用スラット」

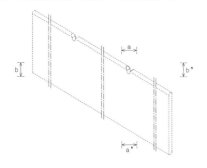

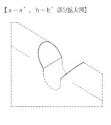

【a－a'，b－b'部分拡大図】

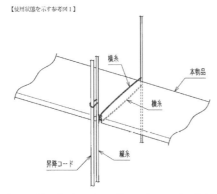

【使用状態を示す参考図1】

※意匠に係る物品の説明　「この意匠に係る物品は、ブラインド用スラットで
　ある。本願意匠において、登録を受けようとする部分は、縦糸、昇降コード
　等を収容する切欠き部における一対の収容ガイド面であって、機能的、デザ
　イン的一体性を有する。」

【引用意匠1（甲3）】　　【引用意匠2（甲4）】　　【引用意匠3（甲5）】

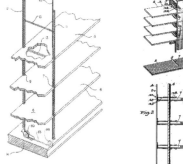

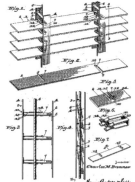

【引用意匠4（甲6）】　　　【引用意匠5（甲7）】

【引用意匠 6（甲 8）】　　　　　【引用意匠 7（甲 9）】

【周辺意匠 3】

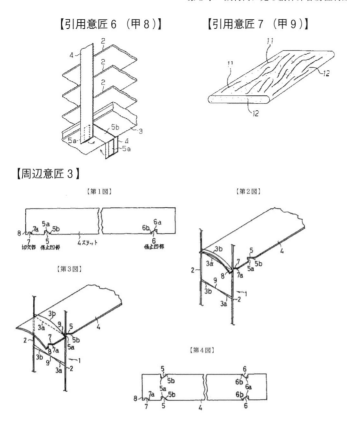

◇審決の要旨

　引用意匠 1 及び 2 に表れている、ガイド面部分を逆ハの字状となる斜面とした態様を、引用意匠 3 ないし 5 に表れている、上辺の縁を半正円弧状にした厚みのあるスラットの上辺にある切欠き部に用いることは、当業者であれば容易であり、そのガイド面の傾斜角度を55度とすることは、この種物品分野において公然知られた態様であるから、本件登録意匠の創作は、容易であったと認められる。

◇裁判所の判断の要旨

　引用意匠 1 ないし 5 によれば、ブラインド用スラットには、引用意匠 1 及び 2 に示されるような薄いスラットと引用意匠 3 ないし 5 に示されるような厚みのあるスラットがあり、いずれにおいても、スラットの上辺にラダーコード等を係止するための切欠き部を設けることが公然知られた態様であることは明ら

かである。

　しかるところ、切欠き部の形状については、スラットに厚みがあるか否かによって当該切欠き部の形状に差異を設けるべき理由は特段見当たらないというべきであるから、引用意匠1及び2に示された薄いスラットに設けられた逆ハの字状の切欠き部を、引用意匠3ないし5のような厚みのあるスラットに形成することには、格別の障害も困難もなく、当業者において容易になし得るものであって、このことは、これを示す具体的な証拠によるまでもなく認めることができるというべきである。なお、スラットの厚みの有無によって切欠き部の形状に差異を設けるべき理由がないことは、薄いスラット及び厚みのあるスラットのいずれにおいても、ラダーコード等を係止する切欠き部として、似通ったU字状のものが形成されている公知例が存在することからも裏付けられる。

　したがって、引用意匠1及び2に表れているガイド面部分を逆ハの字状となる斜面とした態様を、引用意匠3ないし5に表れている上辺の縁を半正円弧状にした厚みのあるスラットの上辺にある切欠き部に用いることは当業者であれば容易であるとした本件審決の判断に誤りはなく、原告の主張は理由がない。

考察

　意匠の場合も無効審判は侵害事件に対する対抗手段として請求される場合が多い。本件は無効審判の審決取消訴訟の判決である。本件において侵害事件が並行していたかどうかは不明であるが、いずれにしても、無効審判を請求する側は、無効の根拠となる証拠を収集して審判を請求するのがセオリーである。本件においても、無効審判を請求した側（本判決の被告）は、多数の引用例として、国内外の意匠公報や特許公報を積極的に収集し、分析して、無効の論理を構築したものと思われる。

　本件登録意匠は部分意匠であるが、ブラインド用スラットのラダーコード等を係止する切欠き部の一部の比較的小さい領域の面を部分意匠の対象としているものである。本件登録意匠は、戦略的にはピンポイント的ないわゆる「攻め」の部分意匠と思われるが、このような「攻め」の部分意匠は、権利化すれば強い権利になり得るが、反面、無効審判などにおいては、多数の引例証拠を収集、提出されて、意匠法3条2項的には攻撃されやすいともいえる。本判決は、そのような意味においても学ぶことが多い判決である。

《第3部》

新しい保護対象の
新規性と創作非容易性

序

　令和元年（2019年）の法改正により、意匠法の保護対象が拡張され、物品から離れた画像自体の意匠や建築物（改正意匠法2条1項）の意匠、さらに内装の意匠（改正意匠法8条の2）が加わった。これらの新しい保護対象は、従来の意匠法が物品性、動産性を前提にしていたことからすれば、保護対象の単なる拡大というよりも、意匠保護の高次元化ということもできる。このような次元を異にするような新しい保護対象には、実務の蓄積もないことから、従来の判断基準では足りないと思われる。

　そのこともあってか、改訂された意匠審査基準には、第Ⅳ部「個別の意匠登録出願」が設けられた。そこでは、画像を含む意匠、建築物の意匠、そして内装の意匠などについて、登録要件の判断基準が規定され、説明されている。

　そこで、本書においても、この第3部において、画像を含む意匠、建築物の意匠及び内装の意匠について、新規性（類否）と創作非容易性の個別的判断基準を記載する。もっとも、これら画像を含む意匠、建築物の意匠及び内装の意匠については、新しい保護対象であるがゆえに、現時点では実務の蓄積もなく、裁判例もない。そのため、この第3部では、改訂意匠審査基準から画像を含む意匠、建築物の意匠及び内装の意匠について、その新規性（類否）及び創作非容易性の判断基準を理解するうえで必要と思われる部分を抽出した記述が大半であり、筆者の解説は少ないことをお断りする。しかしそうであっても、本書の第1部及び第2部と合わせて、意匠法の保護対象のすべてについて、新規性（類否）と創作非容易性の一般的判断基準及び個別的判断基準の全体を理解するうえでお役に立てると思うし、新たな保護対象についての新規性（類否）と創作非容易性の内容を簡便に知るという便宜にも供することができると信じる。

　新たな保護対象である画像を含む意匠、建築物の意匠及び内装の意匠についての実務や裁判例が蓄積されて、将来本書を改訂する機会があれば、解説をより豊富化したい。

　なお、この第3部において、引用する図の出典は、判決例の図を除いて、すべて改訂意匠審査基準であるが、印刷の都合上、カラーをモノクロで現していることをお断りする。

第 1 章

画像を含む意匠

1 保護対象としての画像を含む意匠

　令和元年意匠法改正前においては、意匠法の保護対象は物品性を前提にしたものしか認めていなかったので、画像の意匠については、物品の操作の用に供される画像を物品の部分の意匠として保護対象にするなど、伝統的に物品の部分としての画像を含む意匠として保護してきた。

　そうしたところ、令和元年意匠法改正により、物品から離れた画像自体も保護の対象とされることになった。

　したがって、令和元年の意匠法改正以降、意匠登録出願人が画像を含む意匠について意匠登録を受ける方法には、大きく以下の2通りがある。

　①画像意匠（物品から離れた画像自体）として保護を受ける方法

　　（以下、このような意匠を「画像意匠」という。）

　②物品又は建築物の部分としての画像を含む意匠として保護を受ける方法

　　（以下、このような意匠を「物品等の部分に画像を含む意匠」という。）

　上記①は、画像が表示される対象を問わないものであり、上記②については、物品又は建築物と一体的に創作された画像を保護するものである。

　そして、画像意匠には次の2種類がある。

　①機器の操作の用に供される画像（以下、「操作画像」という。）

　②機器がその機能を発揮した結果として表示される画像（以下、「表示画像」という。）

　ここに、「操作画像」とは、対象の機器が機能にしたがって働く状態にする

ための指示を与える画像であり、特段の事情がない限り、画像の中に何らかの機器の操作に使用される図形等が選択又は指定可能に表示されるものをいう。画像意匠は物品から離れたものであるので、ここでいう機器が特定されている必要はなく、操作対象となる用途や機能（例えば、写真撮影用画像）が特定されていればよい。

「表示画像」とは、何らかの機器の機能と関わりのある表示画像であり、画像の中に機器の何らかの機能と関わりのある表示を含むものをいう。

〈操作画像に該当する画像の例〉

「商品購入用画像」
（ウェブサイトの画像）

「アイコン用画像」
（クリックするとソフトウェアが立ち上がる操作ボタン）

〈表示画像に該当する画像の例〉

「医療用測定結果表示画像」

「時刻表示画像」（壁に投影された画像）

なお、風景写真や映画などの機器の機能や用途と関係のないコンテンツは意匠法の保護対象からは除外される。

2　新規性

2-1　画像を含む意匠の類否判断手法

審査官は、画像を含む意匠の類否判断を行うにあたり、画像意匠、物品等の部分に画像を含む意匠のいずれの場合においても、対比する両意匠が以下の（1）ないし（3）の全ての要件に該当する場合に、両意匠は類似すると判断する。

（1）両意匠の意匠全体の用途及び機能が同一又は類似であること

（2）両意匠の画像の用途及び機能が同一又は類似であること

（3）両意匠の形状等が同一又は類似であること

このような判断基準は、改訂前の意匠審査基準にも同様の趣旨の判断基準があったが、改訂後は上記（1）について、物品から離れた画像意匠や建築物の部分に画像を含む意匠をも包含するように、意匠全体の用途及び機能とされたと思われる。

2−1−1　両意匠の意匠全体の用途及び機能が同一又は類似であること

審査官は、画像を含む意匠の類否判断を行う際、まず、「意匠に係る物品」の欄に記載された物品、画像の用途又は建築物の用途を踏まえつつ、当該物品、建築物又は画像の使用の目的、使用の状態等に基づいて、両意匠の意匠に係る物品等の用途及び機能を認定する。物品等の部分に画像を含む意匠の場合は、意匠に係る物品又は建築物等の用途及び機能の類否に加え、当該画像の用途及び機能についても認定する。

審査官は、上記の認定に基づいて、両意匠の用途及び機能の類否を判断する。その際、意匠の類似は、対比する意匠同士の意匠に係る物品等の用途及び機能が同一又は類似であることを前提とするが、それらの詳細な用途及び機能を比較した上でその類否を決する必要はないことから、具体的な物品等に表された形状等の価値を評価する範囲において、用途（使用目的、使用状態等）及び機能に共通性があれば、両意匠の意匠に係る物品等の用途及び機能が類似すると判断する。

一般に、意匠に係る物品等の用途及び機能に相違があるとしても、その相違が物品等の形状等の特徴として現れないなど、意匠に係る物品等の用途及び機能を総合的に判断した場合に考慮し得ないものである場合には、意匠に係る物品等は類似すると判断する。

画像意匠同士の用途及び機能の類否判断を行う際は、審査官は、物品等の部分に画像を含む意匠における場合のように、それらが表示される物品等の用途及び機能を考慮する必要がない。

一方、画像の用途及び機能が共通する場合であっても、比較の対象となる意匠の意匠に係る物品等の用途及び機能を総合的に判断した場合に、当該画像の用途及び機能以外に明らかに異なる使用目的を含むなど、考慮すべき他の用途及び機能がある場合は、意匠に係る物品等は類似しないと判断する。

〈画像意匠と物品の部分としての画像を含む意匠の類否判断における用途及び機能の影響〉

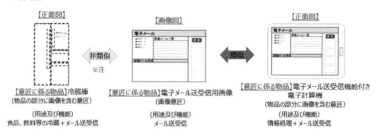

　上記において「電子メール送受信機能付き電子計算機」の用途及び機能は、電子メール送受信機能に加え情報処理機能を持つものであるが、情報処理機能自体は種々の物品に付加されることが多い一般的な機能であり、かつ、物品の外観上の特徴として表れない機能であることから、意匠全体の用途及び機能を比較する場合にほとんど影響を与えないものである。よって、当該画像を表示させているときの「電子メール送受信機能付き電子計算機」の用途及び機能は「電子メール送受信用画像」の用途及び機能と比較すると、両者の共通性が情報処理機能の有無の違いよりも大きいことから、両意匠の用途及び機能は類似するものと判断する。

　一方、「電子メール送受信機能付き冷蔵庫」の画像部分のみを意匠登録を受けようとする部分とする意匠と、「電子メール送受信用画像」の画像意匠とを比較する場合、「冷蔵庫」にはメール送受信機能に加え、食品等を保管し冷蔵するという冷蔵庫としての用途及び機能も有しており、当該用途及び機能は外観上にも顕著に現れている。このため、「電子メール送受信用画像」の用途及び機能の共通性に比べ、冷蔵庫としての用途及び機能の有無の違いが大きいことから、両意匠は類似しないものと扱う。

　（注）「冷蔵庫」の意匠が「電子メール送受信用画像」の意匠の出願前に公知となっている場合は、「冷蔵庫」の表示部に表された画像を画像意匠として新規性（及び創作非容易性）の判断の基礎とする資料として取り扱うことから、その後に出願された「電子メール送受信用画像」の意匠は、新規性（又は創作非容易性）の要件に基づく拒絶の対象となり得る。

〈用途及び機能が類似する例1〉

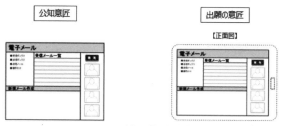

上記において、「電子メール送受信機能付き電子計算機」の用途及び機能は、電子メール送受信機能に加え情報処理機能を持つものであるが、情報処理機能自体は種々の物品に付加されることが多い一般的な機能であり、かつ、物品の外観上の特徴として表れない機能であることから、意匠全体の用途及び機能を比較する場合にほとんど影響を与えないものである。よって、当該画像を表示させているときの「電子メール送受信機能付き電子計算機」の用途及び機能は「電子メール送受信用画像」の用途及び機能と比較すると、両者の共通性が情報処理機能の有無の違いよりも大きいことから、両意匠の用途及び機能は類似するものと判断する。

〈用途及び機能が類似する例2〉

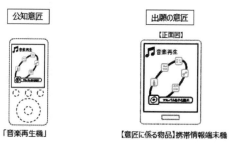

上記において、「音楽再生機」の用途及び機能は、音楽の再生であるのに対し、「携帯情報端末機」は、音楽の再生のみならずスケジュールの管理や連絡先の管理等の複合的な用途及び機能を持つものであるが、音楽再生用画像を表示させているときの「携帯情報端末機」においては、音楽の再生以外の用途及び機能は物品の外観上の特徴として表れないことから、両意匠の意匠全体の用途及び機能を比較する場合にほとんど影響を与えないものである。よって、音楽再生画像を表示させているときの「携帯情報端末機」の用途及び機能は、

「音楽再生機」の用途及び機能と比較すると、両者の共通性が携帯情報端末機のその他の機能の有無の違いよりも大きいことから、両意匠の用途及び機能は類似するものと判断する。

〈用途及び機能が類似する例3〉

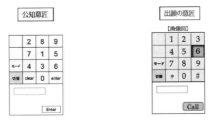

上記において、「入退室管理用のパスワード入力用画像」と「電話番号入力用画像」とは、入力の対象がパスワードであるか、電話番号であるかとの点において異なるが、いずれも数値を入力するものである点で共通することから、両意匠の用途及び機能は類似するものと判断する。

〈用途及び機能が類似する例4〉

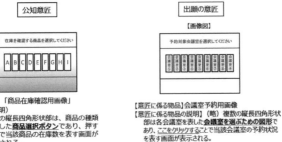

上記において、「商品在庫確認用画像」と「会議室予約用画像」とは、選択の対象が商品であるか、会議室であるかとの点において異なるが、複数の選択肢から一つを選択し、その情報を表示させる指示を与えるものである点で共通することから、両意匠の用途及び機能は類似するものと判断する。

〈用途及び機能が類似しない例1〉

公知意匠

「電子メール送信用画像」

出願の意匠
【正面図】

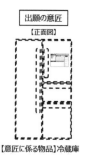

【意匠に係る物品】冷蔵庫

　上記において、「電子メール送受信機能付き冷蔵庫」と「電子メール送受信用画像」とは、いずれも電子メールの送受信を行う用途及び機能を持つものである点で共通するが、「電子メール送受信用画像」は、電子メールを送受信する用途及び機能しか持たないものであるのに対し、「電子メール送受信機能付き冷蔵庫」は、電子メールの送受信に加え、食品等を保管し、冷蔵するという冷蔵庫特有のハードウェアに基づく用途及び機能も有している点で大きく異なる。よって両意匠の用途及び機能は類似しないと判断する。

〈用途及び機能が類似しない例2〉

公知意匠

「マシニングセンタ制御機能付き
電子計算機」
（切削加工内容の設定を行うための画像）

出願の意匠
【正面図】

【意匠登録を受けようとする部分の部分拡大図】

【意匠に係る物品】マシニングセンタ
【意匠に係る物品の説明】（略）意匠登録を受けようとする画像は、切削加工内容の設定を行うための画像である。

　上記において、「マシニングセンタ制御機能付き電子計算機」と「マシニングセンタ」とは、いずれも切削加工内容の設定を行う用途及び機能を持つものである点で共通するが、「マシニングセンタ制御機能付き電子計算機」は、マシニングセンタの制御と情報処理の用途及び機能しか持たないものであるのに対し、「マシニングセンタ」は、マシニングセンタの制御に加え、切削加工等

を行うという電子計算機が通常有していないマシニングセンタに特有のハードウェアに基づく用途及び機能も有している点で大きく異なる。よって、両意匠の用途及び機能は類似しないと判断する。

〈用途及び機能が類似しない例3〉

公知意匠

「商品在庫確認用画像」
(説明)
複数の縦長四角形状部は、商品の種類を表した商品選択ボタンであり、押すことで当該商品の在庫数を表す画面が表示される。

出願の意匠

【意匠に係る物品】商品在庫確認用画像
【意匠に係る物品の説明】(略)　複数の縦長四角形状部は、ある特定の商品の在庫数を表すインジケーターである。

　上記において、両意匠はいずれも商品の在庫の確認に関するものである点で共通するが、公知意匠は、複数の選択肢から一つを選択し、その情報を表示させる指示を与えるものである一方、出願意匠は情報を表示したものであることから、両画像の用途及び機能は大きく異なる。よって、両意匠の用途及び機能は類似しないと判断する。

2-1-2　両意匠の意匠登録を受けようとする部分の用途及び機能が同一又は類似であること

　意匠登録出願された意匠の類否判断を行う場合は、物品全体、画像全体又は建築物全体同士の用途及び機能を比較するだけでなく、意匠登録出願された意匠の意匠登録を受けようとする部分についての用途及び機能が同一又は類似でない場合は、両意匠は類似しないものと扱う。

　例えば、「電子メール送受信機能付き冷蔵庫」の画像部分のみについて意匠登録を受けようとする意匠と、物品全体について意匠登録を受けようとする全体意匠とした場合、前者の意匠登録を受けようとする部分の用途及び機能は電子メール送受信機能であるが、後者の意匠登録を受けようとする部分（すなわち物品全体）は、電子メール送受信機能及び食品等を保管する冷蔵庫としての用途及び機能も含んでいる。このため、この場合、前者の意匠登録を受けようとする部分の用途及び機能と全体意匠の用途及び機能が類似しないことから、両意匠は類似しない。

2-1-3　両意匠の意匠登録を受けようとする画像及び物品等の部分の形状等が同一又は類似であること

画像は物品を離れたものであるが、実際には物品等の表示部に示されるか、壁や地面等に投影されることで具現化されるものであるので、物品等の形状等の類否判断と同様に、類否判断を行う。

この時、「画像図」一図で表された画像については平面的な画像として、「画像○○図」という図を用いることで立体的な画像として類否判断を行う。

3　創作非容易性

3-1　画像を含む意匠の創作非容易性の判断主体

画像を含む意匠について、その意匠の属する分野における通常の知識を有する者とは、意匠登録出願の時に、画像を含む意匠に関し、通常の知識を有する者をいう。

物品の部分としての画像を含む意匠の場合は、上記の知識に加えて、意匠に係る物品を製造、販売する業界の意匠に関する通常の知識をも有する者が該当する。

また、建築物の部分としての画像を含む意匠の場合は、上記の知識に加えて、建築物を建築、販売する業界の意匠に関する通常の知識をも有する者が該当する。

3-2　画像を含む意匠の分野におけるありふれた手法の例

改訂意匠審査基準は、画像を含む意匠に共通する主な「ありふれた手法」の例として次のものを挙げている。これらは「ありふれた手法」の類型ということもできる。

（a）置き換え

（b）寄せ集め

（c）配置の変更

（d）構成比率の変更

（e）連続する単位の数の増減

（f）物品等の枠を超えた構成要素の利用・転用

これらは、改訂意匠審査基準の第Ⅲ部第2章第2節4.2.1で挙げられている

「ありふれた手法の例」と同じであり、次の（g）ないし（j）が加えられている。

（g）フレーム分割態様の変更

画像がいくつかのフレームに分かれているものであるときに、その分割態様をありふれた範囲、比率の範囲内で変更することをいう。

（h）まとまりある区画要素の削除

画像がいくつかのまとまりある区画要素に分かれているときに、そのまとまりある区画要素単位で削除することをいう。

（i）既存の変化態様の付加

（j）（a）ないし（i）のありふれた手法の単なる組合せ

以下に改訂意匠審査基準が、ありふれた手法の例として図示しているものを挙げる。

（a）置き換えにより容易に創作された意匠の例

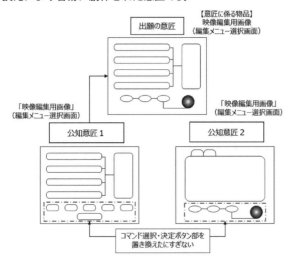

（b）寄せ集めにより容易に創作された意匠の例

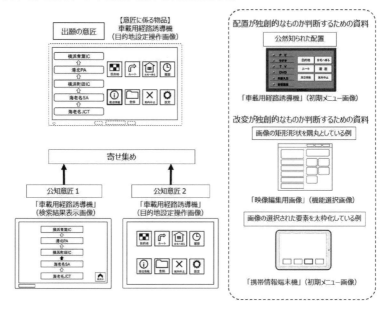

（c）配置の変更により容易に創作された意匠の例

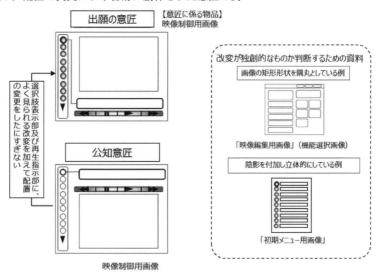

（d）構成比率の変更により容易に創作された意匠の例

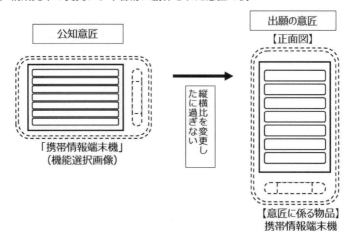

（e）連続する単位の数の増減により容易に創作された意匠の例

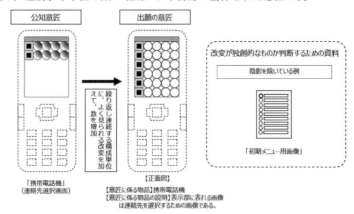

（f）物品等の枠を超えた構成要素の利用・転用により容易に創作された意匠の例

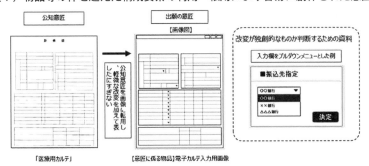

（g）フレーム分割態様の変更により容易に創作された意匠の例

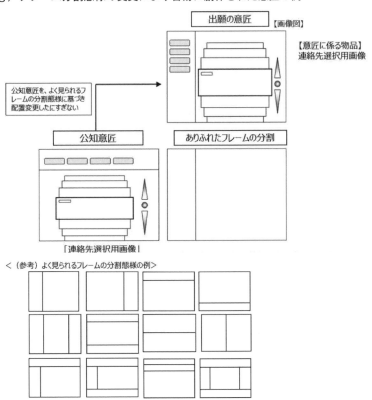

（h）まとまりある区画要素の削除により容易に創作された意匠の例

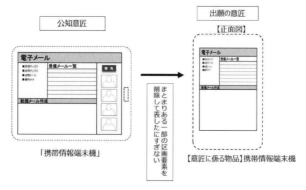

（i）既存の変化態様の付加により容易に創作された意匠の例

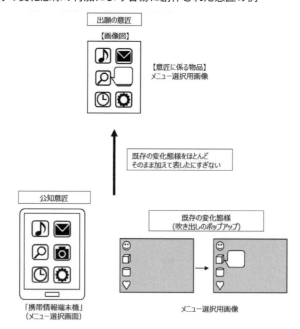

3-3　画像を含む意匠の分野における軽微な改変の例

　改訂意匠審査基準は、画像を含む意匠における「軽微な改変」の例として次のものを挙げている。

　（a）矩形角部の隅丸化、立体を模した陰影の付加、構成要素間の隙間の設

置、隙間の幅の変更、プルダウン化など、細部の造形の変更
（ｂ）区画ごとの単純な彩色、要求機能に基づく標準的な彩色など、色彩の
　　単純な付加
（ｃ）上記（ａ）及び（ｂ）のよく見られる軽微な改変の単なる組合せ

3-4　変化する画像の創作非容易性の判断

　画像を含む意匠において、その画像が変化する場合、その創作非容易性の判
断は、変化の前後を示す各画像が、当該意匠登録出願前に公知となった資料に
基づいて当業者が容易に創作することができたものであるか否かを判断すると
共に、変化の態様についても当業者が容易に創作することができたものか否か
を判断することにより行う。すなわち、以下の（1）又は（2）の場合には、
出願の意匠は容易に創作できたものとは認められない。
（1）変化の前後を示す画像のいずれかが、当業者にとって容易な創作とは
　　いえないものである場合
（2）変化の態様が当業者にとって容易な創作とはいえない場合

判決例3-1　携帯情報端末

知財高裁第3部　平成26年（行ケ）第10072号
（平成26年9月11日）（石井忠雄裁判長）

　本判決は画像の意匠についての判決例である。本願画像の各態様は、
携帯型の電子情報機器の当業者において容易に創作することができたも
のと判断した。

【本願意匠】「携帯情報端末」の部分意匠

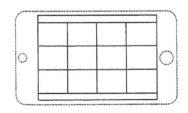

※本願意匠の図は、発明推進協会「知的財産権判決速報」より引用。

※以下の画像1ないし画像6の図は、判決文の文章記載に基づいて筆者が想像で描き起こしたものである。

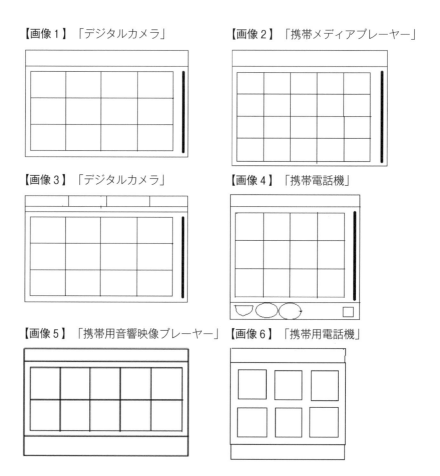

【画像1】「デジタルカメラ」

【画像2】「携帯メディアプレーヤー」

【画像3】「デジタルカメラ」

【画像4】「携帯電話機」

【画像5】「携帯用音響映像プレーヤー」

【画像6】「携帯用電話機」

◇審決の要旨

　本願意匠は、当業者が画像1ないし6（上掲図参照）の各画像の形態等の公知の形状の結合に基づいて容易に創作をすることができた意匠に該当するから、意匠法3条2項の規定により、意匠登録を受けることができない。

　審決は、上記結論を導くに当たり、本願意匠に関して次のとおり認定した。

「本願画像部分は、携帯情報端末正面の横長長方形画面の表示部分で、その中に、動画メニュー選択のための縮小動画を表示する矩形部が複数個配置され

ており、それらの矩形部を指で触ることによって、動画メニューの選択操作を行うものであり、その態様は、

（A）全体は、横長長方形画面の上下端部を、横方向の直線で分割して等幅の細帯状部とし、その中間の横長長方形部分を、動画一覧表示部とした上下対称の構成で、

（B）動画一覧表示部は、画面の大部分を占め、縦横の直線で分割して、選択対象動画表示枠として同形同大の横長長方形枠を4列3段に設けた態様で、

（C）選択対象動画表示枠に表示された動画を選択することにより、その動画が横長長方形画面の表示部分に拡大表示され、

（D）動画一覧表示部に表示された選択対象動画は、スライド操作により上下又は左右に移動可能としたものである。」

◇裁判所の判断の要旨

1　本願意匠の構成について

　原告は、本願意匠が、一覧表示される複数動画の画像自体が操作画面となっているという操作性に係る構成態様を有すると主張し、このような操作性に係る態様を備えていない画像1ないし6を引用意匠に認定したことの誤り（取消事由1）、これらを引用意匠とするなどして本願意匠が創作容易であるとした判断の誤り（取消事由2）を主張する。

　かかる原告の主張は、要するに、本願画像部分において再生されながら表示される複数の動画の画像自体が「物品の操作の用に供される画像」として意匠を構成するにもかかわらず、審決が引用意匠の認定や本願意匠の創作容易性の判断に当たり、これを無視したとの主張であると解される。

　そこで、本願意匠が原告の主張する構成態様を有するか否かについて検討する。

　本願意匠に係る物品は、携帯電話機能、インターネット機能、データ記憶機能、メディア再生機能、ゲーム機能などの複合機能を有する携帯情報端末であり、本願画像部分は、同端末の横長長方形の表示部に表示された同形の画像であり、画像の構成は、横長長方形画面の上下端部に設けられた等幅の細帯状部とその中間に設けられた動画一覧表示部からなり、動画一覧表示部には同形同大の横長長方形の動画表示枠が4列3段に設けられ、それぞれの動画表示枠に選択メニューとしての動画が縮小動画として表示されるというものである。

　そして、本願画像部分の操作方法は、操作者が視聴を希望する縮小動画の表

示された動画表示枠を指で触ると、その動画が表示部全面に拡大表示され、ま
た、動画一覧表示部に表示された縮小動画は、指を画面に当てたままスライド
させることにより、上下又は左右に移動させることができるというものであ
る。この縮小動画の移動機能は、動画コンテンツの数が12の動画表示枠数を超
えて存在する場合であっても、動画一覧表示部に縮小動画を順次表示させるこ
とにより、動画の検索及び選択を容易にすることを可能にするためのものであ
ると考えられる。

　本願画像部分中に表示される動画については、本願の願書にはその内容が特
定されておらず、動画の表示態様が参考図に示されているにすぎないことから
すれば、その内容自体は当該物品の操作の用に供されるものではなく、当該物
品とは独立した内容のものとして操作者による視聴の対象になるものであると
認められる。

　（改正前）意匠法2条2項は、「物品の操作（当該物品がその機能を発揮でき
る状態にするために行われるものに限る。）の用に供される画像であって、当
該物品又はこれと一体として用いられる物品に表示されるもの」について、
「物品の部分の形状、模様若しくは色彩又はこれらの結合」に含まれるものと
して、これを意匠法の保護対象としており、これによれば、ある意匠に含まれ
る画像が、意匠法2条2項の規定する画像を構成するためには、当該物品の機
能を発揮できる状態にするための操作に用いられる画像であることが必要であ
る。

　そうすると、意匠法2条2項の画像を含む意匠として出願された画像中に、
当該物品とは独立した内容の画像が表示されている場合、当該画像の表示部の
配置や形状については、当該物品の操作の用に供される画像の一部を成すもの
として意匠の対象となり得るとしても、その内容については、当該物品の操作
の用に供されるものということはできないから、意匠を構成するものではない
こととなる。そして、このことは、画像の内容が静止画であると再生中の動画
であるとを問わないから、「表示部に表示される画像が再生中の動画であるこ
と」は、意匠の構成要素を成すものではないというべきである。

　また、意匠法上の意匠として保護されるためには、当該意匠が具体的なもの
として特定されていることが必要であると考えられるところ、物品とは独立し
た内容の画像については、それ自体としては静止画であれ動画であれ具体的な
ものとして特定されていないから、当該画像については、この点においても意

匠の構成要素を成すものではないと考えられる。

　これを本願画像部分についてみると、動画一覧表示部に表示される動画は、意匠に係る物品である携帯情報端末とは独立した内容のものである上、それ自体としては具体的なものとして特定されたものではないから、意匠の構成要素を成すものではなく、画像の選択及び拡大や上下ないし左右への移動の操作の用に供されているのは、動画一覧表示部に表示された個々の縮小動画というよりも、むしろ、個々の動画コンテンツを表象する枠（矩形部）であると考えるのが相当であり、かかる用に供される枠と動画の表示部とを一致させたからといって、本来意匠法の保護対象としての意匠を構成しない動画それ自体が意匠を構成することとなるものではないというべきである。

　よって、本願画像部分において、動画一覧表示部に表示された個々の縮小動画は意匠を構成せず、したがって、「表示部に表示される画像が再生中の動画であること」が、本願意匠の構成要素を成すものということはできない。

2　取消事由2（創作容易性の判断の誤り）について

（1）画像1ないし6の態様について

　審決が引用意匠として挙げた画像1ないし6は、いずれも操作画面の画像であり、画像が表示される物品は、画像1及び3はデジタルカメラ、画像2及び5は携帯メディアプレーヤーないし携帯用音響映像プレーヤー、画像4及び6は携帯電話機である。そうすると、画像1ないし6は、携帯型の電子情報機器に用いられる操作画面であるという点で共通する。

　そして、審決が認定した画像1ないし4の態様は下記アないしエのとおりであり、これらの認定に誤りがあるとは認められない。

　また、画像5及び6の構成態様は、下記オ及びカのとおりであると認められる。

　ア　画像1

　横長長方形画面の上端を区画して細帯状部とし、その下方の画面大部分を占める部分の内周余地部を除く横長長方形部分を、画像一覧表示部として、縦横の直線で分割して、選択対象画像表示枠として同形同大の横長長方形枠を4列3段に設け、右側余地部にスクロールバーとして太線部を配した態様である。

　イ　画像2

　横長長方形画面の上端を区画して細帯状部とし、その下方の画面大部分を占める部分の左右余地部を除く横長長方形部分を、縦横の直線で分割して、選択

対象画像表示枠として同形同大の横長長方形枠を5列4段に設け、右側余地部にスクロールバーとして太線部を配した態様である。

　ウ　画像3

　横長長方形画面の内周余地部を除く横長長方形部分に、選択対象画像表示枠として同形同大の横長長方形を4列3段に設け、その上方に4列の横長長方形と横幅を揃えた細幅帯状部を配し、右側余地部にスクロールバーとして細線部を配した態様である。

　エ　画像4

　正方形画面の上下端をそれぞれ区画して細帯状部とし、ふたつの帯状部は上端帯状部より下端帯状部の方がやや幅広であり、それらの中間の画面大部分を占める横長長方形部分に、周囲に余地部を残して選択対象画像表示枠として同形同大の正方形を4列3段に設け、右側余地部にスクロールバーとして矢線部を配し、下端帯状部の横方向中央には帯状部の幅一杯に円形部があり、この円形部上方において、下端帯状部は、僅かに上方に突出しており、円形部の左には横長楕円形、さらに左端には横長半楕円形が配され、下端帯状部右端には正方形区画部が配されている態様である。

　オ　画像5

　横長長方形画面の上下端をそれぞれ区画して細帯状部とし、二つの帯状部は上端帯状部より下端帯状部の方が幅広であり、それらの中間の画面大部分を占める横長長方形部分に、選択対象のアルバムイメージの表示枠として同形同大の正方形を5列2段に設けた態様である。

　カ　画像6

　やや縦長長方形画面の上下端をそれぞれ等幅に区画して細帯状部とし、それらの中間の横長長方形部分に、選択対象アイコンの表示枠として同形同大の正方形を3列2段に設けた態様である。

（2）本願意匠の態様（A）の創作容易性について

　態様（A）は、横長長方形画面の上下端部を、横方向の直線で分割して等幅の細帯状部とし、その中間の横長長方形部分を、動画一覧表示部とした上下対称の構成である。

　この点、画像4ないし6の態様に照らして、携帯型の電子情報機器の操作画面において、矩形画面の上下両端部に帯状部を設け、その中間の矩形状部分を選択対象である画像等のデータの一覧表示部とすることは、本願出願当時にお

いてありふれた画面構成であったと認められ、態様（A）は、かかる画面構成
を選択したものにすぎないということができる。

　また、態様（A）は、上下端部の帯状部を等幅として、全体を上下対称とし
たものであるが、このような上下対称の配置も配置態様としてはありふれたも
のである。

　そうすると、態様（A）は、携帯型の電子情報機器の当業者において容易に
創作することができたものであると認められ、これと同旨の審決の判断に誤り
はない。

（2）態様（B）の創作容易性について

　態様（B）は、画面の大部分を占める動画一覧表示部を、縦横の直線で分割
して、選択対象動画表示枠として同形同大の横長長方形枠を4列3段に設けた
態様である。

　この点、画像1ないし4の態様に照らして、携帯型の電子情報機器の操作画
面において、画像等のデータの一覧表示部を縦横の直線で分割して、選択対象
画像等の表示枠として同形同大の矩形枠を数列数段に設けることは、本願出願
当時においてごく普通に行われていたことであると認められ、この矩形枠を横
長長方形とし、配列を4列3段とすることも、画像1において見られるほか、
それ自体当業者が適宜選択し得る事柄であるということができる。

　さらに、本願意匠において動画表示部を極めて細い線で区画した点について
も、境界線の太さを変更して区画線を極めて細くすることは当業者が適宜行い
得ることであり、特段の創意を要したものということはできない。

　そうすると、態様（B）は、携帯型の電子情報機器の当業者において容易に
創作することができたものであると認められ、これと同旨の審決の判断に誤り
はない。

（3）態様（C）及び（D）の創作容易性について

ア　態様（C）は、選択対象動画表示枠に表示された動画を選択することによ
り、その動画が横長長方形画面の表示部分に拡大表示されるというものであ
る。

　この点、遅くとも本願出願時にはインターネット上で公開されていたと認め
られる「iPhoneユーザガイド」（乙4の1及び2）及び「Android 2.3ユーザ
ーガイド」（乙5）には、スマートフォン端末の操作画面上に複数表示された
静止画（静止画で表された動画コンテンツを含む。）の表示枠をタップ（指先

等で軽くたたくことを意味するものと解される。）して選択することにより、当該画像を拡大表示するとの態様が示されており、これらの証拠によれば、かかる態様は、本願出願当時、この種の物品の分野において広く知られた手法であったと認められる。

そして、表示枠に表示される画像が再生中の動画であることが本願意匠を構成するものではないことは前記のとおりであるから、この点を捨象すると、態様（C）は、携帯情報端末を含む携帯型の電子情報機器の当業者において、上記の広く知られた手法から容易に創作することができたものであると認められ、これと同旨の審決の判断に誤りはない。

イ　態様（D）は、動画一覧表示部に表示された選択対象動画を、スライド操作により上下又は左右に移動可能としたものである。

この点、「iPhone ユーザガイド」（乙4の1及び2）には、スマートフォン端末の操作画面上に拡大表示された静止画（静止画で表された動画コンテンツを含む。）の表示枠を、画面を指でフリック（スライドさせることを意味するものと解される。）することにより順送りすることができることが示され、また、画像5に係る大韓民国意匠商標公報103号（甲14）には、携帯用音響映像プレーヤーの操作画面上に複数表示されたアルバムイメージ（静止したイメージであると考えられる。）を指で横方向にドラッグすることにより、これらをその方向に順次移動させることができることが示されている。さらに、「Android 2.3ユーザーガイド」（乙5）には、スマートフォン端末の操作画面上に複数表示された静止画（静止画で表された動画コンテンツを含む。）の表示枠を左右にスワイプ（指で触れたまま横に滑らせることを意味すると解される。）することによりスクロールする（順次移動させる）ことができることが示されている。

これらの証拠によれば、この種の物品の分野において、操作画面上に一覧表示された選択対象となる複数の静止画の枠をスライド操作により移動可能としたり、複数の静止画をスライド操作により隣接する表示枠に順次移動可能とすることは、本願出願当時、広く知られた手法であったと認められる。

そして、表示枠に表示される画像が再生中の動画であることが本願意匠を構成するものではないことは前記のとおりであるから、この点を捨象すると、態様（D）は、携帯情報端末を含む携帯型の電子情報機器の当業者において、上記の広く知られた手法から容易に創作することができたものであると認めら

れ、これと同旨の審決の判断に誤りはない。

（4）「動画表示枠に動画を再生させながら表示する点」についての判断の誤りについて

　原告は、本願意匠の創作容易性の判断に当たっては、動画が動画のまま表示される操作性に係る態様についての本願意匠の着想の新しさないし独創性を判断対象とすべきであり、本願画像部分の複数の動画表示枠は、単なる表示枠にとどまらない視覚的な創作性を有すると主張する。

　しかしながら、表示枠に表示される画像が再生中の動画であることが本願意匠を構成するものではなく、本願意匠の創作容易性について判断する際にはその点は捨象されることは前記のとおりである。

　また、原告の指摘する本願画像部分の視覚的な創作性を踏まえても、その態様は当業者が容易に創作できることも前記のとおりである。

　よって、原告の上記主張は採用することができない。

考察

　本判決は、画像の意匠について創作非容易性が判断された最初の判決ではないかと思われる。画像の意匠といっても、令和元年の意匠法改正前の事案であるから、物品の部分としての画像部分を部分意匠として出願された例である。

　原告の主張はややわかり辛いが、本願画像部分において、上下の帯状部に挟まれた格子状の画面に再生されながら表示される複数の動画の画像自体が「物品の操作の用に供される画像」であるとして、その創意性を主張している。しかし、裁判所は、動画は必要図には表されておらず、動画自体はいわゆるコンテンツであって、それゆえに、画像意匠の保護対象ではないと判断したものである。この点は意匠の定義規定から丁寧に認定判断しているので参考になる。コンテンツが保護されないのは改正意匠法も同様である（改訂意匠審査基準参照。）。

　そのうえで、本願意匠は公知の画像との関係において創作容易と判断されたものである。

　画像の意匠は、二次元的な意匠であり、その意味で模様の意匠に近いものがある。しかし、審決が分説した本願画像部分の態様（A）ないし（D）の中には、画像が拡大表示されたり、画像をスライドさせたりすることも含まれており、その点についても公知資料に基づいて評価がなされている。その意味にお

いて、単なる模様の評価とは異なる点があり、画像の意匠の創作非容易性の判断の仕方が示されている点で参考になる。なお、態様（A）ないし（D）の結合の容易性については判断していないが、それは原告がそのような主張をしなかったからではないかと思われる。

　また、公知の資料をみると、携帯情報端末を含む携帯型の電子情報機器の分野を当業者の知識の範囲としているようであり、この点も参考になる。

建築物の意匠

1　保護対象としての建築物の意匠

　改正意匠法2条1項は、有体物の動産である「物品（物品の部分を含む。以下同じ。）の形状、模様若しくは色彩若しくはこれらの結合」と並べて、「建築物（建築物の部分を含む。以下同じ。）の形状、模様若しくは色彩若しくはこれらの結合」も意匠法上の意匠に該当すると定義している。

　これに対応して、改訂意匠審査基準の第Ⅳ部第2章において、建築物に特有の判断基準を定めている。

　意匠法上の建築物とは、次の2つの要件を満たすものでなければならない。

　（1）土地の定着物であること。

　（2）人工構造物であること。土木構造物を含む。

　建築物の意匠においては、一意匠一出願の要件、願書の記載事項やその記載の仕方などにおいても、物品に係る意匠とはかなり異なる面があるので、それらについては改訂意匠審査基準の第Ⅳ部第2章の規定内容を参照していただきたい。

2　新規性

　改訂意匠審査基準においては、新規性（類否）の一般的判断基準は第Ⅲ部第2章「新規性」に記載されているが、さらに、建築物の意匠に特有の判断基準を定めている。

2-1　建築物の意匠の類否判断における判断主体

建築物の意匠の類否判断における判断主体は、物品の意匠の類否判断における判断主体と同様に、需要者（取引者を含む）である。

例えば、戸建て住宅であれば、一般に、当該住宅の施主となり、かつ使用者となる者が需要者と考えられる。また、大規模な商業用建築物であれば、一般に、当該商業用建築物の所有者となる施主が需要者と考えられる。ただし、商業用建築物の所有者は、通常、各テナントとその利用客の利便性や、着目する箇所等も考慮すると考えられるから、需要者の視点には、当該利用客等の視点が含まれ得る。

2-2　建築物の意匠の類否判断における観察方法

建築物の意匠は、人の身体の大きさを大きく超えるものが多いことから、類否判断のための意匠の観察にあたっては、建築物の外部については人が地面に立った視点での肉眼による観察を、内部については通常の利用状態における肉眼による観察を基本としつつ、建築物の一部に接近した視点で細部を観察するなど、一の視点に限定することなく、複数の視点から総合的に行う。

また、例えば、店舗用建築物は路面側の面にのみ装飾を施すなど、一部の面に特徴を持たせた創作が行われることがあることから、そのような建築物は、当該面に比重を置いて観察を行う。他方、電波塔などのタワー状の建築物は四方均等に創作が行われることが多いことから、そのような建築物は、各面を同じ比重で観察する。

2-3　用途及び機能の類否判断

2-3-1　建築物の意匠同士の用途及び機能の類否判断

建築物の意匠同士の類否判断における、両意匠の用途及び機能の類否判断に際して、審査官は、まず対比する両意匠の意匠に係る物品の欄に記載された用途をふまえた上で、両意匠の使用の目的、使用の状態等に基づき用途及び機能を認定する。

審査官は、両意匠の詳細な用途及び機能を比較した上でその類否を決するまでの必要はなく、両意匠の使用の目的、使用の状態等に基づく用途及び機能に共通性があれば、両意匠の用途及び機能が類似すると判断する。

例えば、「住宅」、「病院」、「レストラン」、「オフィス」のように、人がその

内部に入り、一定時間を過ごすという点で、用途及び機能に共通性があるものは、それらの建築物の用途及び機能は類似すると判断する。

　他方、例えば土木構造物においては、橋梁のように河川等の上に道路や鉄道等を通したり、電波塔のように放送や通信のための電波を送信するなど、人がその内部に入り、一定時間を過ごすこととは異なる様々な固有の用途を持つものが存在することから、「住宅」等と用途及び機能が類似しないと判断する場合や、土木構造物同士であっても、用途及び機能が類似しないと判断する場合がある。

2-3-2　建築物の意匠と物品の意匠の用途及び機能の類否判断

　建築物の意匠と物品の意匠の用途及び機能の類否判断についても、2-3-1と同様であり、両意匠の詳細な用途及び機能を比較した上でその類否を決するまでの必要はなく、両意匠の使用の目的、使用の状態等に基づく用途及び機能に共通性があれば、両意匠の用途及び機能が類似すると判断する。

　よって、例えば、建築物の意匠である「住宅」と、物品の意匠である「組立家屋」[注]については、人が居住するために用いるものである点で、その用途及び機能に共通性があることから、両意匠の用途及び機能は類似すると判断する。

　（注）「組立家屋」とは、土地に定着する建築物の意匠と異なり、市場で流通する
　　　　動産であって、意匠法上の「物品」に該当するもの。

2-3-3　建築物の意匠と内装の意匠の用途及び機能の類否判断

　建築物の意匠と内装の意匠の用途及び機能の類否判断についても、2-3-1と同様であり、両意匠の詳細な用途及び機能を比較した上でその類否を決するまでの必要はなく、両意匠の使用の目的、使用の状態等に基づく用途及び機能に共通性があれば、両意匠の用途及び機能が類似すると判断する。

　よって、例えば、建築物の意匠である「住宅」について、その内部の居間の部分を意匠登録を受けようとする部分とした意匠と、内装の意匠である「住宅用居間の内装」については、いずれも内部において人が一定時間を過ごすために用いるものであるという点で、用途及び機能に共通性があることから、両意匠の用途及び機能は類似すると判断する。

2−4　建築物の一部に意匠を構成する自然物等が含まれている場合の形状等の評価

意匠の類否判断において、建築物の一部に、意匠を構成する自然物等が含まれている場合は、例えば植物の枝葉や花の形状等のように、自然が生み出した造形からなる形状等自体は、意匠の特徴として考慮しない。他方、人工構造物と自然物等との位置関係や、それらを含めた建築物の意匠全体の構成については、当該造形的特徴を考慮する。

2−5　建築物の意匠の類否判断事例

2−5−1　用途及び機能が類似する例

①　住宅、病院、レストラン、オフィス

これらにはいずれも、人がその内部に入り、一定時間を過ごすために用いられるものであるという点で、用途及び機能に共通性がある。

②　鉄道橋と道路橋

2−5−2　用途及び機能が類似しない例

①　ガスタンクとホテル

②　橋梁と灯台

2−5−3　形状等が類似し、用途及び機能が同一の例

【事例1】

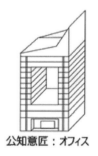

公知意匠：オフィス　　　　　　　　出願意匠：オフィス

【事例 2 】

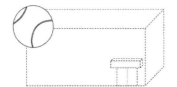
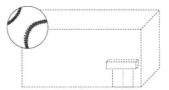

公知意匠：商業用建築物　　　　　出願意匠：商業用建築物

【事例 3 】

公知意匠：戸建て住宅　　　　　出願意匠：戸建て住宅

【事例 4 】

公知意匠：ホテル　　　　出願意匠：ホテル

3　創作非容易性

3-1　建築物の意匠の創作非容易性の判断主体

　審査官は、出願された建築物の意匠の創作非容易性について、当業者の視点から検討及び判断する。当業者とは、建築物を建築したり販売したりする業界において、当該意匠登録出願の時に、その業界の意匠に関して、通常の知識を有する者をいう。

3-2　ありふれた手法

　改訂意匠審査基準は、「ありふれた手法」の例、言い換えれば類型として、物品に係る意匠の場合と同様に、（a）置き換え、（b）寄せ集め、（c）一部の構成の単なる削除、（d）配置の変更、（e）構成比率の変更、（f）連続する単位の数の増減及び（g）物品等の枠を超えた構成の利用・転用を挙げ、その例を以下のように図示している。

（a）置き換え

　公知の商業用建築物を基本とし、オーニングテントについて、他の公知の商業用建築物のオーニングテントの色彩を変更し、置き換えて表したにすぎない意匠

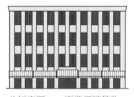

公知意匠1：商業用建築物

公知意匠2：商業用建築物

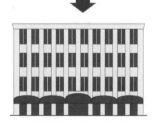

出願意匠：商業用建築物

（b）寄せ集め

公知の住宅とサンルームを寄せ集めて表したにすぎない意匠

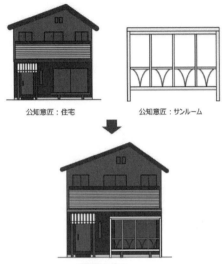

（c）一部の構成の単なる削除

公知の住宅の玄関庇を削除して表したにすぎない意匠

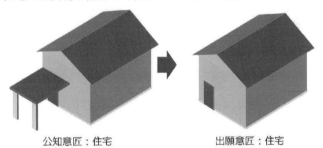

（d）配置の変更

公知の事務所の出入り口等の配置を変更して表したにすぎない意匠

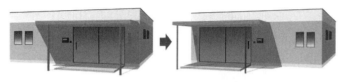

公知意匠：事務所　　　　　　　　出願意匠：事務所

（e）構成比率の変更

公知の工場の幅と高さの構成比率を変更して表したにすぎない意匠

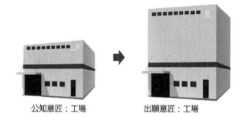

公知意匠：工場　　　　　　出願意匠：工場

（f）連続する単位の数の増減

公知のオフィスの階数や幅を増やして表したにすぎない意匠

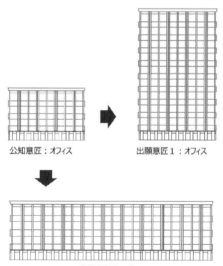

公知意匠：オフィス　　　　　　出願意匠1：オフィス

出願意匠2：オフィス

（g）物品等の枠を超えた構成の利用・転用

公然知られたソフトクリームの形状をほとんどそのまま販売店用建築物の形状としたもの表したにすぎない意匠

公知意匠：ソフトクリーム　　　　出願意匠：販売店

3-3　軽微な改変

出願意匠において、出願前に公知となった構成要素や具体的態様がありふれた手法などによりそのまま表されているのではなく、それらの構成要素や具体的態様に改変が加えられた上で表されている場合は、当該改変が、その意匠の属する分野における「軽微な改変」に過ぎないものであるか否かを検討する。改訂意匠審査基準は、「軽微な改変」の例として次を挙げる。

（a）角部及び縁部の単純な隅丸化又は面取り

（b）模様等の単純な削除

（c）色彩の単純な変更、区画ごとの単純な彩色、要求機能に基づく標準的な彩色

（d）素材の単純な変更によって生じる形状等の変更

（e）屋根の傾斜角の単純な変更

3-4　建築物の一部に意匠を構成する自然物等が含まれている場合の考え方

建築物の一部に、意匠を構成する自然物等が含まれている場合は、例えば植物の枝葉や花の形状等のように、自然が生み出した造形からなる形状等は意匠の創作として評価しない。他方、人工構造物と自然物等との位置関係や、それらを含めた建築物の意匠全体の構成については、その造形的特徴を意匠の創作として評価する。

第３章

内装の意匠

1　保護対象としての内装の意匠

　改正意匠法第８条の２は、「店舗、事務所その他の施設の内部の設備及び装飾（以下「内装」という。）を構成する物品、建築物又は画像に係る意匠は、内装全体として統一的な美感を起こさせるときは、一意匠として出願をし、意匠登録を受けることができる。」と規定し、内装デザインが意匠法による保護の対象となる旨を定めている。

　内装の意匠は、家具や什器などの複数の構成物品等から構成されるもので、一意匠一出願（意匠法第７条）の例外である。

　各構成物品等の組合せ方や配置を含めた内装全体としての美感を保護の対象とするべく、内装を構成する物品、建築物又は画像に係る意匠が内装全体として統一的な美感を起こさせるときに限り、一意匠として出願をし、意匠登録を受けることができる。

　内装の意匠に該当するための要件は次のとおりである。

（１）店舗、事務所その他の施設の内部であること

　　1-1.　店舗、事務所その他の施設に該当すること

　　1-2.　内部に該当すること

（２）複数の意匠法上の物品、建築物又は画像により構成されるものであること

　　2-1.　意匠法上の物品、建築物又は画像により構成されるものであること

　　2-2.　複数の物品等から構成されるものであること

（3）内装全体として統一的な美感を起こさせるものであること

　内装の意匠は、建築物の意匠と同様に、意匠法の全く新しい保護対象であるために、どのようなものが内装の意匠に該当するのか、願書等の記載要件はどのようなものかなど、未知の事項が多い。そこで、改訂意匠審査基準では、それらの事項について、第Ⅳ部第4章において、具体例を示しながら判断基準が示されているので、参照して頂きたい。

2　新規性

　改訂意匠審査基準においては、新規性（類否）の一般的判断基準は第Ⅲ部第2章「新規性」に記載されているが、さらに、第Ⅳ部第4章において、内装の意匠に特有の判断基準を定めている。

2-1　内装の意匠の類否判断における判断主体

　内装の意匠の類否判断における判断主体は、物品の意匠の類否判断における判断主体と同様に、需要者（取引者を含む）である。

　例えば、戸建て住宅の内装であれば、一般に、当該住宅の施主となり、かつ、使用者となる者が需要者と考えられ、また、商業施設の内装であれば、一般に、当該商業施設の所有者となる施主が需要者と考えられる。ただし、商業施設の所有者は、通常、各テナントとその利用客の利便性や、着目する箇所等も考慮するものと考えられるから、需要者の視点には、当該利用客等の視点が含まれ得る。

　審査官は、出願された各内装の意匠の用途に照らし、当該用途に応じた需要者の視点で判断を行う。

2-2　内装の意匠の類否判断における観察方法

　内装の意匠は、人がその内部に入る大きさを持ったものであり、かつ、複数の物品等から構成されるものである。

　よって、類否判断のための意匠の観察にあたっては、施設の通常の利用状態における肉眼による観察を基本としつつ、例えば、内装の一部に特徴的な形状等の構成物があれば当該構成物に接近し細部を観察する、意匠全体としてのま

とまりに特徴があれば引いた視点で俯瞰的に観察するなど、一の観察方法に限定することなく、複数の視点から総合的に行う。

　このような複合的な視点での観察に内装の意匠の特殊性が表れているといえよう。

2-3　用途及び機能の類否判断

2-3-1　内装の意匠同士の用途及び機能の類否判断

　内装の意匠同士の類否判断における、両意匠の用途及び機能の類否判断に際して、審査官は、まず対比する両意匠の意匠に係る物品の欄に記載された用途をふまえた上で、両意匠の使用の目的、使用の状態等に基づき用途及び機能を認定する。

　審査官は、両意匠の詳細な用途及び機能を比較した上でその類否を決するまでの必要はなく、両意匠の使用の目的、使用の状態等に基づく用途及び機能に共通性があれば、両意匠の用途及び機能が類似すると判断する。

　内装の意匠の場合は、例えば、「住宅用寝室の内装」と「ホテル客室の内装」のように、いずれも内部において人が一定時間を過ごすために用いるものであるという点で、用途及び機能に共通性があることが一般的である。よって、審査官は、内装の意匠同士の用途及び機能の類否判断を行う場合は、原則全ての内装の意匠の用途及び機能に類似性があると判断する。

2-3-2　内装の意匠と建築物の意匠の用途及び機能の類否判断

　内装の意匠と建築物の意匠との間の用途及び機能の類否判断についても、2-3-1と同様であり、両意匠の詳細な用途及び機能を比較した上でその類否を決するまでの必要はなく、両意匠の使用の目的、使用の状態等に基づく用途及び機能に共通性があれば、両意匠の用途及び機能が類似すると判断する。

　よって、例えば、内装の意匠である「住宅用居間の内装」と、建築物の意匠である「住宅」について、その内部の居間の部分を意匠登録を受けようとする部分とした意匠については、いずれも内部において人が一定時間を過ごすために用いるものであるという点で、用途及び機能に共通性があることから、両意匠の用途及び機能は類似すると判断する。

2-3-3　内装の意匠と物品の意匠の用途及び機能の類否判断

　内装の意匠と物品の意匠との間の用途及び機能の類否判断についても、2-3-1と同様であり、両意匠の詳細な用途及び機能を比較した上でその類否を

決するまでの必要はなく、両意匠の使用の目的、使用の状態等に基づく用途及び機能に共通性があれば、両意匠の用途及び機能が類似すると判断する。

　よって、例えば、内装の意匠である「住宅の浴室の内装」と、物品の意匠である「浴室」について、その内部の浴室の部分を意匠登録を受けようとする部分とした意匠については、いずれも内部において人が一定時間を過ごすために用いるものであるという点で、用途及び機能に共通性があり、また、物品の意匠である「浴室」については、内部において人が一定時間を過ごすこと以外に、他の用途及び機能をほとんど持たないものであることから、両意匠の用途及び機能は類似すると判断する。

2-4　内装の意匠の構成物の配置や数の評価

　意匠法第8条の2は、複数の物品等から構成される内装の意匠について、各構成物品等の配置も含めて、内装全体としての美感を保護の対象とするものである。

　よって、内装の意匠の類否判断を行う際は、各構成物品等の形状等のみならず、それらの配置や組合せの共通点や相違点についても考慮して、判断を行う。

　各構成物品等の配置に違いがある場合、この相違がわずかであるか、当該意匠の属する分野においてありふれた範囲内のものであれば、当該相違点が類否判断に与える影響は相対的に小さい。

　また、各構成物品等の形状等は共通するものの、数に違いがある場合、この相違がわずかであるか、当該意匠の属する分野においてありふれた範囲内のものであれば、当該相違点が類否判断に与える影響は相対的に小さい。

2-5　内装意匠の一部に意匠を構成する自然物等が含まれている場合の形状等の評価

　意匠の類否判断において、内装意匠の一部に、意匠を構成する自然物等が含まれている場合は、例えば植物の枝葉や花の形状等のように、自然が生み出した造形からなる形状等自体は、意匠の特徴として考慮しない。他方、人工構造物と自然物等との位置関係や、それらを含めた内装の意匠全体の構成については、当該造形的特徴を考慮する。

2-6　内装の意匠の類否判断事例

2-6-1　用途及び機能が類似する例

　次のものは、いずれも人が一定時間を過ごすために用いられるものであるという点で、それらの意匠の用途及び機能には共通性がある。よって、いずれも用途及び機能が類似すると判断する[(注)]。

　レストランの内装、オフィスの執務室の内装、ホテルの客室の内装、住宅用リビングの内装、診療室の内装、空港ターミナルロビーの内装

　（注）ただし、内装の一部について意匠登録を受けようとするものである場合に、当該意匠登録を受けようとする部分の用途及び機能が、対比する他の意匠における当該部分に相当する部分の用途及び機能と大きく相違する場合は、両意匠の形状等が類似する場合であっても、非類似の意匠と判断する可能性がある。

2-6-2　形状等が類似し、用途及び機能が類似する例

【事例1】　オフィスの例

　両意匠は、内装全体の基本形状が共通し、内装の構成物のいずれも、配置及び形状等がほぼ共通する。一方、椅子の数や配置、スタンディングデスクの向き等が異なるものの、部分的な違いのため類否判断に及ぼす影響は小さく、意匠全体として比較すると、両意匠は類似するものと判断される。

公知意匠「オフィス」

出願意匠「オフィスの執務室の内装」

【事例2】　病院用待合室の例

　両意匠は、内装全体の基本形状が共通し、ブルーグレーのカーテンや、同色の市松模様のカーペット、同色及び木目調で統一したソファやチェストなど、内装の構成物のいずれも、配置及び形状等がほぼ共通しており、意匠の基調を形成している。

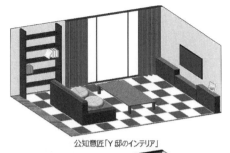

公知意匠「Y邸のインテリア」

出願意匠「病院用待合室の内装」

　一方、ローテーブルの有無や、棚の形状、ソファの位置等が異なるものの、いずれも軽微かつ意匠全体に占める割合が小さい部分的なものであるため、類否判断に及ぼす影響は小さく、意匠全体として比較すると、両意匠は類似するものと判断される。

2-6-3　形状等が類似せず、用途及び機能が類似する例

【事例1】　料亭の例

　両意匠は、共に畳敷きの和室であって、中央に座卓及び座布団、壁際に棚及び畳の縁に仕切りを配し、全体を共通の木目調でそろえた点が共通する一方、座卓の形状等が顕著に相違する。特に出願意匠の座卓の形状は極めて特徴的であり、同形状の座布団と相まって、内装全体の主要な部分を占め、需要者の注意を強く惹くものであるから、この相違点が類否判断に及ぼす影響は大きい。よって、意匠全体として比較すると両意匠は非類似と判断される。なお、内装全体の大きさや木目の色が異なるが、いずれも同分野においてはありふれた範囲のものであるため、上記判断に影響を及ぼすものではない。

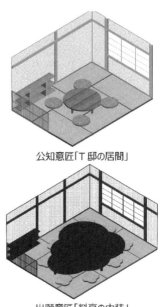

公知意匠「T邸の居間」

出願意匠「料亭の内装」

【事例2】　展示室の例

　両意匠は、内装全体の形状が大きく相違する。特に出願意匠の内装形状は、極めて特徴的かつ内装全体の大部分を占め内装の基調を形成するものであり、需要者の注意を強く惹くものであるから、この相違点が類否判断に及ぼす影響は大きい。

　一方、家具の形状及び配置が共通するが、内装全体からすると部分的、かつ広く知られた形状であるから需要者の注意を強く惹くとはいえず、この共通点が類否判断に及ぼす影響は小さく、上記相違点に埋没するものである。

　よって意匠全体として比較すると、両意匠は非類似と判断される。

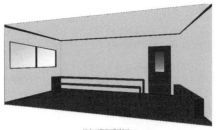

公知意匠「洋室」

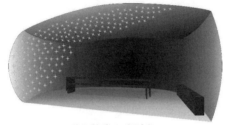

出願意匠「展示室の内装」

3　創作非容易性

3-1　内装の意匠の創作非容易性の判断主体

　審査官は、出願された内装の意匠の創作非容易性について、当業者の視点から検討及び判断する。当業者とは、内装の意匠を製造したり販売したりする業界において、当該意匠登録出願の時に、その業界の意匠に関して、通常の知識を有する者をいう。

3-2　ありふれた手法

　改訂意匠審査基準は、「ありふれた手法」の例、言い換えれば類型として、物品に係る意匠の場合と同様に、（ a ）置き換え、（ b ）寄せ集め、（ c ）一部の構成の単なる削除、（ d ）配置の変更、（ e ）構成比率の変更、（ f ）連続する単位の数の増減及び（ g ）物品等の枠を超えた構成の利用・転用を挙げ、その例を以下のように図示している。

（a）置き換え

公知の和室の机及び置き畳を、ほとんどそのまま他のものに置き換えて表し

たにすぎない意匠

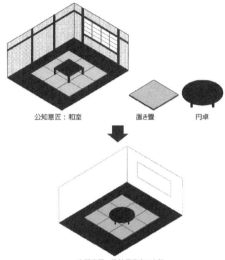

公知意匠：和室　　　置き畳　　　円卓

出願意匠：旅館用客室の内装

（b）寄せ集め

公知の部屋とテーブルセットを寄せ集めて表したにすぎない意匠

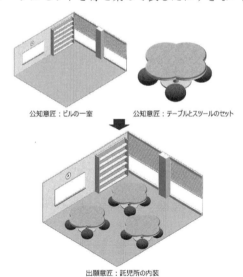

公知意匠：ビルの一室　　　公知意匠：テーブルとスツールのセット

出願意匠：託児所の内装

（c）一部の構成の単なる削除

公知の自習室の一部の構成を削除して、喫茶店の内装としたにすぎない意匠

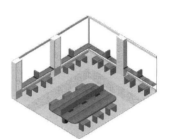

公知意匠：自習室

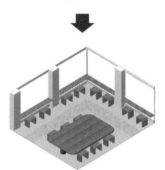

出願意匠：喫茶店の内装

（d）配置の変更

公知の教室における机の配置を、その他に公知の執務室の机の配置に従って、変更したにすぎない意匠

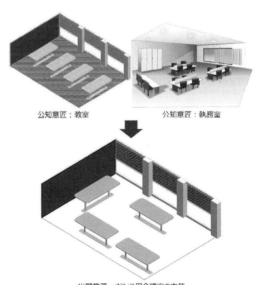

公知意匠：教室　　　公知意匠：執務室

出願意匠：オフィス用会議室の内装

（e）構成比率の変更

公知の和室の畳数を変更したにすぎない意匠

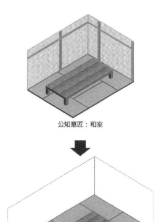

公知意匠：和室

公知意匠：公民館用談話室の内装

（f）連続する単位の数の増減

　公知のオフィス用トイレの洗面を、ほとんど
そのまま、洗面の数を増やして表したにすぎな
い意匠

公知意匠：オフィス向けトイレ

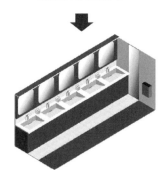

出願意匠：オフィス用トイレの洗面の内装

（g）物品等の枠を超えた構成の利用・転用

【事例1】公知の漫画に登場する部屋の内装をそのまま表したもの

【事例2】公知のおもちゃの家の部屋の内装をそのまま表したもの

3-3　軽微な改変

出願意匠において、出願前に公知となった構成要素や具体的態様がありふれた手法などによりそのままあらわされているのではなく、それらの構成要素や具体的態様に改変が加えられた上であらわされている場合は、当該改変が、その意匠の属する分野における「軽微な改変」に過ぎないものであるか否かが検討される。

「軽微な改変」の例は次のとおりであるが、審査官は、出願意匠について、当該意匠の属する分野の創作の実態に照らして検討を行う。

（a）角部及び縁部の単純な隅丸化又は面取り

（b）模様等の単純な削除

（c）色彩の単純な変更、区画ごとの単純な彩色、要求機能に基づく標準的な彩色

（d）素材の単純な変更によって生じる形状等の変更

3-4　内装の一部に意匠を構成する自然物等が含まれている場合の考え方

内装の一部に、意匠を構成する自然物等が含まれている場合は、例えば植物の枝葉や花の形状等のように、自然が生み出した造形からなる形状等は意匠の創作として評価しない。他方、人工構造物と自然物等との位置関係や、それらを含めた内装の意匠全体の構成については、その造形的特徴を意匠の創作として評価する。

さいしん　い しょうしんさ き じゅん　はんれいかいせつ
最新 意匠 審査基準・判例解説
しん き せい　るい じ　そうさく ひ ょう い せい
新規性（類似）と創作非容易性

2020年 8 月30日　第 1 版第 1 刷発行

いっぱんざいだんほうじん　そうえい アイピー
編著者——一般財団法人 創英 I P ラボ

発行所——株式会社 日本評論社

　　　　〒170-8474 東京都豊島区南大塚3-12-4

　　　　電話 03-3987-8621（販売）8601（編集）

　　　　振替 00100-3-16

　　　　https://www.nippyo.co.jp/

印刷所——精文堂印刷株式会社

製本所——井上製本所

© Soei 2020　Printed in Japan

装幀／山崎登

ISBN978-4-535-52506-1